調べる！47都道府県
工業生産で見る日本

※地図上のアイコンは、各都道府県の生産額トップの製造業（2015年）を示す。

巻頭特集①

全国地図で見る日本の工業

国の統計では、日本の工業は24の製造業に分類され、都道府県ごとの生産額（製造品出荷額等）が、毎年発表されています（→P9〜13）。4〜8ページでは、その24の製造業のうち、10の製造業について、都道府県ごとに生産額に応じて色分けした全国地図を掲載しています。また、このページと右ページには、工業全体の生産額とともに、事業所の数と従業者の数に応じて色分けした全国地図を掲載しています。

都道府県別の生産額（2015年）

※この地図には、工業地帯と工業地域を示しましたが、それらの多くは、関東地方から北九州にかけて連なる「太平洋ベルト」に集中しています。

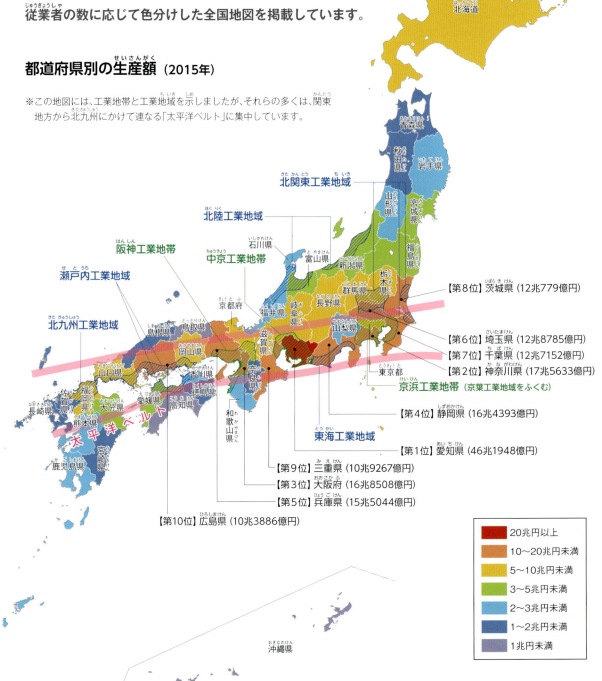

【第8位】茨城県（12兆779億円）
【第6位】埼玉県（12兆8785億円）
【第7位】千葉県（12兆7152億円）
【第2位】神奈川県（17兆5633億円）
京浜工業地帯（京葉工業地域をふくむ）
【第4位】静岡県（16兆4393億円）
【第1位】愛知県（46兆1948億円）
【第9位】三重県（10兆9267億円）
【第3位】大阪府（16兆8508億円）
【第5位】兵庫県（15兆5044億円）
【第10位】広島県（10兆3886億円）

凡例：
- 20兆円以上
- 10〜20兆円未満
- 5〜10兆円未満
- 3〜5兆円未満
- 2〜3兆円未満
- 1〜2兆円未満
- 1兆円未満

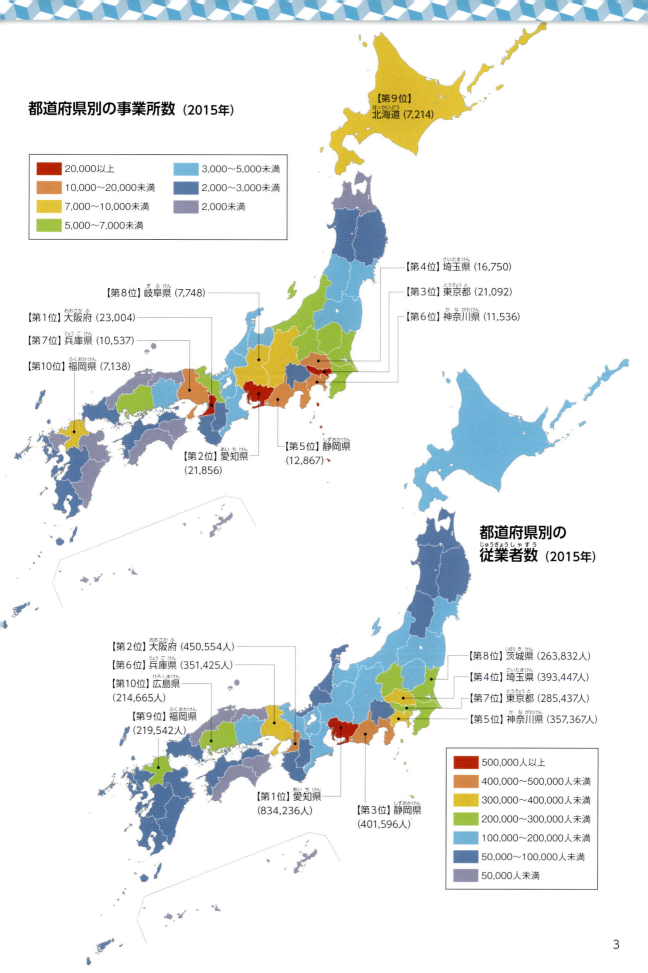

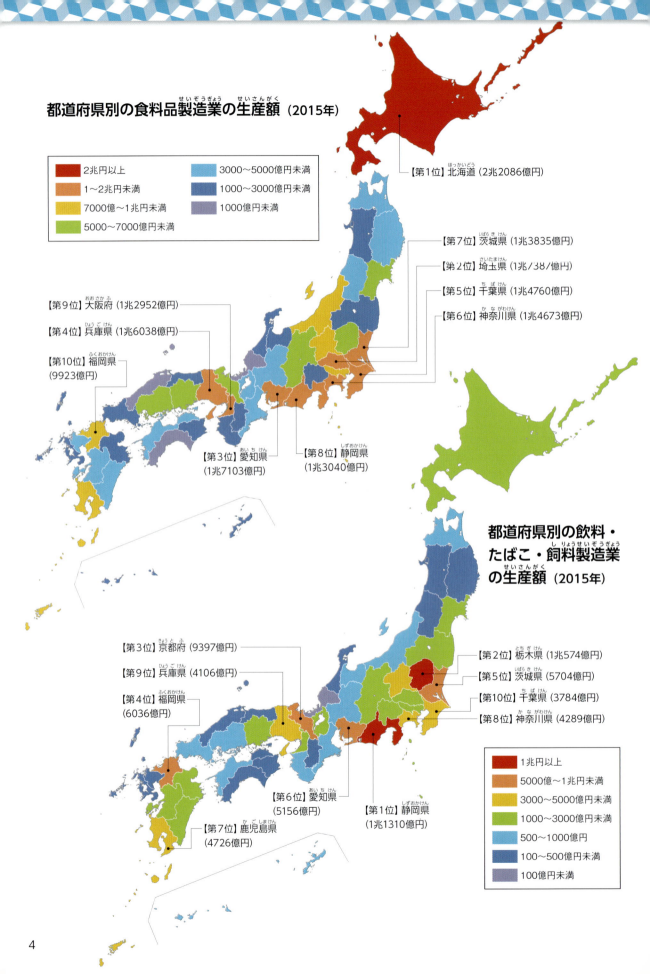

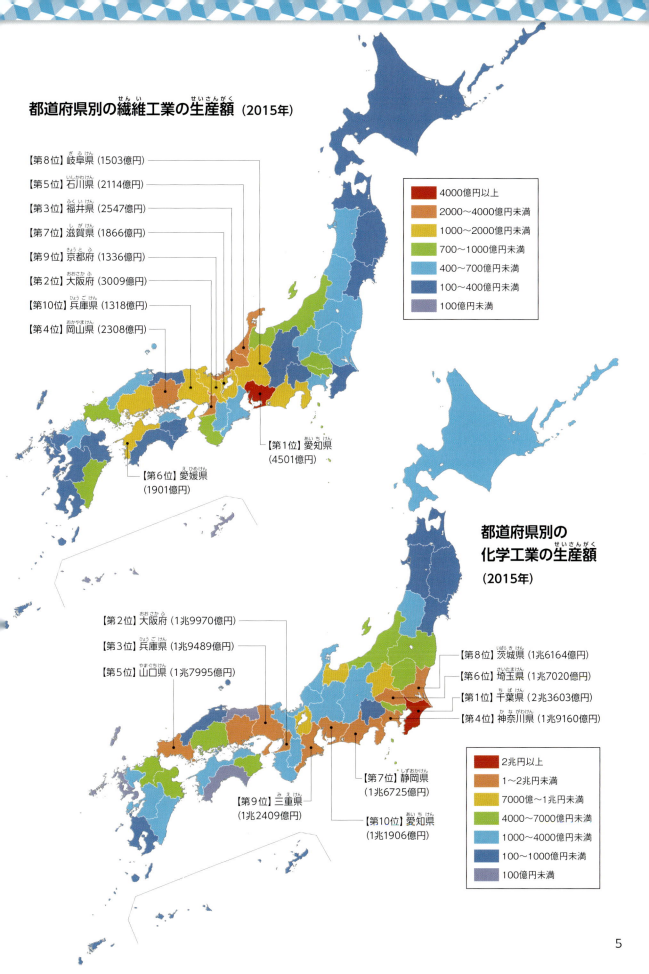

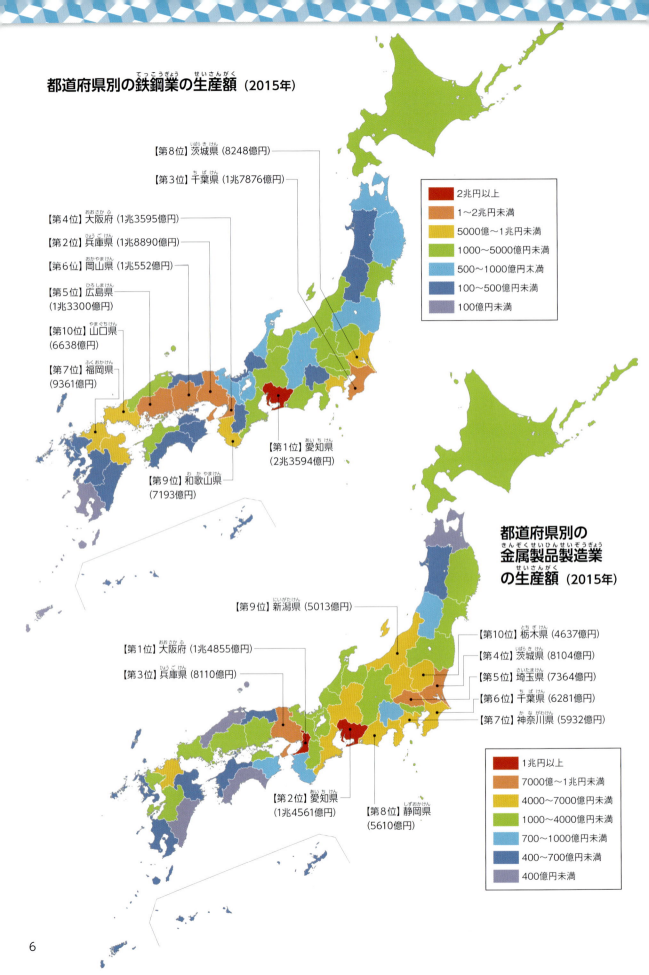

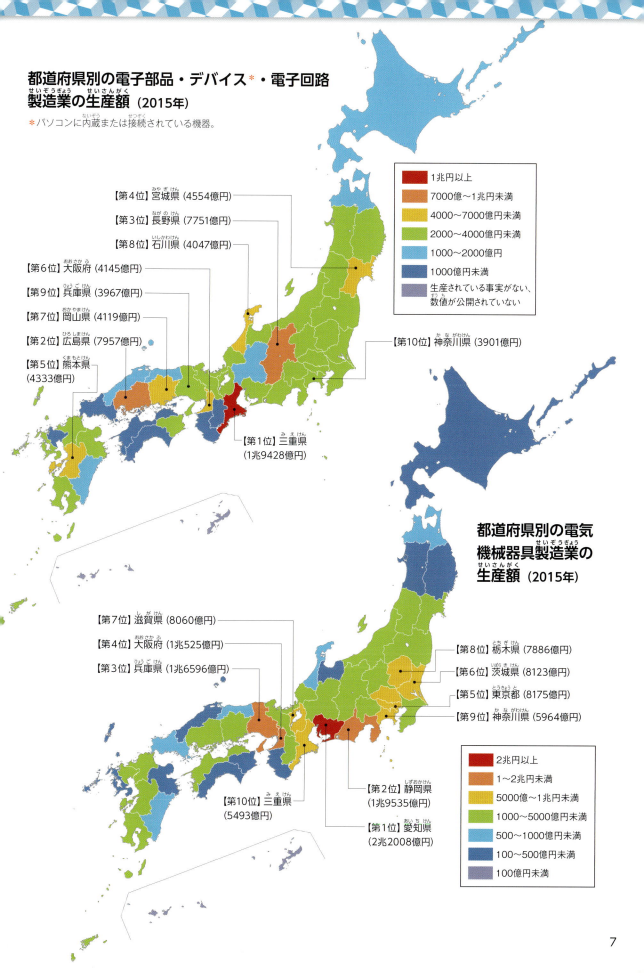

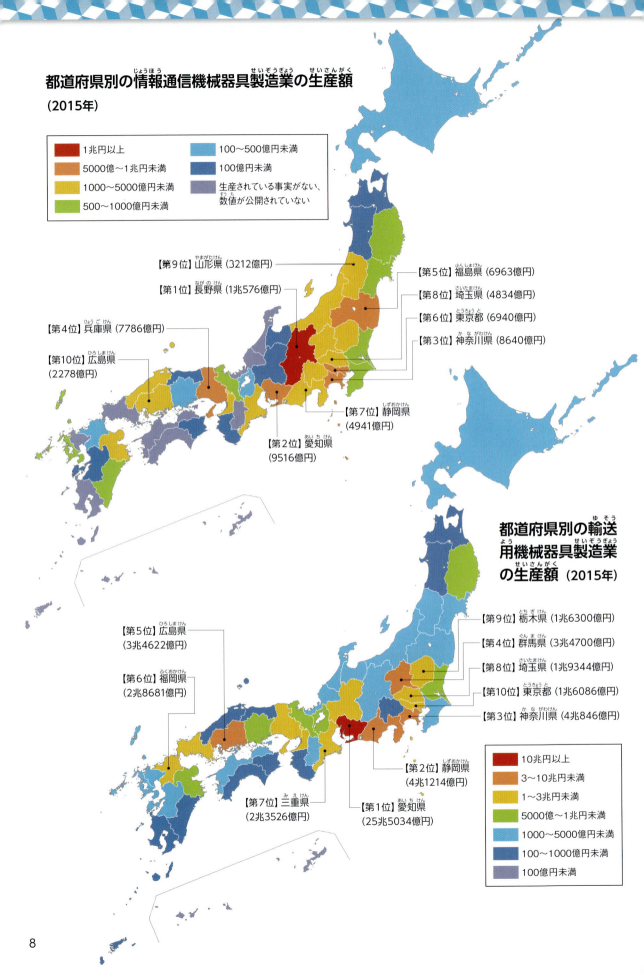

巻頭特集②

24の製造業の都道府県別生産額 (2015年)

ここからは、24の製造業について、都道府県ごとの生産額（製造品出荷額等）とともに、全国に占める割合（占有率）と全国順位を掲載しています。また、このページには、製造業全体の生産額とともに、事業所数と従業者数も掲載しています。

都道府県	製造業計 事業所数	占有率	順位	従業者数（人）	占有率	順位	製造品出荷額等（百万円）	占有率	順位
全国計	270,685	100.0%		7,613,045	100.0%		314,783,174	100.0%	
北海道	7,214	2.7%	9	173,115	2.3%	18	6,589,145	2.1%	17
青森県	1,778	0.7%	41	55,615	0.7%	40	1,718,036	0.5%	39
岩手県	2,575	1.0%	32	85,146	1.1%	29	2,380,887	0.8%	34
宮城県	3,403	1.3%	25	112,396	1.5%	24	4,036,719	1.3%	26
秋田県	2,150	0.8%	38	60,157	0.8%	36	1,231,387	0.4%	43
山形県	3,144	1.2%	27	97,524	1.3%	25	2,563,111	0.8%	31
福島県	4,783	1.8%	20	152,015	2.0%	20	4,937,429	1.6%	22
茨城県	6,779	2.5%	16	263,832	3.5%	8	12,077,920	3.8%	8
栃木県	5,853	2.2%	18	199,780	2.6%	13	8,826,615	2.8%	13
群馬県	6,999	2.6%	12	208,054	2.7%	12	9,096,020	2.9%	12
埼玉県	16,750	6.2%	4	393,447	5.2%	4	12,878,538	4.1%	6
千葉県	6,924	2.6%	13	208,623	2.7%	11	12,715,173	4.0%	7
東京都	21,092	7.8%	3	285,437	3.7%	7	8,545,216	2.7%	14
神奈川県	11,536	4.3%	6	357,367	4.7%	5	17,563,344	5.6%	2
山梨県	2,614	1.0%	30	71,286	0.9%	32	2,453,944	0.8%	33
長野県	7,126	2.6%	11	192,076	2.5%	16	5,918,476	1.9%	19
新潟県	6,895	2.5%	15	183,297	2.4%	17	4,807,191	1.5%	23
富山県	3,497	1.3%	24	122,134	1.6%	23	3,827,360	1.2%	27
石川県	4,037	1.5%	22	97,179	1.3%	26	2,827,571	0.9%	28
福井県	3,163	1.2%	26	73,781	1.0%	31	2,054,889	0.7%	36
静岡県	12,867	4.8%	5	401,596	5.3%	3	16,439,299	5.2%	4
愛知県	21,856	8.1%	2	834,236	11.0%	1	46,194,793	14.7%	1
岐阜県	7,748	2.9%	8	198,117	2.6%	14	5,408,151	1.7%	20
三重県	4,796	1.8%	19	193,690	2.5%	15	10,926,658	3.5%	9
滋賀県	3,658	1.4%	23	161,797	2.1%	19	7,389,265	2.3%	16
京都府	6,506	2.4%	17	141,952	1.9%	22	5,362,442	1.7%	21
大阪府	23,004	8.5%	1	450,554	5.9%	2	16,850,834	5.4%	3
兵庫県	10,537	3.9%	7	351,425	4.6%	6	15,504,393	4.9%	5
奈良県	2,573	1.0%	34	58,852	0.8%	37	1,853,841	0.6%	37
和歌山県	2,293	0.8%	35	53,161	0.7%	42	2,657,252	0.8%	30
鳥取県	1,039	0.4%	47	31,645	0.4%	45	708,536	0.2%	45
島根県	1,495	0.6%	44	38,971	0.5%	44	1,096,336	0.3%	44
岡山県	4,494	1.7%	21	143,771	1.9%	21	7,826,732	2.5%	15
広島県	6,920	2.6%	14	214,665	2.8%	10	10,388,634	3.3%	10
山口県	2,208	0.8%	37	94,177	1.2%	27	6,317,414	2.0%	18
徳島県	1,617	0.6%	43	45,684	0.6%	43	1,707,361	0.5%	40
香川県	2,575	1.0%	32	68,122	0.9%	34	2,515,433	0.8%	32
愛媛県	2,902	1.1%	29	76,923	1.0%	30	4,112,052	1.3%	25
高知県	1,419	0.5%	46	25,041	0.3%	46	566,298	0.2%	46
福岡県	7,138	2.6%	10	219,542	2.9%	9	9,248,318	2.9%	11
佐賀県	1,722	0.6%	42	58,146	0.8%	39	1,823,405	0.6%	38
長崎県	2,235	0.8%	36	58,177	0.8%	38	1,635,655	0.5%	41
熊本県	2,586	1.0%	31	88,895	1.2%	28	2,722,595	0.9%	29
大分県	1,980	0.7%	39	63,458	0.8%	35	4,281,191	1.4%	24
宮崎県	1,795	0.7%	40	53,538	0.7%	41	1,575,942	0.5%	42
鹿児島県	2,962	1.1%	28	70,694	0.9%	33	2,071,374	0.7%	35
沖縄県	1,448	0.5%	45	23,955	0.3%	47	550,000	0.2%	47

出典：経済産業省「平成28年経済センサス-活動調査」産業別集計（製造業）「産業編」統計表データ／都道府県別、東京特別区・政令指定都市別統計表および従業者3人以下の事業所に関する統計表（従業者4人以上の事業所と3人以下の事業所の合計数値）

※「－」は、生産されている事実がないことを示し、「x」は、数値が公開されていないことを示す。
※数値が公開されていない県がある場合の順位は、実際とはちがうこともある。

都道府県	食料品製造業 製造品出荷額等 (百万円)	占有率	順位	飲料・たばこ・飼料製造業 製造品出荷額等 (百万円)	占有率	順位	繊維工業 製造品出荷額等 (百万円)	占有率	順位	木材・木製品製造業(家具を除く) 製造品出荷額等 (百万円)	占有率	順位	家具・装備品製造業 製造品出荷額等 (百万円)	占有率	順位	パルプ・紙・紙加工品製造業 製造品出荷額等 (百万円)	占有率	順位
全国計	28,233,320	100.0%		10,281,425	100.0%		4,068,616	100.0%		2,745,587	100.0%		1,969,554	100.0%		7,319,318	100.0%	
北海道	2,208,634	7.8%	1	277,208	2.7%	12	31,811	0.8%	34	175,729	6.4%	3	43,749	2.2%	17	451,199	6.2%	4
青森県	357,596	1.3%	25	98,588	1.0%	25	23,791	0.6%	38	16,721	0.6%	44	5,087	0.3%	42	108,346	1.5%	22
岩手県	365,694	1.3%	23	45,150	0.4%	36	27,290	0.7%	37	66,603	2.4%	14	6,582	0.3%	41	*1 62,555	0.9%	34
宮城県	610,958	2.2%	17	163,025	1.6%	18	23,038	0.6%	39	77,159	2.8%	10	25,108	1.3%	26	194,040	2.7%	13
秋田県	100,442	0.4%	44	21,584	0.2%	41	40,042	1.0%	31	66,036	2.4%	15	9,729	0.5%	34	*1 48,491	0.7%	37
山形県	302,256	1.1%	31	46,101	0.4%	35	51,828	1.3%	28	20,805	0.8%	41	27,580	1.4%	23	18,451	0.3%	45
福島県	280,722	1.0%	32	133,334	1.3%	22	62,636	1.5%	23	62,281	2.3%	16	49,957	2.5%	14	191,409	2.6%	14
茨城県	1,383,513	4.9%	7	570,431	5.5%	5	66,479	1.6%	21	196,072	7.1%	1	54,146	2.7%	12	235,173	3.2%	9
栃木県	643,742	2.3%	15	1,057,393	10.3%	2	58,466	1.4%	24	85,810	3.1%	7	51,686	2.6%	13	260,957	3.6%	8
群馬県	754,944	2.7%	12	373,613	3.6%	11	56,208	1.4%	25	84,234	3.1%	8	45,336	2.3%	16	79,572	1.1%	31
埼玉県	1,738,680	6.2%	2	190,628	1.9%	16	91,082	2.2%	14	79,710	2.9%	9	112,825	5.7%	4	458,202	6.3%	3
千葉県	1,476,034	5.2%	5	378,385	3.7%	10	31,570	0.8%	35	76,813	2.8%	11	100,202	5.1%	5	122,680	1.7%	20
東京都	780,900	2.8%	11	150,601	1.5%	20	91,441	2.2%	13	17,078	0.6%	43	124,247	6.3%	3	166,219	2.3%	15
神奈川県	1,467,266	5.2%	6	428,888	4.2%	8	48,579	1.2%	29	23,840	0.9%	37	86,107	4.4%	8	212,649	2.9%	11
山梨県	192,395	0.7%	36	134,912	1.3%	21	36,070	0.9%	32	8,028	0.3%	45	9,201	0.5%	35	18,697	0.3%	44
長野県	551,525	2.0%	18	155,982	1.5%	19	14,855	0.4%	46	35,994	1.3%	29	26,096	1.3%	25	82,148	1.1%	30
新潟県	741,124	2.6%	13	78,298	0.8%	29	78,462	1.9%	16	42,740	1.6%	25	43,479	2.2%	18	233,073	3.2%	10
富山県	159,304	0.6%	41	63,111	0.6%	31	74,206	1.8%	17	32,392	1.2%	31	35,552	1.8%	20	159,508	2.2%	16
石川県	189,954	0.7%	37	13,826	0.1%	42	211,358	5.2%	5	28,281	1.0%	34	73,539	3.7%	10	23,967	0.3%	43
福井県	61,944	0.2%	47	6,715	0.1%	47	254,658	6.3%	3	47,422	1.7%	23	12,402	0.6%	33	62,895	0.9%	33
静岡県	1,303,955	4.6%	8	1,130,963	11.0%	1	107,595	2.6%	12	184,746	6.7%	2	83,893	4.3%	9	819,265	11.2%	1
愛知県	1,710,289	6.1%	3	515,570	5.0%	6	450,120	11.1%	1	153,697	5.6%	5	150,588	7.6%	2	388,397	5.3%	5
岐阜県	363,379	1.3%	24	94,373	0.9%	26	150,335	3.7%	8	74,338	2.7%	12	112,684	5.7%	5	202,829	2.8%	12
三重県	496,688	1.8%	21	78,309	0.8%	28	63,079	1.6%	22	31,576	1.2%	32	33,846	1.7%	21	90,180	1.2%	27
滋賀県	312,994	1.1%	30	231,686	2.3%	14	186,629	4.6%	7	27,414	1.0%	35	58,553	3.0%	11	132,602	1.8%	18
京都府	530,076	1.9%	19	939,699	9.1%	3	133,569	3.3%	9	60,574	2.2%	17	21,107	1.1%	28	138,987	1.9%	17
大阪府	1,295,184	4.6%	9	261,943	2.5%	13	300,873	7.4%	2	126,876	4.6%	6	183,920	9.3%	1	360,257	4.9%	6
兵庫県	1,603,789	5.7%	4	410,640	4.0%	9	131,796	3.2%	10	53,778	2.0%	19	43,086	2.2%	19	284,776	3.9%	7
奈良県	217,826	0.8%	35	10,401	0.1%	46	67,228	1.7%	20	47,422	1.7%	22	27,290	1.4%	24	54,691	0.7%	36
和歌山県	177,646	0.6%	38	52,577	0.5%	33	71,351	1.8%	18	33,629	1.2%	30	16,018	0.8%	31	31,706	0.4%	41
鳥取県	148,514	0.5%	42	12,192	0.1%	45	19,705	0.5%	42	23,527	0.9%	39	3,179	0.2%	47	*1 91,361	1.2%	26
島根県	80,748	0.3%	46	13,012	0.1%	44	42,815	1.1%	30	43,579	1.6%	24	7,684	0.4%	36	29,371	0.4%	42
岡山県	503,667	1.8%	20	196,858	1.9%	15	230,813	5.7%	4	73,713	2.7%	13	18,396	0.9%	29	93,524	1.3%	25
広島県	621,501	2.2%	16	57,364	0.6%	32	129,374	3.2%	11	163,910	6.0%	4	49,517	2.5%	15	103,694	1.4%	23
山口県	253,620	0.9%	34	50,741	0.5%	34	70,031	1.7%	19	50,228	1.8%	20	4,292	0.2%	45	101,739	1.4%	24
徳島県	163,023	0.6%	40	32,293	0.3%	40	31,167	0.8%	36	37,013	1.4%	27	22,536	1.1%	27	126,017	1.7%	19
香川県	371,622	1.3%	22	44,358	0.4%	38	52,266	1.3%	26	31,302	1.1%	33	18,240	0.9%	30	121,090	1.7%	21
愛媛県	316,817	1.1%	29	80,301	0.8%	27	190,094	4.7%	6	37,013	1.3%	28	6,597	0.3%	40	520,736	7.1%	2
高知県	84,313	0.3%	45	13,319	0.1%	43	16,003	0.4%	45	19,755	0.7%	42	4,631	0.2%	43	60,239	0.8%	35
福岡県	992,250	3.5%	10	603,635	5.9%	4	51,903	1.3%	27	57,960	2.1%	18	86,152	4.4%	7	84,236	1.2%	29
佐賀県	339,531	1.2%	27	44,975	0.4%	37	18,710	0.5%	43	23,833	0.9%	38	32,849	1.7%	22	*1 74,703	1.0%	32
長崎県	274,952	1.0%	33	37,620	0.4%	39	22,312	0.5%	40	5,585	0.2%	46	4,621	0.2%	44	*1 4,555	0.1%	47
熊本県	347,761	1.2%	26	129,023	1.3%	23	32,744	0.8%	33	42,322	1.5%	26	6,712	0.3%	39	88,912	1.2%	28
大分県	135,067	0.5%	43	128,795	1.3%	24	19,906	0.5%	41	26,120	1.0%	36	13,377	0.7%	32	*1 33,366	0.5%	40
宮崎県	329,192	1.2%	28	174,521	1.7%	17	84,009	2.1%	15	48,956	1.8%	21	6,839	0.3%	38	*1 41,973	0.6%	39
鹿児島県	724,498	2.6%	14	472,637	4.6%	7	16,859	0.4%	44	21,584	0.8%	40	6,857	0.3%	37	42,953	0.6%	38
沖縄県	166,790	0.6%	39	75,846	0.7%	30	3,461	0.1%	47	925	0.03%	47	3,481	0.2%	46	6,660	0.1%	46

*1：従業者4人以上の事業所の場合（3人以下は非公開）。

- **食料品製造業**でつくっているものや業種：畜産食料品、水産食料品、野菜缶詰・果実缶詰・農産保存食料品、調味料、糖類、精穀・製粉業、パン・菓子、動植物油脂、その他の食料品
- **飲料・たばこ・飼料製造業**でつくっているもの：清涼飲料、酒類、茶・コーヒー(清涼飲料を除く)、氷、たばこ、飼料・有機質肥料
- **繊維工業**でつくっているものや業種：製糸業、紡績業、化学繊維・ねん糸等、織物、ニット生地、染色整理業、綱・網・レース・繊維粗製、外衣・シャツ(和式を除く)、下着類、和装製品・その他の衣服・繊維製身の回り品、その他の繊維製品
- **木材・木製品製造業**でつくっているものや業種：製材業、木製品、造作材・合板・建築用組立材料、木製容器(竹、とうを含む)、その他の木製品(竹、とうを含む)
- **家具・装備品製造業**でつくっているもの：家具、宗教用具、建具、その他の家具・装備品
- **パルプ・紙・紙加工品製造業**でつくっているもの：パルプ、紙、加工、紙製品、紙製容器、その他のパルプ・紙・紙加工品

都道府県	印刷・同関連業 製造品出荷額等 (百万円)	占有率	順位	化学工業 製造品出荷額等 (百万円)	占有率	順位	石油製品・石炭製品製造業 製造品出荷額等 (百万円)	占有率	順位	プラスチック製品製造業(別掲を除く*) 製造品出荷額等 (百万円)	占有率	順位	ゴム製品製造業 製造品出荷額等 (百万円)	占有率	順位	なめし革・同製品・毛皮製造業 製造品出荷額等 (百万円)	占有率	順位
全国計	5,458,247	100.0%		28,729,518	100.0%		14,596,602	100.0%		11,841,076	100.0%		3,512,615	100.0%		347,266	100.0%	
北海道	110,308	2.0%	14	196,277	0.7%	29	1,165,684	8.0%	5	111,163	0.9%	27	9,904	0.3%	34	6,201	1.8%	13
青森県	19,438	0.4%	37	38,294	0.1%	41	6,993	0.05%	31	13,459	0.1%	45	*1 1,638	0.05%	42	—	—	
岩手県	38,559	0.7%	28	54,820	0.2%	39	13,299	0.1%	25	54,176	0.5%	36	5,273	0.2%	37	7,864	2.3%	11
宮城県	77,648	1.4%	19	87,244	0.3%	37	462,548	3.2%	12	76,560	0.6%	32	*1 75,498	2.1%	17	*1 1,984	0.6%	25
秋田県	10,056	0.2%	45	*1 82,637	0.3%	38	5,793	0.04%	35	27,363	0.2%	41	*1 3,812	0.1%	39	*1 3,179	0.9%	19
山形県	31,158	0.6%	32	272,734	0.9%	26	5,363	0.04%	36	80,651	0.7%	31	1,462	0.0%	43	22,541	6.5%	5
福島県	46,887	0.9%	25	518,453	1.8%	20	17,697	0.1%	23	211,746	1.8%	18	186,788	5.3%	5	15,743	4.5%	7
茨城県	148,139	2.7%	11	1,616,357	5.6%	8	*1 80,082	0.5%	16	756,073	6.4%	3	80,305	2.3%	16	*1 2,589	0.7%	22
栃木県	58,357	1.1%	23	645,523	2.2%	15	22,136	0.2%	22	533,531	4.5%	8	163,989	4.7%	6	*1 2,401	0.7%	23
群馬県	80,095	1.5%	18	736,574	2.6%	13	*1 10,410	0.1%	29	545,813	4.6%	7	50,326	1.4%	24	*1 1,235	0.4%	28
埼玉県	756,422	13.9%	2	1,701,991	5.9%	6	34,999	0.2%	18	654,323	5.5%	5	125,253	3.6%	11	22,739	6.5%	4
千葉県	182,387	3.3%	6	2,360,252	8.2%	2	2,880,323	19.7%	1	274,139	2.3%	15	59,541	1.7%	23	13,939	4.0%	8
東京都	994,766	18.2%	1	486,703	1.7%	21	37,494	0.3%	17	165,845	1.4%	23	58,202	1.7%	22	79,099	22.8%	1
神奈川県	222,535	4.1%	5	1,915,959	6.7%	4	2,309,793	15.8%	2	343,860	2.9%	13	127,165	3.6%	10	5,772	1.7%	14
山梨県	25,794	0.5%	33	42,840	0.1%	40	3,460	0.02%	39	97,210	0.8%	29	13,116	0.4%	30	4,343	1.3%	15
長野県	72,555	1.3%	21	133,138	0.5%	35	16,500	0.1%	24	171,544	1.4%	22	13,042	0.4%	31	2,745	0.8%	20
新潟県	80,778	1.5%	17	598,753	2.1%	17	18,234	0.1%	21	183,548	1.6%	21	*1 13,297	0.4%	29	*1 3,585	1.0%	17
富山県	33,483	0.6%	31	713,437	2.5%	14	*1 6,638	0.05%	32	225,625	1.9%	17	13,811	0.4%	28	*1 1,677	0.5%	26
石川県	74,156	1.4%	20	146,640	0.5%	34	*1 6,153	0.04%	33	65,949	0.6%	34	6,142	0.2%	36	X	X	X
福井県	33,570	0.6%	30	226,487	0.8%	27	4,778	0.03%	38	131,536	1.1%	25	1,876	0.1%	41	X	X	X
静岡県	157,297	2.9%	10	1,672,487	5.8%	7	25,934	0.2%	19	642,475	5.4%	6	229,256	6.5%	4	2,738	0.8%	21
愛知県	342,636	6.3%	4	1,190,605	4.1%	10	798,533	5.5%	8	1,497,659	12.6%	2	471,220	13.4%	1	18,998	5.5%	6
岐阜県	84,126	1.5%	16	322,585	1.1%	25	12,974	0.1%	26	431,473	3.6%	12	74,624	2.1%	19	*1 223	0.1%	33
三重県	43,674	0.8%	27	1,240,868	4.3%	9	992,829	6.8%	6	458,235	3.9%	10	261,005	7.4%	3	—	—	
滋賀県	115,496	2.1%	13	974,901	3.4%	12	11,054	0.1%	27	631,398	5.3%	6	121,192	3.5%	12	*1 210	0.1%	34
京都府	169,065	3.1%	7	195,638	0.7%	30	*1 8,019	0.1%	30	189,580	1.6%	20	11,658	0.3%	32	7,835	2.3%	12
大阪府	488,461	8.9%	3	1,996,988	7.0%	3	1,471,945	10.1%	3	758,569	6.4%	4	137,807	3.9%	9	24,469	7.0%	3
兵庫県	144,627	2.6%	12	1,948,870	6.8%	3	*1 128,957	0.9%	13	474,852	4.0%	9	138,755	4.0%	8	53,999	15.5%	2
奈良県	62,195	1.1%	22	106,497	0.4%	36	*2 666	0.005%	45	142,547	1.2%	24	*1 58,933	1.7%	21	*1 4,207	1.2%	16
和歌山県	12,543	0.2%	42	354,556	1.2%	24	514,247	3.5%	11	58,395	0.5%	35	18,290	0.5%	25	1,668	0.5%	27
鳥取県	9,078	0.2%	46	1,298	0.005%	47	*1 2,416	0.02%	43	16,301	0.1%	44	2,285	0.1%	40	X	X	X
島根県	8,001	0.1%	47	*1 27,377	0.1%	42	3,441	0.02%	41	*1 28,230	0.2%	42	7,526	0.2%	35	927	0.3%	30
岡山県	161,610	3.0%	9	1,095,180	3.8%	11	1,211,784	8.3%	4	309,628	2.6%	14	98,791	2.8%	15	1,185	0.3%	29
広島県	97,475	1.8%	15	419,171	1.5%	22	17,800	0.1%	22	453,279	3.8%	11	108,625	3.1%	14	2,068	0.6%	24
山口県	36,234	0.7%	29	1,799,518	6.3%	5	878,062	6.0%	7	111,455	0.9%	26	*1 186,508	5.3%	7	X	X	X
徳島県	21,656	0.4%	35	535,685	1.9%	19	*1 2,452	0.0%	42	*1 52,571	0.4%	37	*1 10,749	0.3%	33	*1 398	0.1%	31
香川県	55,399	1.0%	24	150,326	0.5%	33	X	X	X	87,490	0.7%	30	*1 16,814	0.5%	27	9,676	2.8%	9
愛媛県	22,824	0.4%	34	362,556	1.3%	23	516,123	3.5%	10	190,533	1.6%	19	*1 4,406	0.1%	38	X	X	X
高知県	11,380	0.2%	44	7,464	0.03%	46	*2 264	0.002%	46	10,009	0.1%	47	X	X	X	X	X	X
福岡県	178,600	3.3%	7	537,522	1.9%	18	81,209	0.6%	15	265,363	2.2%	16	274,571	7.8%	2	*1 3,260	0.9%	18
佐賀県	17,318	0.3%	38	190,846	0.7%	31	3,455	0.02%	40	40,177	0.3%	39	*1 56,011	1.6%	23	8,442	2.4%	10
長崎県	11,557	0.2%	43	8,285	0.03%	45	2,272	0.02%	44	20,777	0.2%	42	607	0.02%	44	X	X	X
熊本県	43,716	0.8%	26	208,155	0.7%	28	10,709	0.1%	28	103,183	0.9%	28	75,185	2.1%	18	X	X	X
大分県	13,048	0.2%	41	601,014	2.1%	16	557,958	3.8%	9	73,643	0.6%	33	18,261	0.5%	26	*1 303	0.1%	32
宮崎県	15,049	0.3%	40	167,994	0.6%	32	5,290	0.04%	37	41,927	0.4%	38	*1 118,142	3.4%	13	X	X	X
鹿児島県	21,631	0.4%	36	26,859	0.1%	43	6,084	0.04%	34	16,579	0.1%	43	*1 500	0.01%	45	X	X	X
沖縄県	16,467	0.3%	39	11,117	0.04%	44	110,909	0.8%	14	10,304	0.1%	46	X	X	X	—	—	

＊1：従業者4人以上の事業所の場合（3人以下は非公開）。　＊2：従業者3人以下の事業所の場合（4人以上は非公開）。

●印刷・同関連業の業種：印刷業、製版業、製本業、印刷物加工業、印刷関連サービス業　●化学工業でつくっているものや業種：化学肥料、無機化学工業製品、有機化学工業製品、油脂加工製品・石けん・合成洗剤・界面活性剤・塗料、医薬品、化粧品・歯磨、その他の化粧用調整品、その他の化学工業　●石油製品・石炭製品製造業でつくっているものや業種：石油精製業、潤滑油・グリース(石油精製業によらないもの)、コークス、舗装材料、その他の石油製品・石炭製品　●プラスチック製品製造業でつくっているもの：プラスチック板・棒・管・継手・異形押出製品、プラスチックフィルム・シート・床材・合成皮革、工業用プラスチック製品、発泡・強化プラスチック製品、プラスチック成形材料(再生プラスチックを含む)、その他のプラスチック製品　●ゴム製品製造業でつくっているもの：タイヤ・チューブ、ゴム製・プラスチック製履物・同附属品、ゴムベルト・ゴムホース・工業用ゴム製品、その他のゴム製品　●なめし革・同製品・毛皮製造業でつくっているもの：なめし革、工業用革製品(手袋を除く)、革製履物用材料・同附属品、革製履物、革製手袋、かばん、袋もの、毛皮、その他のなめし革製品

＊プラスチック製品製造業（別掲を除く）の別掲：家具・装備品、プラスチック製版、写真フィルム(乾板をふくむ)、手袋、耐火物、と石、模造真珠、歯car、目盛りのついた三角定規、注射筒、霧繭、装身具・装飾品・ボタン・同関連品(貴金属・宝石製を除く)、かつこ、時計側、楽器、がん具、運動用具、ペン・鉛筆・絵画用品、その他の事務用品、漆器、畳、うちわ・扇子・ちょうちん、ほうき・ブラシ、喫煙用具(貴金属・宝石製を除く)、洋傘・和傘・同部品、魔法瓶、看板、標識機、パレット、モデル、模型、工業用模型、レコード、眼鏡

都道府県	窯業・土石製品製造業 製造品出荷額等			鉄鋼業 製造品出荷額等			非鉄金属製造業 製造品出荷額等			金属製品製造業 製造品出荷額等			はん用機械器具製造業 製造品出荷額等			生産用機械器具製造業 製造品出荷額等		
	(百万円)	占有率	順位	(百万円)	占有率	順位	(百万円)	占有率	順位	(百万円)	占有率	順位	(百万円)	占有率	順位	(百万円)	占有率	順位
全国計	7,558,993	100.0%		17,882,718	100.0%		9,695,424	100.0%		14,508,866	100.0%		10,872,437	100.0%		18,005,826	100.0%	
北海道	183,407	2.4%	16	483,268	2.7%	13	20,074	0.2%	39	282,540	1.9%	20	43,362	0.4%	35	101,103	0.6%	34
青森県	49,343	0.7%	38	*1 92,889	0.5%	27	359,339	3.7%	12	39,904	0.3%	44	*1 3,465	0.0%	45	34,152	0.2%	44
岩手県	118,300	1.6%	25	96,285	0.5%	26	*1 19,391	0.2%	40	109,981	0.8%	30	101,690	0.9%	28	178,709	1.0%	27
宮城県	147,416	2.0%	21	156,646	0.9%	23	68,306	0.7%	30	194,622	1.3%	23	20,843	0.2%	38	254,399	1.4%	24
秋田県	53,003	0.7%	36	*1 19,034	0.1%	44	54,412	0.6%	31	67,180	0.5%	37	10,064	0.1%	41	79,901	0.4%	36
山形県	90,985	1.2%	29	28,290	0.2%	40	52,544	0.5%	32	94,015	0.6%	33	47,383	0.4%	34	229,847	1.3%	26
福島県	220,618	2.9%	14	89,046	0.5%	28	187,752	1.9%	16	254,100	1.8%	21	163,372	1.5%	22	160,246	0.9%	30
茨城県	329,915	4.4%	6	824,817	4.6%	8	742,618	7.7%	2	810,431	5.6%	6	723,809	6.7%	5	1,193,104	6.6%	3
栃木県	164,571	2.2%	20	227,279	1.3%	16	385,992	4.0%	11	463,653	3.2%	10	240,503	2.2%	17	459,137	2.5%	13
群馬県	101,936	1.3%	27	254,977	1.4%	15	141,553	1.5%	21	407,024	2.8%	13	163,037	1.5%	23	282,167	1.6%	23
埼玉県	275,603	3.6%	9	307,042	1.7%	14	637,691	6.6%	4	736,422	5.1%	7	420,878	3.9%	7	588,360	3.3%	10
千葉県	330,063	4.4%	5	1,787,554	10.0%	3	172,218	1.8%	17	628,075	4.3%	6	241,814	2.2%	16	469,066	2.6%	12
東京都	181,540	2.4%	17	176,677	1.0%	20	83,729	0.9%	27	303,749	2.1%	18	171,541	1.6%	20	374,931	2.1%	18
神奈川県	318,353	4.2%	8	650,277	3.6%	11	334,172	3.4%	13	593,247	4.1%	7	795,838	7.3%	3	1,088,088	6.0%	4
山梨県	63,810	0.8%	33	*1 11,009	0.1%	46	44,565	0.5%	33	87,106	0.6%	34	116,248	1.1%	26	457,302	2.5%	14
長野県	121,214	1.6%	23	55,159	0.3%	31	104,703	1.1%	24	292,431	2.0%	19	354,456	3.3%	9	594,950	3.3%	9
新潟県	116,274	1.5%	26	208,311	1.2%	19	81,441	0.8%	28	501,299	3.5%	9	231,416	2.1%	18	370,282	2.1%	19
富山県	91,862	1.2%	28	172,111	1.0%	21	390,311	4.0%	10	382,583	2.6%	15	224,576	2.1%	19	332,887	1.8%	21
石川県	69,856	0.9%	31	52,803	0.3%	32	37,533	0.4%	34	138,647	1.0%	28	95,585	0.9%	29	654,995	3.6%	8
福井県	48,109	0.6%	40	27,544	0.2%	41	149,062	1.5%	20	101,140	0.7%	32	21,165	0.2%	37	93,570	0.5%	35
静岡県	177,587	2.3%	18	218,871	1.2%	17	571,219	5.9%	5	560,968	3.9%	8	347,331	3.2%	10	827,413	4.6%	7
愛知県	750,002	9.9%	1	2,359,417	13.2%	2	537,201	5.5%	7	1,456,148	10.0%	2	1,011,143	9.3%	2	2,000,118	11.1%	1
岐阜県	375,859	5.0%	3	211,339	1.2%	18	85,852	0.9%	26	451,987	3.1%	11	259,253	2.4%	14	451,742	2.5%	15
三重県	239,306	3.2%	11	112,715	0.6%	25	490,108	5.1%	8	401,053	2.8%	14	324,432	3.0%	11	287,318	1.6%	22
滋賀県	333,046	4.4%	4	88,508	0.5%	29	170,468	1.8%	18	375,910	2.6%	16	560,935	5.2%	6	573,713	3.2%	11
京都府	189,818	2.5%	15	67,793	0.4%	30	78,818	0.8%	29	179,443	1.2%	24	141,314	1.3%	24	382,163	2.1%	16
大阪府	227,670	3.0%	13	1,359,548	7.6%	4	759,516	7.8%	1	1,485,470	10.2%	1	789,256	7.3%	4	1,525,796	8.5%	2
兵庫県	323,849	4.3%	7	1,888,955	10.6%	2	293,679	3.0%	14	810,986	5.6%	3	1,270,982	11.7%	1	1,022,724	5.7%	5
奈良県	30,397	0.4%	45	31,626	0.2%	38	26,201	0.3%	38	118,356	0.8%	29	82,651	0.8%	31	123,300	0.7%	31
和歌山県	52,779	0.7%	37	*1 719,281	4.0%	9	12,146	0.1%	41	85,251	0.6%	35	243,056	2.2%	15	112,687	0.6%	32
鳥取県	12,060	0.2%	47	16,314	0.1%	45	X	X	X	42,408	0.3%	43	*2 116	0.001%	46	*1 30,572	0.2%	45
島根県	41,059	0.5%	42	160,851	0.9%	22	31,563	0.3%	36	34,002	0.2%	45	*1 30,504	0.3%	36	48,464	0.3%	43
岡山県	233,179	3.1%	12	1,055,175	5.9%	6	88,500	0.9%	25	241,551	1.7%	22	261,424	2.4%	13	245,428	1.4%	25
広島県	139,168	1.8%	22	1,330,019	7.4%	5	278,046	2.9%	15	336,807	2.3%	17	358,822	3.3%	8	841,706	4.7%	6
山口県	243,708	3.2%	10	663,805	3.7%	10	106,684	1.1%	23	177,255	1.2%	25	68,355	0.6%	33	173,123	1.0%	28
徳島県	20,261	0.3%	46	35,232	0.2%	37	X	X	X	74,736	0.5%	36	75,978	0.7%	32	59,361	0.3%	38
香川県	76,963	1.0%	30	38,957	0.2%	34	*1 462,250	4.8%	9	160,611	1.1%	26	111,103	1.0%	27	104,263	0.6%	33
愛媛県	39,386	0.5%	43	112,855	0.6%	24	*1 714,215	7.4%	3	59,264	0.4%	39	133,454	1.2%	25	164,518	0.9%	29
高知県	58,977	0.8%	34	37,654	0.2%	35	X	X	X	20,748	0.1%	47	13,738	0.1%	40	54,814	0.3%	40
福岡県	377,569	5.0%	2	936,134	5.2%	7	161,061	1.7%	19	443,884	3.1%	12	164,631	1.5%	21	381,590	2.1%	17
佐賀県	48,195	0.6%	39	36,639	0.2%	36	*1 109,408	1.1%	22	106,064	0.7%	31	17,319	0.2%	39	75,759	0.4%	37
長崎県	44,422	0.6%	41	*1 29,349	0.2%	39	X	X	X	56,930	0.4%	40	311,226	2.9%	12	21,349	0.1%	46
熊本県	68,309	0.9%	32	*1 48,474	0.3%	33	36,709	0.4%	35	144,116	1.0%	27	4,588	0.04%	43	334,886	1.9%	20
大分県	120,366	1.6%	24	*1 555,954	3.1%	12	550,294	5.7%	6	66,785	0.5%	38	84,012	0.8%	30	53,895	0.3%	41
宮崎県	32,966	0.4%	44	*1 19,428	0.1%	43	2,836	0.03%	42	33,703	0.2%	46	8,456	0.1%	42	50,401	0.3%	42
鹿児島県	169,881	2.2%	19	*1 3,745	0.02%	47	29,741	0.3%	37	47,764	0.3%	42	3,574	0.03%	44	59,173	0.3%	39
沖縄県	56,031	0.7%	35	22,746	0.1%	42	–			48,515	0.3%	41	X	X	X	*1 2,225	0.01%	47

*1：従業者4人以上の事業所の場合（3人以下は非公開）。　*2：従業者3人以下の事業所の場合（4人以上は非公開）。

●**窯業・土石製品製造業でつくっているもの**：ガラス・同製品、セメント・同製品、建設用粘土製品（陶磁器製を除く）、陶磁器・同関連製品、耐火物製造業、炭素・黒鉛製品、研磨材・同製品、骨材・石工品等、その他の窯業・土石製品　●**鉄鋼業でつくっているものや業種**：製鉄業、製鋼・製鋼圧延業、製鋼をおこなわない鋼材（表面処理鋼材を除く）、表面処理鋼材、鉄素材、その他の鉄鋼業　●**非鉄金属製造業でつくっているものや業種**：非鉄金属第1次製錬・精製業、非鉄金属第2次製錬・精製業（非鉄金属合金製造業を含む）、非鉄金属・同合金圧延業（抽伸、押出しを含む）、電線・ケーブル、非鉄金属素形材、その他の非鉄金属　●**金属製品製造業でつくっているものや業種**：ブリキ缶・その他のめっき板等製品、洋食器・刃物・手道具・金物類、暖房装置・配管工事用附属品、建設用・建築用金属製品（製缶板金業を含む）、金属素形材製品、金属被覆・彫刻業、熱処理業（ほうろう鉄器を除く）、金属線製品（ねじ類を除く）、ボルト・ナット・リベット・小ねじ・木ねじ等、その他の金属製品　●**はん用機械器具製造業でつくっているもの**：ボイラー・原動機、ポンプ・圧縮機器、一般産業用機械・装置、その他のはん用機械・同部品　●**生産用機械器具製造業でつくっているもの**：農業用機械（農業用機具を除く）、建設機械・鉱山機械、繊維機械、生活関連産業用機械、基礎素材産業用機械、金属加工機械、半導体・フラットパネルディスプレイ製造装置、その他の生産用機械・同部品

都道府県	業務用機械器具製造業 製造品出荷額等 (百万円)	占有率	順位	電子部品・デバイス・電子回路製造業 製造品出荷額等 (百万円)	占有率	順位	電気機械器具製造業 製造品出荷額等 (百万円)	占有率	順位	情報通信機械器具製造業 製造品出荷額等 (百万円)	占有率	順位	輸送用機械器具製造業 製造品出荷額等 (百万円)	占有率	順位	その他の製造業 製造品出荷額等 (百万円)	占有率	順位
全国計	7,372,503	100.0%	1	14,815,346	100.0%	1	17,429,536	100.0%		8,657,616	100.0%		64,724,404	100.0%		4,156,366	100.0%	
北海道	5,972	0.1%	41	*1 189,939	1.3%	35	47,815	0.3%	38	*1 27,575	0.3%	28	369,078	0.6%	25	47,019	1.1%	26
青森県	*1 133,748	1.8%	20	197,243	1.3%	34	*1 57,599	0.3%	35	2,638	0.0%	34	*1 47,638	0.1%	41	7,573	0.2%	43
岩手県	*1 90,203	1.2%	22	224,795	1.5%	32	47,980	0.3%	37	*1 51,428	0.6%	25	548,676	0.8%	19	45,431	1.1%	27
宮城県	84,466	1.1%	23	455,352	3.1%	4	156,633	0.9%	27	*1 98,565	1.1%	19	479,492	0.7%	21	44,874	1.1%	28
秋田県	76,492	1.0%	27	341,635	2.3%	16	23,194	0.1%	44	9,631	0.1%	30	*1 66,045	0.1%	39	11,526	0.3%	41
山形県	43,201	0.6%	31	373,116	2.5%	13	147,189	0.8%	29	321,161	3.7%	9	129,862	0.2%	36	124,583	3.0%	13
福島県	248,911	3.4%	13	383,282	2.6%	12	323,268	1.9%	17	696,314	8.0%	5	390,787	0.6%	23	42,079	1.0%	29
茨城県	283,703	3.8%	10	323,926	2.2%	20	812,311	4.7%	6	62,590	0.7%	23	590,002	0.9%	18	190,921	4.6%	9
栃木県	355,350	4.8%	8	270,717	1.8%	26	788,566	4.5%	8	*1 170,228	2.0%	13	1,629,966	2.5%	10	86,647	2.1%	15
群馬県	571,473	7.8%	3	262,186	1.8%	28	427,832	2.5%	13	108,948	1.3%	18	3,469,978	5.4%	4	86,258	2.1%	16
埼玉県	373,989	5.1%	6	361,489	2.4%	14	509,123	2.9%	11	483,381	5.6%	8	1,934,351	3.0%	9	283,352	6.8%	4
千葉県	174,784	2.4%	17	282,795	1.9%	24	233,118	1.3%	21	89,680	1.0%	22	132,066	0.2%	35	217,675	5.2%	6
東京都	358,814	4.9%	7	328,791	2.2%	19	817,482	4.7%	5	693,959	8.0%	6	1,608,616	2.5%	10	292,788	7.0%	3
神奈川県	539,703	7.3%	4	390,111	2.6%	10	596,355	3.4%	9	863,994	10.0%	3	4,084,649	6.3%	3	116,148	2.8%	14
山梨県	80,956	1.1%	25	204,597	1.4%	33	448,045	2.6%	12	*1 185,818	2.1%	12	95,075	0.1%	37	73,285	1.8%	19
長野県	385,959	5.2%	5	775,072	5.2%	3	399,018	2.3%	14	1,057,624	12.2%	1	337,733	0.5%	27	164,033	3.9%	10
新潟県	166,664	2.3%	18	306,273	2.1%	22	332,291	1.9%	16	*1 140,759	1.6%	15	203,559	0.3%	29	33,136	0.8%	31
富山県	36,472	0.5%	32	332,760	2.2%	18	40,831	0.2%	40	*1 7,718	0.1%	31	159,231	0.2%	32	136,541	3.3%	11
石川県	80,918	1.1%	26	404,670	2.7%	8	93,792	0.5%	32	X	X	X	152,829	0.2%	34	36,391	0.9%	30
福井県	*1 15,356	0.2%	39	337,462	2.3%	17	174,056	1.0%	24	X	X	X	155,937	0.2%	33	80,717	1.9%	18
静岡県	314,666	4.3%	9	266,492	1.8%	27	1,953,501	11.2%	2	494,086	5.7%	7	4,121,389	6.4%	2	225,173	5.4%	5
愛知県	1,126,750	15.3%	2	282,032	1.9%	25	2,200,826	12.6%	1	951,645	11.0%	2	25,503,350	39.4%	1	327,848	7.9%	1
岐阜県	53,475	0.7%	29	*1 166,293	1.1%	37	316,878	1.8%	18	6,558	0.1%	32	1,050,108	1.6%	14	54,816	1.3%	24
三重県	230,771	3.1%	14	*1 1,942,761	13.1%	1	549,328	3.2%	10	*1 122,646	1.4%	16	2,352,601	3.6%	7	83,171	2.0%	17
滋賀県	145,951	2.0%	19	385,712	2.6%	11	806,047	4.6%	7	*1 43,467	0.5%	27	969,234	1.5%	15	132,094	3.2%	12
京都府	282,679	3.8%	11	352,783	2.4%	15	396,378	2.3%	15	*1 63,790	0.7%	22	518,809	0.8%	20	302,649	7.3%	2
大阪府	184,066	2.5%	15	414,505	2.8%	6	1,052,489	6.0%	4	164,216	1.9%	14	1,282,190	2.0%	11	198,821	4.8%	8
兵庫県	252,745	3.4%	12	396,670	2.7%	9	1,659,628	9.5%	3	*1 778,606	9.0%	4	1,175,004	1.8%	13	210,721	5.1%	7
奈良県	180,828	2.5%	16	6,000	0.04%	45	175,142	1.0%	23	X	X	X	202,812	0.3%	30	65,382	1.6%	22
和歌山県	*1 16,034	0.2%	37	*1 16,879	0.1%	44	16,515	0.1%	45	2,656	0.03%	33	18,793	0.03%	43	18,396	0.4%	35
鳥取県	*1 5,143	0.1%	42	153,783	1.0%	39	85,129	0.5%	33	1,339	0.02%	35	*1 17,352	0.03%	45	3,810	0.1%	46
島根県	50,514	0.7%	30	*1 170,257	1.1%	36	31,274	0.2%	42	117,817	1.4%	17	82,594	0.1%	38	4,378	0.1%	45
岡山県	56,783	0.8%	28	411,858	2.8%	7	194,797	1.1%	22	47,501	0.5%	26	945,688	1.5%	16	49,697	1.2%	25
広島県	82,133	1.1%	24	795,740	5.4%	2	253,381	1.5%	20	227,773	2.6%	10	3,462,151	5.3%	5	59,111	1.4%	23
山口県	X	X	X	*1 74,661	0.5%	40	54,416	0.3%	36	X	X	X	1,193,762	1.8%	12	10,881	0.3%	42
徳島県	*1 4,064	0.1%	44	*1 311,020	2.1%	21	*1 46,477	0.3%	39	*1 1,443	0.02%	35	17,592	0.03%	44	25,098	0.6%	32
香川県	*1 9,934	0.1%	40	*1 56,199	0.4%	41	157,654	0.9%	26				264,333	0.4%	28	17,649	0.4%	36
愛媛県	*1 2,479	0.0%	45	42,776	0.3%	42	119,206	0.7%	30				461,774	0.7%	22	12,282	0.4%	40
高知県	*1 24,982	0.3%	35	*1 27,882	0.2%	43	10,476	0.1%	46				36,296	0.1%	42	22,527	0.5%	33
福岡県	31,380	0.4%	34	287,017	1.9%	23	299,189	1.7%	19	*1 11,452	0.1%	29	2,868,093	4.4%	6	69,616	1.7%	20
佐賀県	X	X	X	*2 52	0.0004%	46	166,197	1.0%	25	X	X	X	*1 182,646	0.3%	31	67,951	1.6%	21
長崎県	33,783	0.5%	33	*1 262,143	1.8%	29	38,902	0.2%	41	*1 70,739	0.8%	21	357,660	0.6%	26	14,578	0.4%	38
熊本県	15,730	0.2%	38	*1 433,331	2.9%	5	147,242	0.8%	28	*2 350	0.004%	37	370,737	0.6%	24	12,496	0.3%	39
大分県	124,930	1.7%	21	251,310	1.7%	30	29,618	0.2%	43	204,086	2.4%	11	611,824	0.9%	17	7,174	0.2%	44
宮崎県	18,675	0.3%	36	*1 163,982	1.1%	38	77,691	0.4%	34	62,294	0.7%	24	51,774	0.1%	40	19,677	0.5%	34
鹿児島県	4,962	0.1%	43	243,209	1.6%	31	109,385	0.6%	31	X	X	X	15,771	0.02%	46	16,068	0.4%	37
沖縄県	*1 1,234	0.02%	47	X	X	X	*1 5,087	0.03%	47	X	X	X	2,153	0.00%	47	3,320	0.1%	47

*1：従業者4人以上の事業所の場合（3人以下は非公開）。 *2：従業者3人以下の事業所の場合（4人以上は非公開）。

●**業務用機械器具製造業**でつくっているもの：事務用機械器具、サービス用・娯楽用機械器具、計量器・測定器・分析機器・試験機・測量機器・理化学機械器具、医療用機械器具・医療用品、光学機械器具・レンズ、武器　●**電子部品・デバイス・電子回路製造業**でつくっているもの：電子デバイス、電子部品、記録メディア、電子回路、ユニット部品、その他の電子部品・デバイス・電子回路　●**電気機械器具製造業**でつくっているもの：発電用・送電用・配電用電気機械器具、産業用電気機械器具、民生用電気機械器具、電球・電気照明器具、電池、電気応用機器、電気計測器、その他の電気機械器具　●**情報通信機械器具製造業**でつくっているもの：通信機械器具、同関連機械器具、映像・音響機械器具、電子計算機・同附属装置　●**輸送用機械器具製造業**でつくっているものや業種：自動車・同附属品、鉄道車両・同部分品、船舶製造・修理業、舶用機関、航空機・同附属品、産業用運搬車両・同部分品・附属品、その他の輸送用機械器具　●**その他の製造業**でつくっているものや業種：貴金属・宝石製品、装身・装飾品・ボタン・同関連品（貴金属・宝石製を除く）、時計・同部分品、楽器、がん具・運動用具、ペン・鉛筆・絵画用品・その他の事務用品、漆器、畳等生活雑貨製品、他に分類されない製造業

はじめに

　工業は、道具や機械を使い、原料や材料を加工してその形や性質をかえたり、部品を組み立てたりすることで、わたしたちのくらしや社会に役立つものをつくる産業です。工業によってできたものは製品とよばれ、その製品をつくり上げる産業ということで、工業は、製造業ともよばれます。

　製造業は、つくられる製品によって、食料品製造業や金属製品製造業などに分類されますが、国の統計では、24の製造業に分類され、製造品出荷額等として、その生産額が毎年発表されています。あわせて、その製造業をおこなっている工場の数や、その製造業で働いている人の数なども発表しています。

　この本では、24の製造業の生産額などを都道府県ごとに示した地図や表を、2〜13ページに掲載していますが、17ページからは、国の統計をもとに作成した表や地図により、都道府県ごとの工業のようすを紹介しています。そのため、各都道府県で、どのような工業がさかんなのか、工業がさかんなのはどの市町村なのかということを調べられるようになっています。

　また、123ページからは、24の製造業でつくられているもののなかから、おもな品目をとらえ、その生産額が全国一の都道府県を記した表を掲載しています。そのため、それぞれの製造業でどのようなものがつくられているのかを見ることができるとともに、何がどの都道府県でさかんにつくられているのかを調べることができます。

　日本は、古くからものづくりがさかんな国です。明治維新以降は、工業によって近代化をなしとげ、第二次世界大戦以降は、工業によって発展しました。そしていままでは、日本の工業が、わたしたち日本人のくらしだけではなく、世界の人びとのくらしも支えています。そのことを理解するためにも、みなさんの住む都道府県の工業のようすをくわしく知るとともに、どこで、どのようなものがつくられているのかということを中心に、日本全体の工業のようすを知ることが必要ではないかと考えます。

もくじ

| 巻頭特集① | 全国地図で見る日本の工業 | 2 |
| 巻頭特集② | 24の製造業の都道府県別生産額（2015年） | 9 |

- はじめに … 14
- もくじ … 15
- この本の使い方 … 16

北海道・東北地方 … 17
- 北海道 … 18
- 青森県 … 20
- 岩手県 … 22
- 宮城県 … 24
- 秋田県 … 26
- 山形県 … 28
- 福島県 … 30
- 工業コラム① 東北地方の伝統工業 … 32

関東・甲信越地方 … 33
- 茨城県 … 34
- 栃木県 … 36
- 群馬県 … 38
- 埼玉県 … 40
- 千葉県 … 42
- 東京都 … 44
- 神奈川県 … 46
- 山梨県 … 48
- 長野県 … 50
- 新潟県 … 52
- 工業コラム② 埼玉県の地場産業 … 54

北陸・東海地方 … 55
- 富山県 … 56
- 石川県 … 58
- 福井県 … 60
- 静岡県 … 62
- 愛知県 … 64
- 岐阜県 … 66
- 三重県 … 68
- 工業コラム③ 愛知県の工業 … 70

近畿地方 … 71
- 滋賀県 … 72
- 京都府 … 74
- 大阪府 … 76
- 兵庫県 … 78
- 奈良県 … 80
- 和歌山県 … 82
- 工業コラム④ 大阪府の地場産業 … 84

中国・四国地方 … 85
- 鳥取県 … 86
- 島根県 … 88
- 岡山県 … 90
- 広島県 … 92
- 山口県 … 94
- 徳島県 … 96
- 香川県 … 98
- 愛媛県 … 100
- 高知県 … 102
- 工業コラム⑤ 東日本の地域団体商標 … 104

九州・沖縄地方 … 105
- 福岡県 … 106
- 佐賀県 … 108
- 長崎県 … 110
- 熊本県 … 112
- 大分県 … 114
- 宮崎県 … 116
- 鹿児島県 … 118
- 沖縄県 … 120
- 工業コラム⑥ 西日本の地域団体商標 … 122

- おもな品目別に見る全国一の都道府県 … 123
- さくいん … 134

この本の使い方

その都道府県の位置を、白く示した日本地図です。

その都道府県の基本情報として、県庁所在地、人口、面積を記しています。

市町村の境界線が入った、その都道府県の地図です。すべての市を掲載していますが、右ページ下の3つの表に掲載されている町村のほか、左ページの「工業のあらまし」などでふれている町村も掲載しています。また、右ページ下の3つ表で、事業所数*1、従業者数*2、製造品出荷額等（生産額）*3が上位の10市町村については、それぞれの順位を掲載し、地図の背景の色を濃くしてあります。

*1 製品をつくったり、ものを加工したりしている場所（工場など）の数。
*2 事業所（工場など）で働いている人の数。
*3 原材料に手を加えてつくり上げられた品物（製造品）が、事業所（工場など）から出荷されたときの金額を1年単位でまとめたもので、加工や修理によって得られた収入なども含まれるが、この本では、生産額としている。

国の統計にもとづき、24の製造業（産業分類）について、その都道府県の事業所数、従業者数、製造品出荷額等（生産額）を掲載した表です。9～13ページの表に掲載された情報などを、都道府県ごとにまとめたものです。占有率は、すべての製造業の合計数値（製造業計）に対し、各製造業の数値が占める割合のことです。順位は、その都道府県のなかでの順位で、全国順位は、47都道府県のなかでの順位です。

※表の「－」は、生産されていないことを示し、「×」は、数値が公開されていないことを示します。
※9ページ下にも記載したとおり、製造業によっては、数値が公開されていない県があるので、順位は、実際とはちがう場合もあります。
※製造品出荷額等の一部は、数値が公開されていないため、従業者4人以上の事業所の場合だけのものもあり、従業者3人以下の事業所の場合だけのものもあります（10～13ページの表で*1と*2がついている数値）。
※この表の出典：経済産業省「平成28年経済センサス-活動調査」産業別集計（製造業）「産業編」統計表データ／都道府県別、東京特別区・政令指定都市別統計表および従業者3人以下の事業所に関する統計表（従業者4人以上の事業所と3人以下の事業所の合計数値）

右ページの4つの表にもとづき、その都道府県でさかんな製造業、その製造業がさかんな市町村、その都道府県で工業がさかんな市町村などについて、「工業のあらまし」として記しています。

事業所数、従業者数、製造品出荷額等（生産額）で、その都道府県の上位10市町村について、それぞれの数値と占有率を掲載した表です。

※この表の出典：経済産業省「平成28年経済センサス-活動調査」産業別集計（製造業）「品目編」統計表データ／製造品に関する統計表／品目別、都道府県別の出荷及び産出事業所数（従業者4人以上の事業所）

工業のあらましのほかにも、その都道府県の工業について知っておきたいことなどを記しています。

北海道

道庁所在地	札幌市
人口	532万人【全国8位】(2017年)
面積	83,423.84km²【全国1位】(2017年)

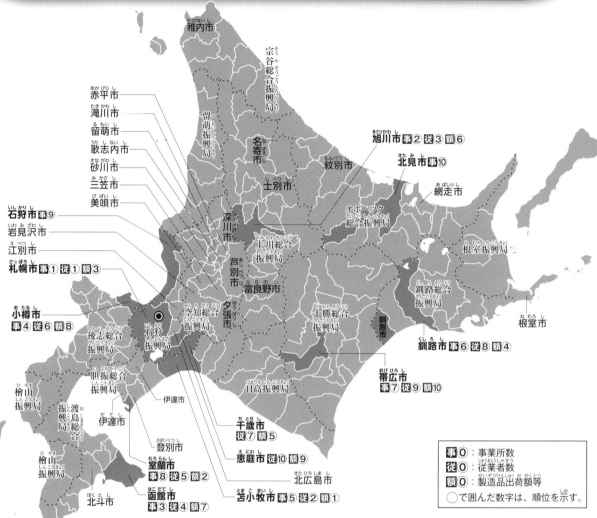

北海道の工業のあらまし

　農林水産業がさかんな北海道は、農畜産物や水産物を原料とする食料品製造業の生産額(製造品出荷額等)が全国1位です(道内の占有率も1位)。さらに、林産物を原料とする木材・木製品製造業とパルプ・紙・紙加工品製造業もさかんで、生産額の全国順位は3位と4位です(道内では11位と4位)。

　食料品の製造がさかんなのは、ビールや乳製品などをつくる札幌市、水産加工品などをつくる函館市、釧路市、根室市、乳製品などをつくる小樽市や帯広市などです。木材・木製品の製造は、苫小牧市、帯広市、旭川市などでさかんです。パルプ・紙・紙加工品の製造がさかんなのは、苫小牧市、釧路市、旭川市、江別市などです。

　ほかにも、国際拠点港湾*1をもつ苫小牧市と室蘭市では、石油備蓄基地もあり、石油製品・石炭製品製造業がさかんです(生産額の全国順位は5位、道内順位は2位)。また、室蘭市では、古くから鉄鋼業もさかんです(生産額の道内順位は3位)。

　なお、大規模な掘込港*2を築いた苫小牧市では、自動車工場が進出し、輸送用機械器具の製造がおこなわれています。

*1 日本の港湾の国際競争力の強化を目的に、港湾法によって指定された港湾。
*2 自動車運搬船のような大型の船が入港できるように、遠浅の砂浜の海岸を深く掘り込んで築いた港。

北海道の製造業の内訳

産業分類	事業所数	占有率	順位	全国順位	従業者数(人)	占有率	順位	全国順位	製造品出荷額等(百万円)	占有率	順位	全国順位
製造業計	7,214	100.0%		9	173,115	100.0%		18	6,589,145	100.0%		17
食料品製造業	2,138	29.6%	1	1	78,903	45.6%	1	1	2,208,634	33.5%	1	1
飲料・たばこ・飼料製造業	277	3.8%	9	3	4,015	2.3%	12	6	277,208	4.2%	7	12
繊維工業	221	3.1%	10	27	2,908	1.7%	15	35	31,811	0.5%	19	34
木材・木製品製造業(家具を除く)	445	6.2%	5	1	7,140	4.1%	5	1	175,729	2.7%	11	3
家具・装備品製造業	373	5.2%	6	7	3,590	2.1%	13	9	43,749	0.7%	17	17
パルプ・紙・紙加工品製造業	123	1.7%	15	18	6,170	3.6%	7	10	451,199	6.8%	4	4
印刷・同関連業	569	7.9%	3	6	7,568	4.4%	4	9	110,308	1.7%	13	14
化学工業	126	1.7%	14	15	3,435	2.0%	14	27	196,277	3.0%	8	29
石油製品・石炭製品製造業	81	1.1%	18	1	941	0.5%	20	10	1,165,684	17.7%	2	5
プラスチック製品製造業	200	2.8%	11	25	4,490	2.6%	11	25	111,163	1.7%	12	27
ゴム製品製造業	32	0.4%	21	20	667	0.4%	21	30	9,904	0.2%	22	34
なめし革・同製品・毛皮製造業	21	0.3%	23	16	467	0.3%	23	13	6,201	0.1%	23	13
窯業・土石製品製造業	508	7.0%	4	4	6,181	3.6%	6	15	183,407	2.8%	10	16
鉄鋼業	110	1.5%	17	17	5,969	3.4%	9	10	483,268	7.3%	3	13
非鉄金属製造業	25	0.3%	22	21	414	0.2%	24	39	20,074	0.3%	21	39
金属製品製造業	784	10.9%	2	16	11,505	6.6%	2	19	282,540	4.3%	6	20
はん用機械器具製造業	151	2.1%	13	18	2,577	1.5%	17	31	43,362	0.7%	18	35
生産用機械器具製造業	292	4.0%	8	25	4,911	2.8%	10	31	101,103	1.5%	14	34
業務用機械器具製造業	52	0.7%	19	24	512	0.3%	22	38	5,972	0.1%	24	41
電子部品・デバイス・電子回路製造業	49	0.7%	20	33	5,978	3.5%	8	32	189,939	2.9%	9	35
電気機械器具製造業	112	1.6%	16	26	2,173	1.3%	18	38	47,815	0.7%	15	38
情報通信機械器具製造業	15	0.2%	24	21	1,243	0.7%	19	28	27,575	0.4%	20	28
輸送用機械器具製造業	180	2.5%	12	20	8,677	5.0%	3	24	369,078	5.6%	5	25
その他の製造業	330	4.6%	7	13	2,681	1.5%	16	22	47,019	0.7%	16	26

事業所数上位10市町村

順位	市町村	事業所数	占有率
	北海道計	5,801	100.0%
1	札幌市	1,053	18.2%
2	旭川市	389	6.7%
3	函館市	313	5.4%
4	小樽市	242	4.2%
5	苫小牧市	214	3.7%
6	釧路市	191	3.3%
7	帯広市	161	2.8%
8	室蘭市	129	2.2%
9	石狩市	128	2.2%
10	北見市	127	2.2%
	その他	2,854	49.2%

従業者数上位10市町村

順位	市町村	従業者数(人)	占有率
	北海道計	170,136	100.0%
1	札幌市	28,072	16.5%
2	苫小牧市	11,016	6.5%
3	旭川市	9,185	5.4%
4	函館市	8,217	4.8%
5	室蘭市	7,388	4.3%
6	小樽市	7,240	4.3%
7	千歳市	6,763	4.0%
8	釧路市	5,214	3.1%
9	帯広市	4,933	2.9%
10	恵庭市	4,514	2.7%
	その他	77,594	45.6%

製造品出荷額等上位10市町村

順位	市町村	製造品出荷額等(万円)	占有率
	北海道計	653,585,545	100.0%
1	苫小牧市	147,610,116	22.6%
2	室蘭市	77,393,755	11.8%
3	札幌市	55,782,018	8.5%
4	釧路市	26,104,267	4.0%
5	千歳市	23,997,813	3.7%
6	旭川市	21,563,982	3.3%
7	函館市	20,145,873	3.1%
8	小樽市	18,824,243	2.9%
9	恵庭市	14,589,995	2.2%
10	帯広市	14,274,376	2.2%
	その他	233,299,107	35.7%

青森県

県庁所在地	青森市
人口	127.8万人【全国31位】(2017年)
面積	9645.64km²【全国8位】(2017年)

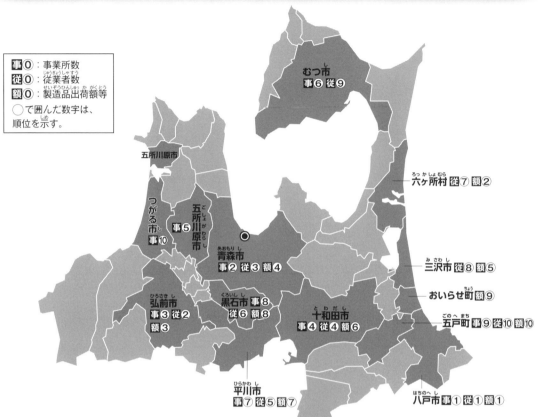

事○：事業所数
従○：従業者数
額○：製造品出荷額等
○で囲んだ数字は、順位を示す。

青森県の工業のあらまし

　青森県では、非鉄金属製造業と食料品製造業の生産額（製造品出荷額等）が、それぞれ県全体の生産額の2割ほどを占め、1位と2位です。非鉄金属製造業の大部分は、六ヶ所村でおこなわれている核燃料製造業（使用済み核燃料再処理業＊）です。食料品製造業がさかんなのは、八戸市や青森市などです。なかでも八戸市は、日本でも有数の水揚量をほこる漁港として知られる八戸港があり、さば缶詰の製造をはじめとした水産加工業がさかんです。

　ほかにも、弘前市が中心の電子部品・デバイス・電子回路製造業と業務用機械器具製造業や、八戸市が中心のパルプ・紙・紙加工品製造業がさかんで、県内順位が上位です。

＊原子力発電所で使用した核燃料から、新たに生じたプルトニウムや燃え残ったウランといった元素を、再利用するために取り出すこと。

もっと知ろう　むつ小川原地区の開発

　むつ小川原地区の中心は、青森県の生産額の2割近くを占め、下北半島南部の太平洋沿岸に広がる六ヶ所村です。1969（昭和44）年、大規模な工業地域を全国各地に建設することなどを目的とした「新全国総合開発計画」にもとづき、この地区に、鉄鋼や石油化学の工場を建設することが計画されました。しかし、1973（昭和48）年の石油危機＊による日本経済の低迷などが原因で、計画が大幅に縮小されました。

　その後、港湾が整備され、1990年代になると、石油備蓄基地と核燃料サイクル基地が操業を開始し、いまでは、日本のエネルギー政策と原子力政策の一端をになっています。

＊産油国による原油の生産制限と輸出価格の大幅な引き上げによっておきた、世界的な経済危機。

青森県の製造業の内訳

産業分類	事業所数	占有率	順位	全国順位	従業者数(人)	占有率	順位	全国順位	製造品出荷額等(百万円)	占有率	順位	全国順位
製造業計	1,778	100.0%		41	55,615	100.0%		40	1,718,036	100.0%		39
食料品製造業	473	26.6%	1	30	16,210	29.1%	1	25	357,596	20.8%	2	25
飲料・たばこ・飼料製造業	87	4.9%	7	26	1,283	2.3%	13	32	98,588	5.7%	6	25
繊維工業	158	8.9%	2	35	5,621	10.1%	3	19	23,791	1.4%	14	38
木材・木製品製造業(家具を除く)	89	5.0%	6	40	888	1.6%	15	42	16,721	1.0%	16	44
家具・装備品製造業	63	3.5%	11	40	481	0.9%	19	43	5,087	0.3%	20	42
パルプ・紙・紙加工品製造業	41	2.3%	12	37	1,618	2.9%	10	34	108,346	6.3%	5	22
印刷・同関連業	115	6.5%	4	32	1,714	3.1%	9	34	19,438	1.1%	15	37
化学工業	17	1.0%	20	44	519	0.9%	18	43	38,294	2.2%	12	41
石油製品・石炭製品製造業	18	1.0%	19	28	126	0.2%	23	34	6,993	0.4%	19	31
プラスチック製品製造業	31	1.7%	16	44	848	1.5%	16	45	13,459	0.8%	17	45
ゴム製品製造業	8	0.4%	22	42	170	0.3%	22	43	1,638	0.1%	23	42
なめし革・同製品・毛皮製造業	−	−	−	−	−	−	−	−	−	−	−	−
窯業・土石製品製造業	112	6.3%	5	40	1,831	3.3%	8	40	49,343	2.9%	9	38
鉄鋼業	30	1.7%	17	37	1,591	2.9%	11	30	92,889	5.4%	7	27
非鉄金属製造業	12	0.7%	21	36	2,730	4.9%	5	17	359,339	20.9%	1	12
金属製品製造業	155	8.7%	3	42	2,226	4.0%	7	43	39,904	2.3%	11	44
はん用機械器具製造業	23	1.3%	18	46	244	0.4%	21	46	3,465	0.2%	21	45
生産用機械器具製造業	68	3.8%	10	44	1,488	2.7%	12	45	34,152	2.0%	13	44
業務用機械器具製造業	37	2.1%	14	27	4,955	8.9%	4	14	133,748	7.8%	4	20
電子部品・デバイス・電子回路製造業	79	4.4%	8	25	6,362	11.4%	2	30	197,334	11.5%	3	34
電気機械器具製造業	36	2.0%	15	43	2,295	4.1%	6	36	57,599	3.4%	8	35
情報通信機械器具製造業	7	0.4%	23	30	475	0.9%	20	35	2,638	0.2%	22	34
輸送用機械器具製造業	40	2.2%	13	39	1,262	2.3%	14	41	47,638	2.8%	10	41
その他の製造業	79	4.4%	8	41	678	1.2%	17	43	7,573	0.4%	18	43

事業所数上位10市町村

順位	市町村	事業所数	占有率
	青森県計	1,547	100.0%
1	八戸市	353	22.8%
2	青森市	213	13.8%
3	弘前市	189	12.2%
4	十和田市	101	6.5%
5	五所川原市	63	4.1%
6	むつ市	46	3.0%
7	平川市	44	2.8%
8	黒石市	43	2.8%
9	五戸町	40	2.6%
10	つがる市	37	2.4%
	その他	418	27.0%

従業者数上位10市町村

順位	市町村	従業者数(人)	占有率
	青森県計	55,122	100.0%
1	八戸市	13,027	23.6%
2	弘前市	8,195	14.9%
3	青森市	5,993	10.9%
4	十和田市	2,942	5.3%
5	平川市	2,835	5.1%
6	黒石市	2,325	4.2%
7	六ヶ所村	2,261	4.1%
8	三沢市	1,901	3.4%
9	むつ市	1,838	3.3%
10	五戸町	1,324	2.4%
	その他	12,481	22.6%

製造品出荷額等上位10市町村

順位	市町村	製造品出荷額等(万円)	占有率
	青森県計	170,230,792	100.0%
1	八戸市	51,270,056	30.1%
2	六ヶ所村	33,500,665	19.7%
3	弘前市	25,253,880	14.8%
4	青森市	10,943,569	6.4%
5	三沢市	7,928,073	4.7%
6	十和田市	5,460,310	3.2%
7	平川市	5,349,693	3.1%
8	黒石市	4,536,447	2.7%
9	おいらせ町	3,809,813	2.2%
10	五戸町	2,355,399	1.4%
	その他	19,822,887	11.6%

岩手県(いわてけん)

県庁所在地	盛岡市
人口	125.5万人【全国32位】(2017年)
面積	15,275.01km²【全国2位】(2017年)

岩手県の工業のあらまし

かつての岩手県の工業は、江戸時代末期に近代的な製鉄業がはじまった、太平洋沿岸の釜石市での鉄鋼業が有名でした。しかし、1989(平成元)年に、高炉*が全面的に休止したこともあり、いまでは、自動車の生産を中心とした輸送用機械器具製造業、水産加工品や乳製品の生産をはじめとした食料品製造業、集積回路(IC)の生産を中心とした電子部品・デバイス・電子回路製造業がさかんで、岩手県の生産額(製造品出荷額等)では上位を占めます。

輸送用機械器具の製造がさかんなのは、製造品出荷額等上位10市町村で1位の金ヶ崎町で、電子部品・デバイス・電子回路の製造がさかんなのは、2位の北上市です。これらをはじめとした上位の市や町は、東北自動車道に沿った内陸部にあり、大規模な工業団地をもっています。

*高さ20〜30mの巨大な円筒形の溶鉱炉のことで、鉄鉱石から鉄を取り出すための装置。

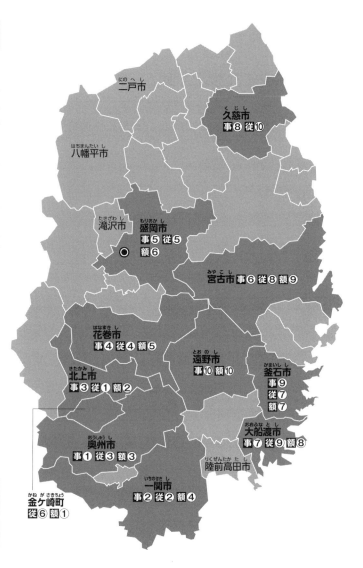

事○：事業所数
従○：従業者数
額○：製造品出荷額等
○で囲んだ数字は、順位を示す。

もっと知ろう　シリコンロード

東北地方では、岩手県とともに、宮城県、福島県、山形県に、1980年代から、高速道路に沿って、集積回路(IC)を製造する工場が進出しています。集積回路のICは、英語の"Integrated Circuit"の頭文字で、シリコンという元素の基板の上に、複雑な電子回路を組みこんだものです。そのため、東北地方は、シリコンロード(シリコンの道)とよばれています。

東北地方に集積回路を製造する工場が進出したのは、広大な用地が確保できたことに加え、土地や労働力が安く、東北自動車道をはじめとした高速道路で首都圏と結ばれていたからです。価格が高い集積回路は、小型で軽量なので、自動車や航空機を使って長い距離を輸送しても、十分に利益を上げることができるのです。

岩手県の製造業の内訳

産業分類	事業所数	占有率	順位	全国順位	従業者数(人)	占有率	順位	全国順位	製造品出荷額等(百万円)	占有率	順位	全国順位
製造業計	2,575	100.0%		32	85,146	100.0%		29	2,380,887	100.0%		34
食料品製造業	578	22.4%	1	23	19,341	22.7%	1	20	365,694	15.4%	2	23
飲料・たばこ・飼料製造業	79	3.1%	11	32	1,095	1.3%	19	36	45,150	1.9%	17	36
繊維工業	198	7.7%	4	30	5,023	5.9%	6	21	27,290	1.1%	19	37
木材・木製品製造業(家具を除く)	171	6.6%	5	22	2,548	3.0%	13	12	66,603	2.8%	10	14
家具・装備品製造業	61	2.4%	13	41	576	0.7%	21	41	6,582	0.3%	23	41
パルプ・紙・紙加工品製造業	35	1.4%	18	40	1,260	1.5%	18	38	62,555	2.6%	11	34
印刷・同関連業	135	5.2%	7	29	2,167	2.5%	16	31	38,559	1.6%	18	28
化学工業	26	1.0%	21	40	1,495	1.8%	17	38	54,820	2.3%	12	39
石油製品・石炭製品製造業	22	0.9%	22	24	153	0.2%	24	31	13,299	0.6%	21	25
プラスチック製品製造業	97	3.8%	9	34	3,498	4.1%	8	32	54,176	2.3%	13	36
ゴム製品製造業	18	0.7%	24	26	525	0.6%	22	35	5,273	0.2%	24	37
なめし革・同製品・毛皮製造業	19	0.7%	23	18	519	0.6%	23	11	7,864	0.3%	22	11
窯業・土石製品製造業	166	6.4%	6	33	3,147	3.7%	9	30	118,300	5.0%	5	25
鉄鋼業	56	2.2%	16	26	2,199	2.6%	15	25	96,285	4.0%	8	26
非鉄金属製造業	28	1.1%	20	27	849	1.0%	20	36	19,391	0.8%	20	40
金属製品製造業	221	8.6%	2	33	5,382	6.3%	5	29	109,981	4.6%	6	30
はん用機械器具製造業	59	2.3%	15	33	3,618	4.2%	7	27	101,690	4.3%	7	28
生産用機械器具製造業	206	8.0%	3	29	6,856	8.1%	3	27	178,709	7.5%	2	27
業務用機械器具製造業	42	1.6%	17	25	2,969	3.5%	10	23	90,203	3.8%	9	22
電子部品・デバイス・電子回路製造業	92	3.6%	10	23	7,684	9.0%	2	23	224,795	9.4%	3	32
電気機械器具製造業	64	2.5%	12	32	2,907	3.4%	11	32	47,980	2.0%	15	37
情報通信機械器具製造業	31	1.2%	19	18	2,241	2.6%	14	19	51,428	2.2%	14	25
輸送用機械器具製造業	60	2.3%	14	35	6,269	7.4%	4	28	548,676	23.0%	1	19
その他の製造業	111	4.3%	8	32	2,825	3.3%	12	21	45,431	1.9%	16	27

事業所数上位10市町村

順位	市町村	事業所数	占有率
	岩手県計	2,281	100.0%
1	奥州市	288	12.6%
2	一関市	276	12.1%
3	北上市	242	10.6%
4	花巻市	217	9.5%
5	盛岡市	204	8.9%
6	宮古市	122	5.3%
7	大船渡市	107	4.7%
8	久慈市	75	3.3%
9	釜石市	70	3.1%
10	遠野市	67	2.9%
	その他	613	26.9%

従業者数上位10市町村

順位	市町村	従業者数(人)	占有率
	岩手県計	84,546	100.0%
1	北上市	13,447	15.9%
2	一関市	11,202	13.2%
3	奥州市	9,310	11.0%
4	花巻市	7,993	9.5%
5	盛岡市	6,409	7.6%
6	金ケ崎町	4,895	5.8%
7	釜石市	3,026	3.6%
8	宮古市	2,805	3.3%
9	大船渡市	2,546	3.0%
10	久慈市	2,301	2.7%
	その他	20,612	24.4%

製造品出荷額等上位10市町村

順位	市町村	製造品出荷額等(万円)	占有率
	岩手県計	236,697,795	100.0%
1	金ケ崎町	49,422,675	20.9%
2	北上市	35,742,457	15.1%
3	奥州市	23,770,411	10.0%
4	一関市	20,967,963	8.9%
5	花巻市	17,966,311	7.6%
6	盛岡市	15,018,570	6.3%
7	釜石市	11,472,917	4.8%
8	大船渡市	7,731,781	3.3%
9	宮古市	7,519,969	3.2%
10	遠野市	5,517,297	2.3%
	その他	41,567,444	17.6%

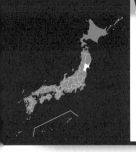

宮城県

県庁所在地	仙台市
人口	232.3万人【全国14位】(2017年)
面積	7282.22km²【全国16位】(2017年)

宮城県の工業のあらまし

漁業生産量が全国的に見て上位にある宮城県には、日本でも有数の水揚量をほこる石巻港や気仙沼港などがあります。そのため、石巻市や気仙沼市に加え、仙台市や塩竈市などでは、水産加工品の製造を中心とした食料品製造業がさかんです。そうしたこともあり、生産額（製造品出荷額等）では、食料品製造業がトップです。

また、仙台湾に面した仙台市や塩竈市では、重化学工業もおこなわれていて、生産額3位の石油製品・石炭製品製造業の中心は、大規模な製油所のある仙台市です。

生産額2位の輸送用機械器具製造業と、生産額4位の電子部品・デバイス・電子回路製造業は、近年、自動車や電子部品の工場が東北自動車道沿いに建設された工業団地に進出したため、発達しました。なかでも、仙台市の北部にある大和町と大衡村では、輸送用機械器具の製造がさかんになり、その北に広がる大崎市では、電子部品・デバイス・電子回路の製造がさかんになりました。そうしたこともあり、これらの市町村の生産額は、県内では上位です。

もっと知ろう 仙台北部中核工業団地群

仙台市中心部から北へ約20kmにある大和町と大衡村には、第一仙台北部中核工業団地と第二仙台北部中核工業団地があり、自動車関連の企業が集まっています。工業団地群に直結する東北自動車道の大衡インターチェンジからは、製造した自動車を運ぶ専用船が入港できる仙台国際貿易港に行くことができます。

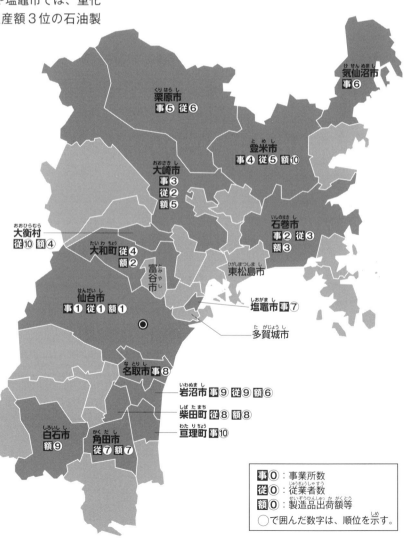

- 事○：事業所数
- 従○：従業者数
- 額○：製造品出荷額等
- ○で囲んだ数字は、順位を示す。

宮城県の製造業の内訳

産業分類	事業所数	占有率	順位	全国順位	従業者数(人)	占有率	順位	全国順位	製造品出荷額等(百万円)	占有率	順位	全国順位
製造業計	3,403	100.0%		25	112,396	100.0%		24	4,036,719	100.0%		26
食料品製造業	761	22.4%	1	16	25,865	23.0%	1	14	610,958	15.1%	1	17
飲料・たばこ・飼料製造業	102	3.0%	13	20	1,957	1.7%	17	19	163,025	4.0%	8	18
繊維工業	147	4.3%	7	37	3,311	2.9%	11	31	23,038	0.6%	22	39
木材・木製品製造業(家具を除く)	117	3.4%	11	34	2,177	1.9%	15	18	77,159	1.9%	16	10
家具・装備品製造業	93	2.7%	14	31	1,662	1.5%	20	24	25,108	0.6%	21	26
パルプ・紙・紙加工品製造業	82	2.4%	15	25	2,692	2.4%	13	22	194,040	4.8%	7	13
印刷・同関連業	269	7.9%	3	16	4,529	4.0%	7	18	77,648	1.9%	15	19
化学工業	50	1.5%	19	30	1,718	1.5%	19	37	87,244	2.2%	13	37
石油製品・石炭製品製造業	29	0.9%	22	14	554	0.5%	23	14	462,548	11.5%	3	12
プラスチック製品製造業	138	4.1%	8	27	3,862	3.4%	9	29	76,560	1.9%	17	32
ゴム製品製造業	25	0.7%	23	23	2,314	2.1%	14	21	75,498	1.9%	18	17
なめし革・同製品・毛皮製造業	6	0.2%	24	30	168	0.1%	24	26	1,984	0.05%	24	25
窯業・土石製品製造業	179	5.3%	6	30	4,232	3.8%	8	23	147,416	3.7%	11	21
鉄鋼業	61	1.8%	18	25	2,125	1.9%	16	26	156,646	3.9%	9	23
非鉄金属製造業	33	1.0%	21	25	1,514	1.3%	21	25	68,306	1.7%	19	30
金属製品製造業	344	10.1%	2	25	8,015	7.1%	4	24	194,622	4.8%	6	23
はん用機械器具製造業	76	2.2%	16	29	1,207	1.1%	22	36	20,843	0.5%	23	38
生産用機械器具製造業	243	7.1%	4	27	6,502	5.8%	5	29	254,399	6.3%	5	24
業務用機械器具製造業	64	1.9%	17	29	3,831	3.4%	10	17	84,466	2.1%	14	23
電子部品・デバイス・電子回路製造業	115	3.4%	12	18	13,463	12.0%	2	6	455,352	11.3%	4	4
電気機械器具製造業	130	3.8%	9	23	5,670	5.0%	6	22	156,633	3.9%	10	27
情報通信機械器具製造業	38	1.1%	20	14	3,116	2.8%	12	13	98,565	2.4%	12	19
輸送用機械器具製造業	118	3.5%	10	29	10,163	9.0%	3	20	479,492	11.9%	2	21
その他の製造業	183	5.4%	5	24	1,749	1.6%	18	30	44,874	1.1%	20	28

事業所数上位10市町村

順位	市町村	事業所数	占有率
	宮城県計	2,928	100.0%
1	仙台市	609	20.8%
2	石巻市	316	10.8%
3	大崎市	200	6.8%
4	登米市	170	5.8%
5	栗原市	167	5.7%
6	気仙沼市	148	5.1%
7	塩竈市	133	4.5%
8	名取市	99	3.4%
9	岩沼市	80	2.7%
10	亘理町	73	2.5%
	その他	933	31.9%

従業者数上位10市町村

順位	市町村	従業者数(人)	占有率
	宮城県計	111,372	100.0%
1	仙台市	15,672	14.1%
2	大崎市	11,259	10.1%
3	石巻市	8,202	7.4%
4	大和町	6,364	5.7%
5	登米市	5,865	5.3%
6	栗原市	5,826	5.2%
7	角田市	5,587	5.0%
8	柴田町	4,553	4.1%
9	岩沼市	4,518	4.1%
10	大衡村	4,065	3.6%
	その他	39,461	35.4%

製造品出荷額等上位10市町村

順位	市町村	製造品出荷額等(万円)	占有率
	宮城県計	401,707,044	100.0%
1	仙台市	88,229,723	22.0%
2	大和町	37,974,398	9.5%
3	石巻市	33,678,751	8.4%
4	大衡村	32,196,654	8.0%
5	大崎市	31,875,229	7.9%
6	岩沼市	20,975,567	5.2%
7	角田市	15,747,680	3.9%
8	柴田町	15,357,088	3.8%
9	白石市	12,361,227	3.1%
10	登米市	12,261,873	3.1%
	その他	101,048,854	25.2%

秋田県

県庁所在地	秋田市
人口	99.6万人【全国38位】(2017年)
面積	11,637.52km²【全国6位】(2017年)

秋田県の工業のあらまし

　秋田県の生産額（製造品出荷額等）の4分の1以上を占めるのは、電子部品・デバイス・電子回路製造業です。県南西部の日本海に面した地域にある、にかほ市、由利本荘市、秋田市の3市が、生産額の多くを占めています。なかでも、にかほ市は、大手電子機器部品メーカーとして知られるTDKの発祥の地で、いまでも同社の工場が集中しています。そうしたこともあり、にかほ市は、秋田県の電子部品・デバイス・電子回路製造業の生産額の3分の1以上を占め、県全体の製造業の生産額では、秋田市に次いで2位です。

　秋田県の製造業の内訳で、事業所数の順位を見ると、1位は、豊かな農畜産物や水産物を用いた伝統食品や郷土食などをつくる食料品製造業です。2位は、衣服の製造を中心とした繊維工業です。3位は、日本三大美林＊で知られる秋田スギをはじめ、豊かな森林にめぐまれた秋田県の伝統工業として知られる木材・木製品製造業で、木工品の伝統工芸品などが多くつくられています。

　しかし、これらの製造業の生産額の順位を見ると、食料品製造業は2位と上位ですが、繊維工業は12位、木材・木製品製造業は8位で、上位ではありません。いずれも規模の小さな事業所による家内工業が中心なので、繊維工業と木材・木製品製造業は、事業所の数が多くても、生産額は多くないのです。

＊秋田スギのほかは、青森ヒバと木曽ヒノキ（長野県、岐阜県）。

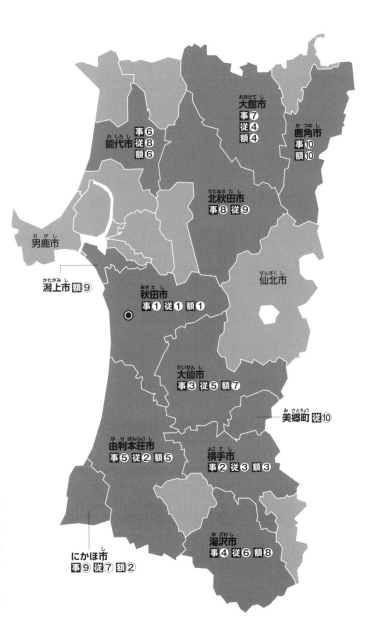

事⓪：事業所数
従⓪：従業者数
額⓪：製造品出荷額等
○で囲んだ数字は、順位を示す。

秋田県の製造業の内訳

産業分類	事業所数	占有率	順位	全国順位	従業者数(人)	占有率	順位	全国順位	製造品出荷額等(百万円)	占有率	順位	全国順位
製造業計	2,150	100.0%		38	60,157	100.0%		36	1,231,387	100.0%		43
食料品製造業	388	18.0%	1	37	7,140	11.9%	2	42	100,442	8.2%	2	44
飲料・たばこ・飼料製造業	61	2.8%	11	37	903	1.5%	17	39	21,584	1.8%	15	41
繊維工業	331	15.4%	2	20	7,130	11.9%	3	13	40,042	3.3%	12	31
木材・木製品製造業(家具を除く)	181	8.4%	3	18	2,767	4.6%	7	11	66,036	5.4%	8	15
家具・装備品製造業	72	3.3%	10	36	902	1.5%	18	33	9,729	0.8%	20	34
パルプ・紙・紙加工品製造業	20	0.9%	21	44	617	1.0%	21	45	48,491	3.9%	11	37
印刷・同関連業	95	4.4%	9	40	1,032	1.7%	15	43	10,056	0.8%	19	45
化学工業	18	0.8%	22	42	1,403	2.3%	12	39	82,637	6.7%	3	38
石油製品・石炭製品製造業	21	1.0%	19	25	99	0.2%	24	39	5,793	0.5%	22	35
プラスチック製品製造業	49	2.3%	14	39	1,608	2.7%	11	40	27,363	2.2%	13	41
ゴム製品製造業	13	0.6%	23	38	509	0.8%	23	36	3,812	0.3%	23	39
なめし革・同製品・毛皮製造業	51	2.4%	12	8	699	1.2%	20	9	3,179	0.3%	24	19
窯業・土石製品製造業	109	5.1%	7	42	1,984	3.3%	9	36	53,003	4.3%	10	36
鉄鋼業	31	1.4%	16	36	1,005	1.7%	16	34	19,034	1.5%	16	44
非鉄金属製造業	21	1.0%	20	30	1,294	2.2%	13	32	54,412	4.4%	9	31
金属製品製造業	178	8.3%	4	40	3,646	6.1%	6	36	67,180	5.5%	6	37
はん用機械器具製造業	26	1.2%	18	42	585	1.0%	22	41	10,064	0.8%	18	41
生産用機械器具製造業	147	6.8%	5	34	4,484	7.5%	4	34	79,901	6.5%	4	36
業務用機械器具製造業	37	1.7%	15	28	3,770	6.3%	5	18	76,492	6.2%	5	27
電子部品・デバイス・電子回路製造業	99	4.6%	8	27	12,399	20.6%	1	10	341,635	27.7%	1	16
電気機械器具製造業	50	2.3%	13	38	1,758	2.9%	10	42	23,194	1.9%	14	44
情報通信機械器具製造業	13	0.6%	23	26	723	1.2%	19	30	9,631	0.8%	21	30
輸送用機械器具製造業	29	1.3%	17	45	2,537	4.2%	8	40	66,045	5.4%	7	39
その他の製造業	110	5.1%	6	33	1,163	1.9%	14	35	11,526	0.9%	17	41

事業所数上位10市町村

順位	市町村	事業所数	占有率
	秋田県計	1,869	100.0%
1	秋田市	266	14.2%
2	横手市	217	11.6%
3	大仙市	202	10.8%
4	湯沢市	157	8.4%
5	由利本荘市	150	8.0%
6	能代市	141	7.5%
7	大館市	140	7.5%
8	北秋田市	93	5.0%
9	にかほ市	79	4.2%
10	鹿角市	62	3.3%
	その他	362	19.4%

従業者数上位10市町村

順位	市町村	従業者数(人)	占有率
	秋田県計	59,539	100.0%
1	秋田市	10,839	18.2%
2	由利本荘市	7,489	12.6%
3	横手市	7,250	12.2%
4	大館市	6,172	10.4%
5	大仙市	4,446	7.5%
6	湯沢市	3,949	6.6%
7	にかほ市	3,287	5.5%
8	能代市	3,048	5.1%
9	北秋田市	1,946	3.3%
10	美郷町	1,489	2.5%
	その他	9,624	16.2%

製造品出荷額等上位10市町村

順位	市町村	製造品出荷額等(万円)	占有率
	秋田県計	122,413,931	100.0%
1	秋田市	30,751,871	25.1%
2	にかほ市	14,932,737	12.2%
3	横手市	12,816,927	10.5%
4	大館市	12,545,705	10.2%
5	由利本荘市	12,322,294	10.1%
6	能代市	8,202,286	6.7%
7	大仙市	6,038,496	4.9%
8	湯沢市	5,834,993	4.8%
9	潟上市	3,615,153	3.0%
10	鹿角市	2,169,468	1.8%
	その他	13,184,001	10.8%

山形県

県庁所在地	山形市
人口	110.2万人【全国35位】(2017年)
面積	9323.15km²【全国9位】(2017年)

山形県の工業のあらまし

東北自動車道につながる山形自動車道などの高速道路が通っていることもあり、内陸部では、米沢市、東根市、山形市などが、日本海沿岸部では、酒田市や鶴岡市などが、県全体の生産額（製造品出荷額等）では上位です。

製造業の内訳を見ると、電子部品・デバイス・電子回路製造業の生産額が1位ですが、その多くが、酒田市、鶴岡市、米沢市、東根市でおこなわれています。2位の情報通信機械器具製造業は、パーソナルコンピューター（パソコン）の製造を中心に、おもに米沢市でおこなわれています。3位の食料品製造業は、全国屈指の産出額をほこる果実をはじめとした地元の農産物などを加工し、内陸部の山形市や天童市、日本海沿岸部の鶴岡市や酒田市で、さかんにおこなわれています。

ほかにも、4位の化学工業は、重点港湾のある酒田市や、山形空港のある東根市などでさかんです。

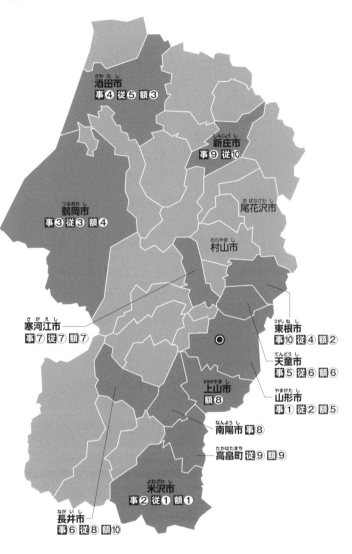

▲酒田市

事○：事業所数
従○：従業者数
額○：製造品出荷額等
○で囲んだ数字は、順位を示す。

もっと知ろう　山形県で生まれた「有機EL照明」

有機ELは、最新の携帯電話やテレビの画面などに使われていますが、ELは、電気の発光を意味する英語の"Electro Luminescence"の頭文字です。有機ELは、石油などからできた「有機化合物」に電気を通すことで光る現象のことで、それを光源とするのが、有機EL照明です。壁や天井全体を光らせる平面発光が可能で、うすくて軽量、紫外線を出さずに発熱が少ないといった特徴があり、透明な素材を用いれば、ガラスやプラスチックそのものを照明器具にすることもできます。

発祥の地とされる米沢市には、有機ELを使った製品をつくる工場や研究所があります。

山形県の製造業の内訳

産業分類	事業所数	占有率	順位	全国順位	従業者数(人)	占有率	順位	全国順位	製造品出荷額等(百万円)	占有率	順位	全国順位
製造業計	3,144	100.0%		27	97,524	100.0%		25	2,563,111	100.0%		31
食料品製造業	505	16.1%	1	27	14,620	15.0%	1	30	302,256	11.8%	3	31
飲料・たばこ・飼料製造業	90	2.9%	14	24	1,390	1.4%	18	31	46,101	1.8%	15	35
繊維工業	311	9.9%	4	23	7,015	7.2%	4	14	51,828	2.0%	13	28
木材・木製品製造業(家具を除く)	120	3.8%	10	31	1,098	1.1%	21	37	20,805	0.8%	21	41
家具・装備品製造業	109	3.5%	11	27	1,720	1.8%	16	21	27,580	1.1%	19	23
パルプ・紙・紙加工品製造業	51	1.6%	18	32	894	0.9%	22	41	18,451	0.7%	22	45
印刷・同関連業	128	4.1%	7	31	2,205	2.3%	15	28	31,158	1.2%	17	32
化学工業	39	1.2%	19	35	3,176	3.3%	11	30	272,734	10.6%	4	26
石油製品・石炭製品製造業	18	0.6%	23	29	112	0.1%	24	36	5,363	0.2%	23	36
プラスチック製品製造業	101	3.2%	13	32	4,170	4.3%	9	28	80,651	3.1%	11	31
ゴム製品製造業	13	0.4%	24	39	283	0.3%	23	40	1,462	0.1%	24	43
なめし革・同製品・毛皮製造業	35	1.1%	22	11	1,356	1.4%	19	5	22,541	0.9%	20	5
窯業・土石製品製造業	150	4.8%	6	36	4,232	4.3%	8	24	90,985	3.5%	10	29
鉄鋼業	54	1.7%	17	27	1,160	1.2%	20	32	28,290	1.1%	18	40
非鉄金属製造業	37	1.2%	20	24	1,487	1.5%	17	26	52,544	2.1%	12	32
金属製品製造業	314	10.0%	3	26	5,183	5.3%	7	30	94,015	3.7%	9	33
はん用機械器具製造業	82	2.6%	15	27	2,539	2.6%	13	32	47,383	1.8%	14	34
生産用機械器具製造業	381	12.1%	2	23	10,627	10.9%	3	21	229,847	9.0%	5	26
業務用機械器具製造業	65	2.1%	16	21	2,433	2.5%	14	27	43,201	1.7%	16	31
電子部品・デバイス・電子回路製造業	125	4.0%	8	16	13,298	13.6%	2	7	373,116	14.6%	1	13
電気機械器具製造業	152	4.8%	5	21	5,668	5.8%	6	23	147,189	5.7%	6	29
情報通信機械器具製造業	37	1.2%	21	15	3,797	3.9%	10	12	321,161	12.5%	2	9
輸送用機械器具製造業	124	3.9%	9	27	6,450	6.6%	5	27	129,862	5.1%	7	36
その他の製造業	103	3.3%	12	35	2,611	2.7%	12	23	124,583	4.9%	8	13

事業所数上位10市町村

順位	市町村	事業所数	占有率
	山形県計	2,662	100.0%
1	山形市	405	15.2%
2	米沢市	279	10.5%
3	鶴岡市	261	9.8%
4	酒田市	205	7.7%
5	天童市	140	5.3%
6	長井市	115	4.3%
7	寒河江市	114	4.3%
8	南陽市	110	4.1%
9	新庄市	109	4.1%
10	東根市	108	4.1%
	その他	816	30.7%

従業者数上位10市町村

順位	市町村	従業者数(人)	占有率
	山形県計	96,471	100.0%
1	米沢市	11,183	11.6%
2	山形市	11,182	11.6%
3	鶴岡市	10,701	11.1%
4	東根市	8,253	8.6%
5	酒田市	8,151	8.4%
6	天童市	6,663	6.9%
7	寒河江市	4,968	5.1%
8	長井市	4,138	4.3%
9	高畠町	3,280	3.4%
10	新庄市	3,206	3.3%
	その他	24,746	25.7%

製造品出荷額等上位10市町村

順位	市町村	製造品出荷額等(万円)	占有率
	山形県計	255,097,659	100.0%
1	米沢市	50,312,094	19.7%
2	東根市	42,580,844	16.7%
3	酒田市	25,581,462	10.0%
4	鶴岡市	22,554,625	8.8%
5	山形市	21,879,113	8.6%
6	天童市	18,304,866	7.2%
7	寒河江市	14,262,712	5.6%
8	上山市	6,535,258	2.6%
9	高畠町	6,315,421	2.5%
10	長井市	5,255,951	2.1%
	その他	41,515,313	16.3%

福島県

県庁所在地	福島市
人口	188.2万人【全国21位】(2017年)
面積	13,783.9km²【全国3位】(2017年)

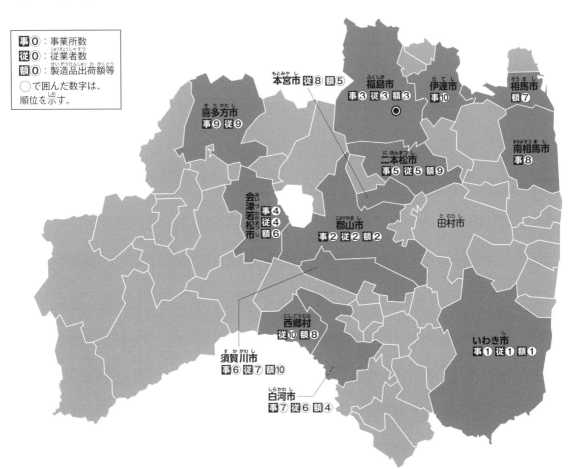

福島県の工業のあらまし

　福島県は、高速道路が整備され、首都圏に近いこともあり、さまざまな工場が進出しています。そのため、生産額（製造品出荷額等）は、東北地方全体の3分の1近くを占め、6県のなかではトップです。また、生産額で上位を占めるのは、常磐自動車道が通る太平洋沿岸部のいわき市、東北自動車道が通る内陸部の郡山市や福島市です。

　製造業の内訳を見ると、1位は、パソコンやカーステレオなどをつくっている情報通信機械器具製造業で、全国順位は5位です。福島市、いわき市、伊達市などでさかんにおこなわれています。2位は、医薬品などをつくっている化学工業で、いわき市や郡山市などでさかんです。

　ほかにも、自動車部品やエンジンなどをつくっている輸送用機械器具製造業、集積回路（IC）などをつくっている電子部品・デバイス・電子回路製造業、バッテリーなどをつくっている電気機械器具製造業が、生産額では上位を占めています。輸送用機械器具製造業がさかんなのは相馬市で、航空機のエンジン部品などをつくる工場があります。電子部品・デバイス・電子回路製造業と電気機械器具製造業がさかんなのは、郡山市などです。

　なお、福島県は、ゴム製品の生産額が全国5位ですが、これは、白河市でタイヤの製造がおこなわれているからです。

福島県の製造業の内訳

産業分類	事業所数	占有率	順位	全国順位	従業者数(人)	占有率	順位	全国順位	製造品出荷額等(百万円)	占有率	順位	全国順位
製造業計	4,783	100.0%		20	152,015	100.0%		20	4,937,429	100.0%		22
食料品製造業	618	12.9%	1	18	15,480	10.2%	1	28	280,722	5.7%	6	32
飲料・たばこ・飼料製造業	101	2.1%	19	21	1,489	1.0%	22	26	133,334	2.7%	16	22
繊維工業	400	8.4%	3	19	6,786	4.5%	12	15	62,636	1.3%	18	23
木材・木製品製造業(家具を除く)	193	4.0%	11	15	2,517	1.7%	19	13	62,281	1.3%	19	16
家具・装備品製造業	145	3.0%	13	18	2,201	1.4%	21	18	49,957	1.0%	20	14
パルプ・紙・紙加工品製造業	109	2.3%	18	20	3,949	2.6%	15	16	191,409	3.9%	11	14
印刷・同関連業	207	4.3%	9	21	2,889	1.9%	17	24	46,887	0.9%	21	25
化学工業	112	2.3%	17	17	7,356	4.8%	10	17	518,453	10.5%	2	20
石油製品・石炭製品製造業	29	0.6%	24	15	255	0.2%	24	23	17,697	0.4%	23	23
プラスチック製品製造業	251	5.2%	6	22	8,332	5.5%	9	19	211,746	4.3%	10	18
ゴム製品製造業	64	1.3%	22	17	5,426	3.6%	13	8	186,788	3.8%	13	5
なめし革・同製品・毛皮製造業	43	0.9%	23	9	986	0.6%	23	6	15,743	0.3%	24	7
窯業・土石製品製造業	313	6.5%	5	11	7,220	4.7%	11	11	220,618	4.5%	9	14
鉄鋼業	96	2.0%	20	18	2,755	1.8%	18	22	89,046	1.8%	17	28
非鉄金属製造業	69	1.4%	21	17	3,652	2.4%	16	12	187,752	3.8%	12	16
金属製品製造業	456	9.5%	2	22	10,457	6.9%	5	21	254,100	5.1%	7	21
はん用機械器具製造業	133	2.8%	15	20	4,833	3.2%	14	22	163,372	3.3%	14	22
生産用機械器具製造業	396	8.3%	4	19	8,583	5.6%	8	26	160,246	3.2%	15	30
業務用機械器具製造業	137	2.9%	14	14	9,384	6.2%	6	10	248,911	5.0%	8	13
電子部品・デバイス・電子回路製造業	211	4.4%	8	6	13,848	9.1%	2	5	383,282	7.8%	4	12
電気機械器具製造業	201	4.2%	10	19	8,713	5.7%	7	18	323,268	6.5%	5	17
情報通信機械器具製造業	119	2.5%	16	5	12,053	7.9%	3	3	696,314	14.1%	1	5
輸送用機械器具製造業	148	3.1%	12	23	10,497	6.9%	4	19	390,787	7.9%	3	23
その他の製造業	232	4.9%	7	20	2,354	1.5%	20	27	42,079	0.9%	22	29

事業所数上位10市町村

順位	市町村	事業所数	占有率
	福島県計	3,971	100.0%
1	いわき市	653	16.4%
2	郡山市	457	11.5%
3	福島市	384	9.7%
4	会津若松市	204	5.1%
5	二本松市	181	4.6%
6	須賀川市	178	4.5%
7	白河市	162	4.1%
8	南相馬市	157	4.0%
9	喜多方市	141	3.6%
10	伊達市	135	3.4%
	その他	1,319	33.2%

従業者数上位10市町村

順位	市町村	従業者数(人)	占有率
	福島県計	150,230	100.0%
1	いわき市	23,633	15.7%
2	郡山市	17,640	11.7%
3	福島市	17,169	11.4%
4	会津若松市	8,805	5.9%
5	二本松市	6,879	4.6%
6	白河市	6,810	4.5%
7	須賀川市	6,584	4.4%
8	本宮市	4,985	3.3%
9	喜多方市	4,318	2.9%
10	西郷村	4,042	2.7%
	その他	49,365	32.9%

製造品出荷額等上位10市町村

順位	市町村	製造品出荷額等(万円)	占有率
	福島県計	491,572,565	100.0%
1	いわき市	95,505,215	19.4%
2	郡山市	68,100,931	13.9%
3	福島市	63,652,511	12.9%
4	白河市	30,022,449	6.1%
5	本宮市	24,305,708	4.9%
6	会津若松市	23,056,963	4.7%
7	相馬市	17,971,089	3.7%
8	西郷村	16,244,057	3.3%
9	二本松市	15,535,455	3.2%
10	須賀川市	15,086,279	3.1%
	その他	122,091,908	24.8%

工業コラム①

東北地方の伝統工業

伝統工業とは、明治時代以前にはじまり、いまでも、手工業や家内工業としておこなわれている工業のことです。織物、染織品、陶磁器、漆器、和紙、木工品、筆、墨、硯といった伝統工芸品の製造のほか、酒、みそ、しょうゆといった伝統的な飲料や食品の製造が代表例です。東北地方は、伝統工業がさかんなことで知られています。農作業ができない冬に、農家が副業としておこなったものが中心ですが、なかには、江戸時代に地域を治めた藩が奨励し、保護することで発展したものもあります。

青森県の伝統工業

国の伝統的工芸品*に指定されている津軽塗のほか、あけび蔓細工などがある。

津軽塗は、江戸時代中期にはじまった漆器で、津軽藩の振興で発展した。日本三大美林(→P26)のひとつとして知られる青森ヒバをおもに用い、重箱、盆、お椀、箸などの生活用具を、弘前市を中心に製造している。

あけび蔓細工は、江戸時代末期に、岩木山麓の温泉のみやげ品として、炭籠や手提げ籠などをつくったことがはじまり。蔓を丹念に編み上げ、手提げ籠やざるなどを、弘前市などで製造している。

岩手県の伝統工業

南部鉄器や岩谷堂箪笥などがあり、どちらも国の伝統的工芸品に指定されている。

南部鉄器は、鉄を素材とした器で、茶道の茶釜のほか、鉄瓶や急須などの日用品がつくられている。はじまりは江戸時代。南部藩のもとで、茶釜や鉄瓶の製造を中心に、現在の盛岡市で発達したものと、伊達藩の領地だった水沢(現在の奥州市)に古くから根づいた日用品の鋳物の製造を中心に発達したものが源流とされている。

岩谷堂箪笥は、鉄くぎを使わずに欅や桐などの材料を組み立て、木目が映えるように漆を塗り、重厚な飾り金具を取りつけると完成する箪笥。江戸時代中期から、奥州市などで製造している。

宮城県の伝統工業

こけしや硯の製造が有名で、こけしは宮城伝統こけしとして、硯は雄勝硯として、それぞれ国の伝統的工芸品に指定されている。

宮城伝統こけしは、江戸時代後期に、東北地方の温泉みやげとして生まれたといわれている。宮城県には、鳴子こけし、作並こけし、肘折こけし、遠刈田こけし、弥治郎こけしという5つの系統のこけしがある。

雄勝硯は、およそ600年前の室町時代からつくられているといわれ、石巻市の雄勝地区から産出する雄勝石を使用して製造する。

秋田県の伝統工業

国の伝統的工芸品に指定されている樺細工や大館曲げわっぱのほか、湯沢市の家具などがある。

樺細工は、江戸時代中期に、下級武士の内職としてはじまった木工品。山桜の皮を用いて、茶筒や箱などを、仙北市で製造している。

大館曲げわっぱは、大館市でつくられている曲げ物で、江戸時代初期に、武士の副業としてはじまった。天然杉のうすい板を円筒状に曲げ、山桜の皮でとじ合わせ、それに底板をつけて、弁当箱などを製造している。

湯沢市の家具は、熱や蒸気を加えて木を曲げてつくる曲木細工の椅子で知られ、海外に輸出されている。

山形県の伝統工業

天童市の将棋駒、山形市の鋳物、米沢市や鶴岡市の織物などがあり、いずれも国の伝統的工芸品に指定されている。

天童将棋駒は、江戸時代の末期に、武士の内職としてはじまった。いまでは、全国の9割以上の将棋駒を、天童市で製造している。

山形鋳物のはじまりは、およそ900年前の平安時代といわれ、いまでは、伝統的な技法で、鉄器や銅器を製造している。

米沢市の織物は置賜紬で、江戸時代にこの地を治めた上杉藩の奨励で発展した。着物地のほか、袴、帯、袋物などを製造している。また、鶴岡市の織物は羽越しな布で、縄文時代や弥生時代に、山野に自生する草木から取り出した繊維で糸をつくり、布に織り上げ、衣装や装飾品などをつくったのがはじまりとされる。

福島県の伝統工業

会津若松市を中心とした会津地方で製造され、国の伝統的工芸品に指定されている会津塗という漆器などがある。会津塗のはじまりは16世紀後半とされ、江戸時代には、会津藩による振興で発展した。いまでは、お椀、重箱、茶托などを製造している。

*経済産業大臣指定伝統的工芸品のことで、1974(昭和49)年に制定された「伝統的工芸品産業の振興に関する法律」にもとづき、一定の条件を満たすものは、経済産業省により指定され、その技術を国が守っていくことになっている。

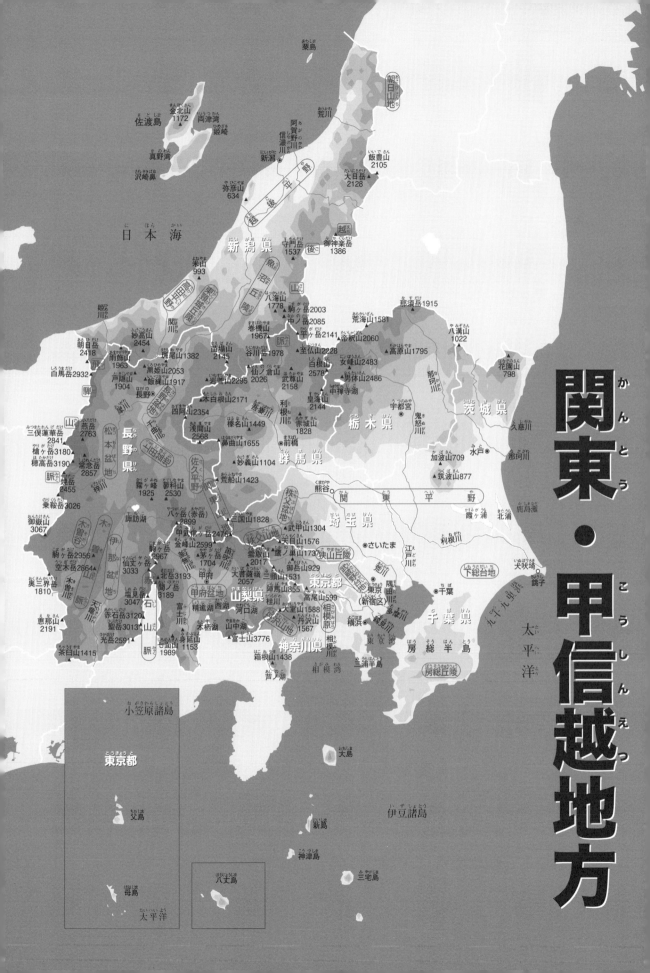

茨城県

県庁所在地	水戸市
人口	289.2万人【全国11位】(2017年)
面積	6097.19km²【全国24位】(2017年)

茨城県の工業のあらまし

茨城県は、北関東工業地域*¹に属し、南東部と北東部の太平洋沿岸部を中心に、工業がさかんです。そのため、生産額（製造品出荷額等）は全国8位です。

とくに、南東部の鹿嶋市と神栖市には、掘込港（→P18）として知られる鹿島港を中心とした鹿島臨海工業地域が広がり、神栖市では化学工業が、鹿嶋市では鉄鋼業がさかんです。そうしたこともあり、県内の生産額では、化学工業が1位、鉄鋼業が4位です。

また、北東部では、日立市とひたちなか市が電気機械器具の製造で知られ、その生産額は、県内5位です。なかでも、かつて銅山のあった日立市は、世界的な電気機械器具メーカーとして知られる日立製作所が1920年代にできたこともあり、同社の企業城下町*²となっています。

さらに、常磐自動車道などで東京方面とつながる南部の内陸部では、生産額で県内2位の食料品製造業のほか、生産額で県内3位の生産用機械器具製造業などがおこなわれています。なかでも、土浦市、古河市、筑西市は、県全体の生産額では上位です。古河市では、食料品製造業がさかんで、土浦市や筑西市では、生産用機械器具製造業がさかんです。

なお、全国順位を見ても、生産用機械器具製造業は3位で、龍ケ崎市や坂東市などでさかんな木材・木製品製造業が1位、日立市などでさかんな非鉄金属製造業が2位、筑西市や古河市などでさかんなプラスチック製品製造業が3位です。

*1 関東地方の北部を占める、茨城県、栃木県、群馬県、埼玉県に分布する工業地域（→P2）。
*2 特定の大企業を中心に発展している都市。多くの人が、その企業や関連の仕事をする会社で働く。

事⓪：事業所数
従⓪：従業者数
額⓪：製造品出荷額等
○で囲んだ数字は、順位を示す。

茨城県の製造業の内訳

産業分類	事業所数	占有率	順位	全国順位	従業者数(人)	占有率	順位	全国順位	製造品出荷額等(百万円)	占有率	順位	全国順位
製造業計	6,779	100.0%		16	263,832	100.0%		8	12,077,920	100.0%		8
食料品製造業	883	13.0%	2	10	41,749	15.8%	1	10	1,383,513	11.5%	2	7
飲料・たばこ・飼料製造業	117	1.7%	20	17	2,994	1.1%	20	12	570,431	4.7%	11	5
繊維工業	245	3.6%	10	25	3,757	1.4%	18	28	66,479	0.6%	21	21
木材・木製品製造業(家具を除く)	192	2.8%	13	16	4,048	1.5%	17	4	196,072	1.6%	16	1
家具・装備品製造業	123	1.8%	19	25	2,678	1.0%	21	14	54,146	0.4%	23	12
パルプ・紙・紙加工品製造業	169	2.5%	15	11	5,988	2.3%	14	12	235,173	1.9%	15	9
印刷・同関連業	253	3.7%	9	17	5,675	2.2%	15	12	148,139	1.2%	18	11
化学工業	200	3.0%	12	9	14,493	5.5%	9	8	1,616,357	13.4%	1	8
石油製品・石炭製品製造業	27	0.4%	24	16	926	0.4%	23	11	80,082	0.7%	20	16
プラスチック製品製造業	596	8.8%	3	7	20,452	7.8%	4	5	756,073	6.3%	7	3
ゴム製品製造業	104	1.5%	21	10	3,302	1.3%	19	14	80,305	0.7%	19	16
なめし革・同製品・毛皮製造業	43	0.6%	22	15	358	0.1%	24	15	2,589	0.02%	24	22
窯業・土石製品製造業	565	8.3%	4	3	9,586	3.6%	10	4	329,915	2.7%	12	6
鉄鋼業	139	2.1%	16	12	9,156	3.5%	11	7	824,817	6.8%	4	8
非鉄金属製造業	132	1.9%	18	8	8,650	3.3%	12	7	742,618	6.1%	8	2
金属製品製造業	937	13.8%	1	13	23,897	9.1%	3	7	810,431	6.7%	6	4
はん用機械器具製造業	222	3.3%	11	14	16,025	6.1%	6	6	723,809	6.0%	9	5
生産用機械器具製造業	514	7.6%	5	18	18,596	7.0%	5	9	1,193,104	9.9%	3	3
業務用機械器具製造業	179	2.6%	14	11	14,809	5.6%	8	4	283,703	2.3%	14	10
電子部品・デバイス・電子回路製造業	134	2.0%	17	12	8,469	3.2%	13	20	323,926	2.7%	13	20
電気機械器具製造業	416	6.1%	6	8	24,871	9.4%	2	6	812,311	6.7%	5	6
情報通信機械器具製造業	42	0.6%	23	12	2,432	0.9%	22	18	62,590	0.5%	22	23
輸送用機械器具製造業	273	4.0%	8	15	15,926	6.0%	7	15	590,002	4.9%	10	18
その他の製造業	274	4.0%	7	17	4,995	1.9%	16	12	190,921	1.6%	17	9

事業所数上位10市町村

順位	市町村	事業所数	占有率
	茨城県計	5,836	100.0%
1	古河市	403	6.9%
2	日立市	367	6.3%
3	筑西市	338	5.8%
4	常総市	270	4.6%
5	坂東市	249	4.3%
6	水戸市	231	4.0%
7	ひたちなか市	223	3.8%
8	桜川市	212	3.6%
9	結城市	201	3.4%
9	神栖市	201	3.4%
	その他	3,141	53.8%

従業者数上位10市町村

順位	市町村	従業者数(人)	占有率
	茨城県計	261,726	100.0%
1	日立市	25,178	9.6%
2	ひたちなか市	20,265	7.7%
3	古河市	15,869	6.1%
4	土浦市	13,912	5.3%
5	筑西市	13,829	5.3%
6	神栖市	12,945	4.9%
7	常総市	11,992	4.6%
8	つくば市	9,158	3.5%
9	取手市	8,466	3.2%
10	坂東市	7,891	3.0%
	その他	122,221	46.7%

製造品出荷額等上位10市町村

順位	市町村	製造品出荷額等(万円)	占有率
	茨城県計	1,203,760,457	100.0%
1	神栖市	159,571,161	13.3%
2	日立市	123,734,148	10.3%
3	ひたちなか市	87,346,290	7.3%
4	土浦市	77,845,806	6.5%
5	鹿嶋市	72,779,115	6.0%
6	古河市	71,065,069	5.9%
7	筑西市	54,884,152	4.6%
8	常総市	39,845,990	3.3%
9	阿見町	35,672,441	3.0%
10	つくば市	33,726,019	2.8%
	その他	447,290,266	37.2%

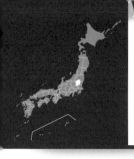

栃木県

県庁所在地	宇都宮市
人口	195.7万人【全国19位】(2017年)
面積	6408.09km²【全国20位】(2017年)

栃木県の工業のあらまし

県全体の生産額（製造品出荷額等）で上位なのは、宇都宮市や栃木市など、東京方面とつながる東北自動車道沿いの市や町と、東京に近い小山市などです。

栃木県の製造業の内訳を見ると、生産額1位は輸送用機械器具製造業で、栃木市や宇都宮市などでさかんにおこなわれています。2位は飲料・たばこ・飼料製造業で、宇都宮市と栃木市を中心におこなわれ、全国順位も2位です。3位は電気機械器具製造業で、栃木市と大田原市が中心です。

ほかにも、4位の化学工業は、宇都宮市、日光市、大田原市などでおこなわれ、5位の食料品製造業は、宇都宮市、栃木市、佐野市などでさかんです。

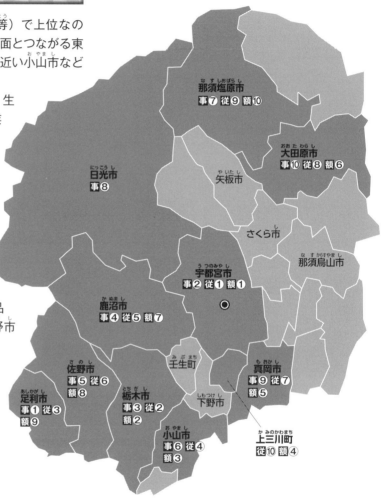

事⓪：事業所数
従⓪：従業者数
額⓪：製造品出荷額等
○で囲んだ数字は、順位を示す。

もっと知ろう　工場の面積が全国2位の栃木県

2017（平成29）年の統計によると、栃木県の工場立地面積は、静岡県に次いで全国2位です。そうしたこともあり、県内には、大規模な工業団地があり、日本を代表する大企業の工場もあります。宇都宮市のJT（日本たばこ産業）、パナソニック（家庭電気器具メーカー）、キヤノン（カメラなどの精密機械器具メーカー）、矢板市のシャープ（家庭電気器具メーカー）、栃木市の日立アプライアンス（家庭電気器具メーカー）、大田原市と小山市の富士通（コンピューターなどの電気通信機器具メーカー）、那須塩原市のブリヂストン（タイヤメーカー）、壬生町のファナック（産業用ロボットなどの電気機械器具メーカー）などは、その一例です。

栃木県の製造業の内訳

産業分類	事業所数	占有率	順位	全国順位	従業者数(人)	占有率	順位	全国順位	製造品出荷額等(百万円)	占有率	順位	全国順位
製造業計	5,853	100.0%		18	199,780	100.0%		13	8,826,615	100.0%		13
食料品製造業	518	8.9%	4	26	23,805	11.9%	2	17	643,742	7.3%	5	15
飲料・たばこ・飼料製造業	88	1.5%	20	25	2,153	1.1%	22	17	1,057,393	12.0%	2	2
繊維工業	454	7.8%	5	15	4,318	2.2%	16	26	58,466	0.7%	20	24
木材・木製品製造業(家具を除く)	203	3.5%	13	13	2,994	1.5%	20	8	85,810	1.0%	19	7
家具・装備品製造業	205	3.5%	12	14	2,225	1.1%	21	17	51,686	0.6%	22	13
パルプ・紙・紙加工品製造業	125	2.1%	16	17	6,123	3.1%	11	11	260,957	3.0%	12	8
印刷・同関連業	228	3.9%	9	19	3,159	1.6%	19	22	58,357	0.7%	21	23
化学工業	99	1.7%	17	22	6,640	3.3%	10	19	645,523	7.3%	4	15
石油製品・石炭製品製造業	26	0.4%	23	18	393	0.2%	23	19	22,136	0.3%	23	20
プラスチック製品製造業	559	9.6%	3	9	17,248	8.6%	3	7	533,531	6.0%	6	8
ゴム製品製造業	84	1.4%	21	12	5,264	2.6%	14	9	163,989	1.9%	17	7
なめし革・同製品・毛皮製造業	24	0.4%	24	15	274	0.1%	24	20	2,401	0.03%	24	23
窯業・土石製品製造業	286	4.9%	7	14	5,640	2.8%	13	17	164,571	1.9%	16	20
鉄鋼業	91	1.6%	19	20	3,388	1.7%	18	19	227,279	2.6%	14	16
非鉄金属製造業	98	1.7%	18	13	7,101	3.6%	7	7	385,992	4.4%	9	11
金属製品製造業	787	13.4%	1	15	14,321	7.2%	5	17	463,653	5.3%	7	10
はん用機械器具製造業	139	2.4%	14	19	5,701	2.9%	12	20	240,503	2.7%	13	17
生産用機械器具製造業	586	10.0%	2	9	15,001	7.5%	4	14	459,137	5.2%	8	13
業務用機械器具製造業	222	3.8%	10	8	11,399	5.7%	7	7	355,350	4.0%	10	8
電子部品・デバイス・電子回路製造業	128	2.2%	15	14	7,541	3.8%	8	24	270,717	3.1%	11	26
電気機械器具製造業	215	3.7%	11	14	13,725	6.9%	6	12	788,566	8.9%	3	8
情報通信機械器具製造業	45	0.8%	22	11	4,428	2.2%	15	11	170,228	1.9%	15	13
輸送用機械器具製造業	380	6.5%	6	11	32,752	16.4%	1	8	1,629,966	18.5%	1	9
その他の製造業	263	4.5%	8	18	4,187	2.1%	17	13	86,647	1.0%	18	15

事業所数上位10市町村

順位	市町村	事業所数	占有率
	栃木県計	4,713	100.0%
1	足利市	621	13.2%
2	宇都宮市	581	12.3%
3	栃木市	463	9.8%
4	鹿沼市	461	9.8%
5	佐野市	458	9.7%
6	小山市	284	6.0%
7	那須塩原市	255	5.4%
8	日光市	225	4.8%
9	真岡市	196	4.2%
10	大田原市	171	3.6%
	その他	998	21.2%

従業者数上位10市町村

順位	市町村	従業者数(人)	占有率
	栃木県計	197,229	100.0%
1	宇都宮市	30,971	15.7%
2	栃木市	18,590	9.4%
3	足利市	16,219	8.2%
4	小山市	16,150	8.2%
5	鹿沼市	14,022	7.1%
6	佐野市	13,800	7.0%
7	真岡市	12,923	6.6%
8	大田原市	11,200	5.7%
9	那須塩原市	9,941	5.0%
10	上三川町	7,772	3.9%
	その他	45,641	23.1%

製造品出荷額等上位10市町村

順位	市町村	製造品出荷額等(万円)	占有率
	栃木県計	880,216,844	100.0%
1	宇都宮市	209,733,709	23.8%
2	栃木市	110,497,869	12.6%
3	小山市	75,002,371	8.5%
4	上三川町	63,443,658	7.2%
5	真岡市	61,519,160	7.0%
6	大田原市	49,907,735	5.7%
7	鹿沼市	43,183,524	4.9%
8	佐野市	39,923,053	4.5%
9	足利市	38,727,137	4.4%
10	那須塩原市	34,276,496	3.9%
	その他	154,002,132	17.5%

群馬県

県庁所在地	前橋市
人口	196万人【全国18位】(2017年)
面積	6362.28km²【全国21位】(2017年)

群馬県の工業のあらまし

生産額（製造品出荷額等）で1位の輸送用機械器具製造業の中心は、スバルの名で知られる富士重工業の自動車工場のある太田市です。そうしたこともあり、生産額とともに、事業所数、従業者数でも、太田市が1位です。

生産額2位の食料品製造業がさかんなのは、高崎市、前橋市、館林市、伊勢崎市などです。群馬県には、世界的に知られている食料品メーカーの工場があります。ヨーグルトのダノンジャパン（館林市）、シリアルの日本ケロッグ（高崎市）、ハーゲンダッツアイスクリームの高梨乳業（高崎市）などは、その一例です。

ほかにも、生産額で3位の化学工業は安中市などで、4位の業務用機械器具製造業は伊勢崎市などで、5位のプラスチック製品製造業は太田市などで、それぞれおこなわれています。

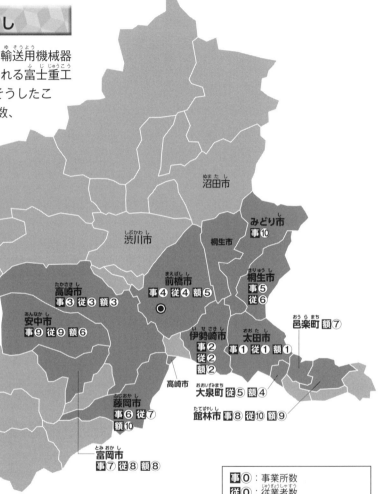

事⓪：事業所数
従⓪：従業者数
額⓪：製造品出荷額等
○で囲んだ数字は、順位を示す。

もっと知ろう　群馬県の工業の移り変わり

群馬県は、江戸時代には織物づくりで栄え、明治維新以後は、世界遺産に登録されている富岡製糸場が建設され、近代的な製糸業はじまりの地となりました。そのため、かつての工業の中心は、繊維工業でした。

第二次世界大戦中は、中島飛行機という飛行機製造会社の工場が太田市にあり、近代的な工業が発展していきました。第二次世界大戦後は、飛行機製造工場の跡地に富士重工業の自動車工場が建設され、飛行機の製造技術をいかし、二輪車（スクーター）の生産をはじめました。そしていまでは、自動車や自動車部品の製造による輸送用機械器具製造業が、群馬県の工業の中心となっています。

群馬県の製造業の内訳

産業分類	事業所数	占有率	順位	全国順位	従業者数(人)	占有率	順位	全国順位	製造品出荷額等(百万円)	占有率	順位	全国順位
製造業計	6,999	100.0%		12	208,054	100.0%		12	9,096,020	100.0%		12
食料品製造業	578	8.3%	5	24	25,794	12.4%	2	15	754,944	8.3%	2	12
飲料・たばこ・飼料製造業	79	1.1%	20	33	3,069	1.5%	17	11	373,613	4.1%	8	11
繊維工業	536	7.7%	6	13	4,864	2.3%	11	22	56,208	0.6%	20	25
木材・木製品製造業(家具を除く)	164	2.3%	15	23	2,283	1.1%	22	16	84,234	0.9%	17	8
家具・装備品製造業	230	3.3%	11	12	2,812	1.4%	18	12	45,336	0.5%	22	16
パルプ・紙・紙加工品製造業	116	1.7%	17	19	2,430	1.2%	21	25	79,572	0.9%	19	31
印刷・同関連業	246	3.5%	10	18	3,748	1.8%	14	20	80,095	0.9%	18	18
化学工業	109	1.6%	18	19	8,428	4.1%	8	15	736,574	8.1%	3	13
石油製品・石炭製品製造業	19	0.3%	23	26	177	0.1%	23	30	10,410	0.1%	23	29
プラスチック製品製造業	591	8.4%	4	8	18,130	8.7%	4	6	545,813	6.0%	5	7
ゴム製品製造業	68	1.0%	21	16	2,438	1.2%	20	17	50,326	0.6%	21	24
なめし革・同製品・毛皮製造業	10	0.1%	24	23	100	0.05%	24	31	1,235	0.01%	24	28
窯業・土石製品製造業	229	3.3%	12	24	3,667	1.8%	15	27	101,936	1.1%	15	27
鉄鋼業	118	1.7%	16	16	3,921	1.9%	13	18	254,977	2.8%	11	15
非鉄金属製造業	99	1.4%	19	12	3,167	1.5%	16	21	141,553	1.6%	13	21
金属製品製造業	1,064	15.2%	1	10	18,968	9.1%	3	12	407,024	4.5%	7	13
はん用機械器具製造業	260	3.7%	9	11	8,140	3.9%	9	14	163,037	1.8%	12	23
生産用機械器具製造業	715	10.2%	2	12	11,261	5.4%	9	20	282,167	3.1%	9	23
業務用機械器具製造業	229	3.3%	13	7	8,840	4.2%	7	11	571,473	6.3%	4	3
電子部品・デバイス・電子回路製造業	173	2.5%	14	10	7,740	3.7%	10	22	262,186	2.9%	10	28
電気機械器具製造業	363	5.2%	7	10	13,378	6.4%	5	13	427,832	4.7%	6	13
情報通信機械器具製造業	59	0.8%	22	7	2,560	1.2%	19	17	108,948	1.2%	14	18
輸送用機械器具製造業	646	9.2%	3	6	48,136	23.1%	1	5	3,469,978	38.1%	1	4
その他の製造業	298	4.3%	8	16	4,003	1.9%	12	14	86,258	0.9%	16	16

事業所数上位10市町村

順位	市町村	事業所数	占有率
	群馬県計	5,604	100.0%
1	太田市	838	15.0%
2	伊勢崎市	785	14.0%
3	高崎市	744	13.3%
4	前橋市	519	9.3%
5	桐生市	457	8.2%
6	藤岡市	244	4.4%
7	富岡市	241	4.3%
8	館林市	202	3.6%
9	安中市	186	3.3%
10	みどり市	183	3.3%
	その他	1,205	21.5%

従業者数上位10市町村

順位	市町村	従業者数(人)	占有率
	群馬県計	204,971	100.0%
1	太田市	42,077	20.5%
2	伊勢崎市	27,373	13.4%
3	高崎市	25,279	12.3%
4	前橋市	19,031	9.3%
5	大泉町	10,830	5.3%
6	桐生市	9,538	4.7%
7	藤岡市	9,257	4.5%
8	富岡市	8,139	4.0%
9	安中市	7,585	3.7%
10	館林市	7,245	3.5%
	その他	38,617	18.8%

製造品出荷額等上位10市町村

順位	市町村	製造品出荷額等(万円)	占有率
	群馬県計	905,037,976	100.0%
1	太田市	288,372,171	31.9%
2	伊勢崎市	120,855,791	13.4%
3	高崎市	76,978,020	8.5%
4	大泉町	64,534,536	7.1%
5	前橋市	58,981,153	6.5%
6	安中市	51,277,394	5.7%
7	邑楽町	29,492,104	3.3%
8	富岡市	28,366,838	3.1%
9	館林市	26,285,065	2.9%
10	藤岡市	24,657,677	2.7%
	その他	135,237,227	14.9%

埼玉県

県庁所在地	さいたま市
人口	731万人【全国5位】(2017年)
面積	3797.75km²【全国39位】(2017年)

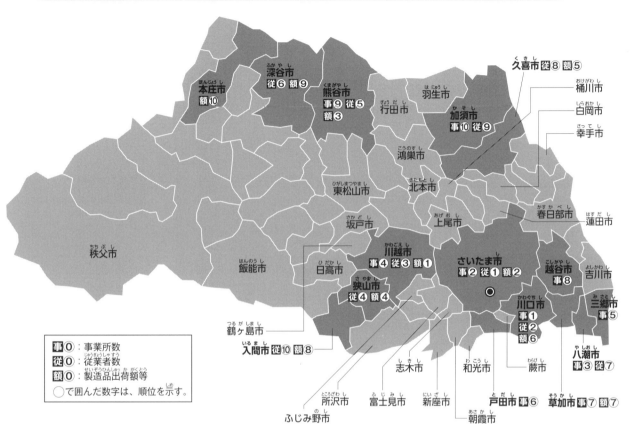

埼玉県の工業のあらまし

　埼玉県は、海に面していない県でありながら、平らな土地が多く、東北自動車道や関越自動車道などによる交通の便の良さもあり、たくさんの工業団地があります。そのため、県全体の生産額（製造品出荷額等）は全国6位、事業所数と従業者数は全国4位で、工業がさかんです。

　県内の生産額1位の輸送用機械器具製造業は、ホンダの名で知られる本田技研工業の自動車工場のある狭山市でさかんです。2位の食料品製造業は、さいたま市をはじめとした県の東部や南部の市を中心に、さかんにおこなわれています。ビスケットや中華めんなど、生産額全国一の品目もあり（→P123～124）、食料品製造業の生産額は全国2位です。

　ほかにも、化学工業が3位で、製薬工場のある熊谷市などでさかんです。また、出版社の多い東京都にとなり合わせていることもあり、印刷・同関連業の生産額が4位で、戸田市、蕨市、新座市などでさかんです。

もっと知ろう　埼玉県の金属製品製造業

　埼玉県では、県内の生産額でも全国の生産額でも5位の金属製品製造業が、古くからおこなわれています。その中心は、江戸時代や明治時代から鋳物づくりがさかんだった川口市です。

　鋳物は、金属を溶かして、砂の型に流しこみ、冷やして固まらせてできた製品です。川口市の鋳物は、1964（昭和39）年のオリンピック東京大会でも使われた、かつての国立競技場の聖火台が有名です。

埼玉県の製造業の内訳

産業分類	事業所数	占有率	順位	全国順位	従業者数（人）	占有率	順位	全国順位	製造品出荷額等(百万円)	占有率	順位	全国順位
製造業計	16,750	100.0%		4	393,447	100.0%		4	12,878,538	100.0%		6
食料品製造業	1,006	6.0%	6	9	66,564	16.9%	1	2	1,738,680	13.5%	2	2
飲料・たばこ・飼料製造業	132	0.8%	23	12	2,721	0.7%	21	15	190,628	1.5%	18	16
繊維工業	593	3.5%	12	9	6,405	1.6%	18	17	91,082	0.7%	21	14
木材・木製品製造業（家具を除く）	219	1.3%	20	11	2,472	0.6%	22	15	79,710	0.6%	22	9
家具・装備品製造業	609	3.6%	10	3	6,102	1.6%	19	3	112,825	0.9%	20	4
パルプ・紙・紙加工品製造業	598	3.6%	11	3	14,218	3.6%	10	3	458,202	3.6%	11	3
印刷・同関連業	1,317	7.9%	3	3	33,535	8.5%	4	2	756,422	5.9%	4	2
化学工業	429	2.6%	15	2	22,099	5.6%	7	5	1,701,991	13.2%	3	6
石油製品・石炭製品製造業	45	0.3%	24	8	463	0.1%	24	16	34,999	0.3%	23	18
プラスチック製品製造業	1,277	7.6%	4	3	24,450	6.2%	5	3	654,323	5.1%	6	4
ゴム製品製造業	303	1.8%	18	3	6,885	1.7%	17	4	125,253	1.0%	19	11
なめし革・同製品・毛皮製造業	158	0.9%	21	4	1,713	0.4%	23	4	22,739	0.2%	24	4
窯業・土石製品製造業	453	2.7%	14	5	8,069	2.1%	16	8	275,603	2.1%	17	9
鉄鋼業	276	1.6%	19	4	5,551	1.4%	20	13	307,042	2.4%	15	14
非鉄金属製造業	388	2.3%	17	1	10,194	2.6%	14	4	637,691	5.0%	7	4
金属製品製造業	2,874	17.2%	1	4	35,124	8.9%	3	3	736,422	5.7%	5	5
はん用機械器具製造業	646	3.9%	9	4	14,238	3.6%	9	6	420,878	3.3%	12	7
生産用機械器具製造業	1,782	10.6%	2	4	22,961	5.8%	6	6	588,360	4.6%	8	10
業務用機械器具製造業	583	3.5%	13	2	13,097	3.3%	11	5	373,989	2.9%	13	6
電子部品・デバイス・電子回路製造業	363	2.2%	17	3	12,714	3.2%	13	6	361,489	2.8%	14	14
電気機械器具製造業	776	4.6%	7	5	19,952	5.1%	8	8	509,123	4.0%	9	11
情報通信機械器具製造業	149	0.9%	22	3	8,561	2.2%	15	6	483,381	3.8%	10	8
輸送用機械器具製造業	765	4.6%	8	4	42,266	10.7%	2	6	1,934,351	15.0%	1	8
その他の製造業	1,009	6.0%	5	3	13,093	3.3%	12	1	283,352	2.2%	16	4

事業所数上位10市町村

順位	市町村	事業所数	占有率
	埼玉県計	12,667	100.0%
1	川口市	1,513	11.9%
2	さいたま市	1,105	8.7%
3	八潮市	679	5.4%
4	川越市	519	4.1%
5	三郷市	488	3.9%
6	戸田市	477	3.8%
7	草加市	472	3.7%
8	越谷市	467	3.7%
9	熊谷市	325	2.6%
10	加須市	311	2.5%
	その他	6,311	49.8%

従業者数上位10市町村

順位	市町村	従業者数(人)	占有率
	埼玉県計	384,568	100.0%
1	さいたま市	29,271	7.6%
2	川口市	22,987	6.0%
3	川越市	22,186	5.8%
4	狭山市	16,717	4.3%
5	熊谷市	13,265	3.4%
6	深谷市	13,069	3.4%
7	八潮市	12,904	3.4%
8	久喜市	12,504	3.3%
9	加須市	12,444	3.2%
10	入間市	11,841	3.1%
	その他	217,380	56.5%

製造品出荷額等上位10市町村

順位	市町村	製造品出荷額等(万円)	占有率
	埼玉県計	1,276,025,225	100.0%
1	川越市	109,753,688	8.6%
2	さいたま市	87,936,729	6.9%
3	熊谷市	86,456,997	6.8%
4	狭山市	83,032,078	6.5%
5	久喜市	54,330,165	4.3%
6	川口市	48,722,578	3.8%
7	草加市	43,914,537	3.4%
8	入間市	41,934,476	3.3%
9	深谷市	40,235,153	3.2%
10	本庄市	39,316,290	3.1%
	その他	640,392,534	50.2%

千葉県

県庁所在地	千葉市
人口	624.6万人【全国6位】(2017年)
面積	5157.61km²【全国28位】(2017年)

千葉県の工業のあらまし

東京湾の東岸にあたる千葉県には、浦安市から富津市にかけて広がる京葉工業地域があります。なかでも、千葉市、市原市、袖ケ浦市、君津市には、火力発電所や石油化学コンビナート*、製鉄所などがあり、多くの工場が集中しています。そのため、製造業の内訳を見ると、生産額（製造品出荷額等）では、市原市と袖ケ浦市を中心におこなわれている石油製品・石炭製品製造業と化学工業が、それぞれ1位と2位です。3位は鉄鋼業で、君津市や千葉市でさかんです。また、全国順位では、石油製品・石炭製品製造業と化学工業が1位、鉄鋼業が3位です。

さらに、千葉県の内陸部には工業団地があり、県内4位の食料品製造業や5位の金属製品製造業などがおこなわれています。なお、食料品製造業がさかんなのは、千葉市や船橋市などのほか、しょうゆの製造が古くからおこなわれている銚子市や野田市です。

*ロシア語で「結合」を意味するコンビナートは、たがいに関連のある工場が、製品や材料を利用しあうことで、生産の効率を高めるために形成された工業地域のこと。石油化学コンビナートでは、石油化学に関連する複数の工場が、パイプラインで結ばれ、全体で石油化学工場が形成されている。

事○：事業所数
従○：従業者数
額○：製造品出荷額等
○で囲んだ数字は、順位を示す。

もっと知ろう　京葉工業地域のはじまり

千葉県の工業の生産額の約6割は、京葉工業地域の中心部にある4市（千葉市、市原市、袖ケ浦市、君津市）が占めています。そのため、第二次世界大戦後の本格的な埋め立てによって誕生した京葉工業地域が、千葉県の工業を支えているといえます。

京葉工業地域のはじまりは、1953（昭和28）年のことです。この年に、千葉港が開港し、川崎製鉄（現在のJFEスチール）が操業しました。1956（昭和31）年には、東京電力の千葉火力発電所が操業し、その後、多くの企業が進出することになりました。

千葉県の製造業の内訳

産業分類	事業所数	占有率	順位	全国順位	従業者数(人)	占有率	順位	全国順位	製造品出荷額等(百万円)	占有率	順位	全国順位
製造業計	6,924	100.0%		13	208,623	100.0%		11	12,715,173	100.0%		7
食料品製造業	1,059	15.3%	1	6	52,272	25.1%	1	5	1,476,034	11.6%	4	5
飲料・たばこ・飼料製造業	120	1.7%	2	16	4,012	1.9%	15	7	378,385	3.0%	7	10
繊維工業	244	3.5%	3	26	2,771	1.3%	19	38	31,570	0.2%	23	35
木材・木製品製造業(家具を除く)	129	1.9%	4	29	2,245	1.1%	22	17	76,813	0.6%	21	11
家具・装備品製造業	165	2.4%	5	17	2,793	1.3%	18	13	100,202	0.8%	19	6
パルプ・紙・紙加工品製造業	162	2.3%	6	12	5,094	2.4%	13	13	122,680	1.0%	18	20
印刷・同関連業	387	5.6%	7	11	7,123	3.4%	9	11	182,387	1.4%	14	6
化学工業	281	4.1%	8	6	19,854	9.5%	3	6	2,360,252	18.6%	2	1
石油製品・石炭製品製造業	49	0.7%	9	6	2,803	1.3%	17	2	2,880,323	22.7%	1	1
プラスチック製品製造業	426	6.2%	10	12	9,336	4.5%	7	16	274,139	2.2%	10	15
ゴム製品製造業	122	1.8%	11	6	2,342	1.1%	21	20	59,541	0.5%	22	20
なめし革・同製品・毛皮製造業	75	1.1%	12	5	877	0.4%	24	7	13,939	0.1%	24	8
窯業・土石製品製造業	285	4.1%	13	15	9,460	4.5%	6	5	330,063	2.6%	8	5
鉄鋼業	274	4.0%	14	5	16,263	7.8%	4	3	1,787,554	14.1%	3	3
非鉄金属製造業	86	1.2%	15	14	2,528	1.2%	20	19	172,218	1.4%	16	17
金属製品製造業	1,143	16.5%	16	9	20,498	9.8%	2	10	628,075	4.9%	5	6
はん用機械器具製造業	277	4.0%	17	9	6,380	3.1%	11	19	241,814	1.9%	11	16
生産用機械器具製造業	582	8.4%	18	15	12,642	6.1%	5	18	469,066	3.7%	6	12
業務用機械器具製造業	155	2.2%	19	12	3,248	1.6%	16	21	174,784	1.4%	15	17
電子部品・デバイス・電子回路製造業	101	1.5%	20	19	7,161	3.4%	8	26	282,795	2.2%	9	24
電気機械器具製造業	233	3.4%	21	17	7,119	3.4%	10	21	233,118	1.8%	12	21
情報通信機械器具製造業	32	0.5%	22	17	1,624	0.8%	23	21	89,680	0.7%	20	20
輸送用機械器具製造業	173	2.5%	23	21	5,019	2.4%	14	32	132,066	1.0%	17	35
その他の製造業	364	5.3%	24	10	5,159	2.5%	12	11	217,675	1.7%	13	6

事業所数上位10市町村

順位	市町村	事業所数	占有率
	千葉県計	5,551	100.0%
1	千葉市	495	8.9%
2	松戸市	355	6.4%
3	野田市	339	6.1%
4	船橋市	309	5.6%
5	柏市	287	5.2%
6	市原市	283	5.1%
7	市川市	236	4.3%
8	銚子市	198	3.6%
9	八千代市	177	3.2%
10	白井市	161	2.9%
	その他	2,711	48.8%

従業者数上位10市町村

順位	市町村	従業者数(人)	占有率
	千葉県計	205,648	100.0%
1	市原市	21,205	10.3%
2	千葉市	20,841	10.1%
3	船橋市	16,406	8.0%
4	野田市	10,997	5.3%
5	松戸市	10,236	5.0%
6	八千代市	9,937	4.8%
7	柏市	9,174	4.5%
8	佐倉市	7,612	3.7%
9	君津市	7,207	3.5%
10	成田市	6,721	3.3%
	その他	85,312	41.5%

製造品出荷額等上位10市町村

順位	市町村	製造品出荷額等(万円)	占有率
	千葉県計	1,266,882,431	100.0%
1	市原市	421,449,464	33.3%
2	千葉市	130,262,931	10.3%
3	袖ケ浦市	106,612,225	8.4%
4	君津市	80,244,527	6.3%
5	船橋市	63,256,112	5.0%
6	野田市	39,406,925	3.1%
7	市川市	36,481,651	2.9%
8	松戸市	35,216,066	2.8%
9	柏市	30,083,254	2.4%
10	佐倉市	28,070,092	2.2%
	その他	295,799,184	23.3%

東京都

都庁所在地	東京（新宿区）
人口	1372.4万人【全国1位】(2017年)
面積	2193.96km²【全国45位】(2017年)

事○：事業所数
従○：従業者数
額○：製造品出荷額等
○で囲んだ数字は、順位を示す。

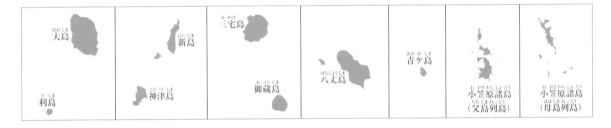

東京都の工業のあらまし

　京浜工業地帯にある東京都には、さまざまな工業が集まっています。なかでも、輸送用機械器具製造業と印刷・同関連業がさかんで、その生産額（製造品出荷額等）は、1位と2位です。輸送用機械器具の製造は、トラックのメーカーとして知られる日野自動車の工場がある日野市や羽村市などでおこなわれています。また、東京都は、新聞社や出版社が多く、印刷・同関連業の生産額が全国1位ですが、新宿区や板橋区のほか、江東区、北区、文京区などでおこなわれています。

　さらに、府中市、日野市、昭島市などでさかんな電気機械器具製造業が3位、東大和市、江東区、八王子市などでさかんな食料品製造業が4位、府中市や昭島市などでさかんな情報通信機械器具製造業が5位です。

　ほかにも、生産額は少ないものの、なめし革・同製品・毛皮製造業が全国1位で、靴やかばんなどの製造が、台東区、墨田区、足立区などでさかんです。全国3位の家具・装備品製造業は、立川市などでさかんです。

　なお、隅田川や江戸川などの流域と東京湾岸の区には、町工場ともよばれる従業者数の少ない工場が多く、高い技術力で、機械部品や金属製品などをつくっています。とくに、事業所数と従業者数がトップの大田区は、「ものづくりのまち」ともよばれています。

東京都の製造業の内訳

産業分類	事業所数	占有率	順位	全国順位	従業者数(人)	占有率	順位	全国順位	製造品出荷額等(百万円)	占有率	順位	全国順位
製造業計	21,092	100.0%		3	285,437	100.0%		7	8,545,216	100.0%		14
食料品製造業	1,054	5.0%	8	7	31,371	11.0%	2	12	780,900	9.1%	4	11
飲料・たばこ・飼料製造業	78	0.4%	23	34	1,466	0.5%	22	29	150,601	1.8%	17	20
繊維工業	1,082	5.1%	6	4	6,481	2.3%	15	16	91,441	1.1%	19	13
木材・木製品製造業(家具を除く)	179	0.8%	22	20	1,053	0.4%	23	40	17,078	0.2%	24	43
家具・装備品製造業	595	2.8%	12	4	4,500	1.6%	17	7	124,247	1.5%	18	3
パルプ・紙・紙加工品製造業	840	4.0%	10	2	7,453	2.6%	14	6	166,219	1.9%	15	15
印刷・同関連業	3,650	17.3%	1	1	49,383	17.3%	1	1	994,766	11.6%	2	1
化学工業	340	1.6%	17	3	10,930	3.8%	9	12	486,703	5.7%	6	21
石油製品・石炭製品製造業	24	0.1%	24	22	361	0.1%	24	24	37,494	0.4%	23	17
プラスチック製品製造業	1,154	5.5%	5	4	9,906	3.5%	11	15	165,845	1.9%	16	23
ゴム製品製造業	371	1.8%	16	1	5,931	2.1%	16	6	58,202	0.7%	22	22
なめし革・同製品・毛皮製造業	586	2.8%	13	1	4,207	1.5%	18	1	79,099	0.9%	21	1
窯業・土石製品製造業	302	1.4%	18	12	4,132	1.4%	19	25	181,540	2.1%	12	17
鉄鋼業	250	1.2%	20	6	3,303	1.2%	20	20	176,677	2.1%	13	20
非鉄金属製造業	264	1.3%	19	3	2,606	0.9%	21	18	83,729	1.0%	20	27
金属製品製造業	2,913	13.8%	2	3	20,950	7.3%	5	9	303,749	3.6%	10	18
はん用機械器具製造業	678	3.2%	11	15	7,944	2.8%	13	15	171,541	2.0%	14	20
生産用機械器具製造業	1,932	9.2%	3	3	17,959	6.3%	6	10	374,931	4.4%	7	18
業務用機械器具製造業	1,006	4.8%	9	1	14,865	5.2%	7	3	358,814	4.2%	8	7
電子部品・デバイス・電子回路製造業	565	2.7%	14	15	10,112	3.5%	10	15	328,791	3.8%	9	19
電気機械器具製造業	1,077	5.1%	7	2	25,526	8.9%	3	5	817,482	9.6%	3	5
情報通信機械器具製造業	233	1.1%	21	1	9,338	3.3%	12	5	693,959	8.1%	5	6
輸送用機械器具製造業	483	2.3%	15	9	24,124	8.5%	4	13	1,608,616	18.8%	1	10
その他の製造業	1,436	6.8%	4	1	11,536	4.0%	8	2	292,788	3.4%	11	3

事業所数上位10市町村

順位	市町村	事業所数	占有率
	東京都計	13,459	100.0%
1	大田区	1,534	11.4%
2	足立区	985	7.3%
3	墨田区	893	6.6%
4	葛飾区	884	6.6%
5	江戸川区	859	6.4%
6	板橋区	683	5.1%
7	江東区	653	4.9%
8	八王子市	583	4.3%
9	台東区	563	4.2%
10	荒川区	531	3.9%
	その他	5,291	39.3%

従業者数上位10市町村

順位	市町村	従業者数(人)	占有率
	東京都計	269,197	100.0%
1	大田区	21,869	8.1%
2	板橋区	15,067	5.6%
3	八王子市	14,795	5.5%
4	日野市	14,589	5.4%
5	府中市	13,623	5.1%
6	足立区	13,401	5.0%
7	墨田区	12,498	4.6%
8	江東区	11,593	4.3%
9	江戸川区	9,804	3.6%
10	葛飾区	9,452	3.5%
	その他	132,506	49.2%

製造品出荷額等上位10市町村

順位	市町村	製造品出荷額等(万円)	占有率
	東京都計	837,417,221	100.0%
1	日野市	81,057,470	9.7%
2	府中市	76,961,733	9.2%
3	羽村市	67,822,211	8.1%
4	昭島市	59,997,664	7.2%
5	大田区	48,775,320	5.8%
6	板橋区	38,493,420	4.6%
7	江東区	37,558,387	4.5%
8	八王子市	37,331,358	4.5%
9	瑞穂町	30,430,393	3.6%
10	墨田区	28,746,824	3.4%
	その他	330,242,441	39.4%

神奈川県

県庁所在地	横浜市
人口	915.9万人【全国2位】(2017年)
面積	2416.17km²【全国43位】(2017年)

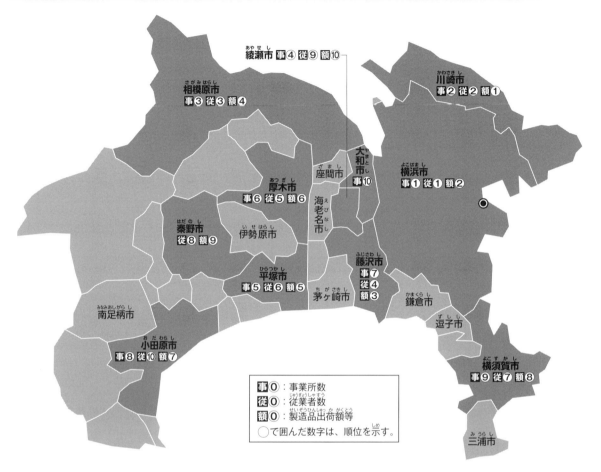

神奈川県の工業のあらまし

　東京都とともに京浜工業地帯の一角をなす神奈川県は、全国2位の生産額（製造品出荷額等）をほこり、工業がさかんです。とくに、県内の生産額1位の川崎市から2位の横浜市にかけての東京湾に面した臨海部では、ガソリンや灯油などをつくる石油製品・石炭製品製造業（生産額の順位は県内も全国も2位、）のほか、石けんや洗剤などをつくる化学工業（県内順位3位）などがさかんです。

　一方、内陸部は、大規模な工業団地が多く、さまざまな工業がさかんです。生産額1位の輸送用機械器具製造業は、横浜市や横須賀市の臨海部だけではなく、藤沢市、平塚市、川崎市などの内陸部でもさかんで、自動車やトラックなどの製造をおこなっています。

　4位の食料品製造業は、横浜市や川崎市などでさかんで、菓子、パン、チーズなどをつくっています。5位の生産用機械器具製造業は、横浜市、相模原市、茅ヶ崎市などでさかんで、建設機械などをつくっています。

　なお、全国順位を見ると、情報通信機械器具製造業とはん用機械器具製造業が、ともに3位です。パソコンの部品などの情報通信機械器具の製造がさかんなのは、横浜市、小田原市、川崎市で、ボイラーやポンプなどのはん用機械器具の製造がさかんなのは、横浜市、藤沢市、相模原市などです。

神奈川県の製造業の内訳

産業分類	事業所数	占有率	順位	全国順位	従業者数(人)	占有率	順位	全国順位	製造品出荷額等(百万円)	占有率	順位	全国順位
製造業計	11,536	100.0%		6	357,367	100.0%		5	17,563,344	100.0%		2
食料品製造業	775	6.7%	5	14	49,448	13.8%	2	7	1,467,266	8.4%	4	6
飲料・たばこ・飼料製造業	84	0.7%	22	27	3,211	0.9%	19	10	428,888	2.4%	12	8
繊維工業	277	2.4%	14	24	2,941	0.8%	21	34	48,579	0.3%	22	29
木材・木製品製造業(家具を除く)	112	1.0%	20	36	1,090	0.3%	23	38	23,840	0.1%	23	37
家具・装備品製造業	274	2.4%	15	11	3,017	0.8%	20	11	86,107	0.5%	21	8
パルプ・紙・紙加工品製造業	217	1.9%	17	9	6,592	1.8%	15	8	212,649	1.2%	18	11
印刷・同関連業	630	5.5%	7	5	9,484	2.7%	12	5	222,535	1.3%	17	5
化学工業	305	2.6%	12	5	21,733	6.1%	7	4	1,915,959	10.9%	3	4
石油製品・石炭製品製造業	55	0.5%	23	4	2,923	0.8%	22	1	2,309,793	13.2%	2	2
プラスチック製品製造業	675	5.9%	6	6	13,457	3.8%	10	11	343,860	2.0%	14	13
ゴム製品製造業	107	0.9%	21	9	3,895	1.1%	18	13	127,165	0.7%	19	10
なめし革・同製品・毛皮製造業	10	0.1%	24	24	175	0.05%	24	24	5,772	0.03%	24	14
窯業・土石製品製造業	284	2.5%	13	17	8,383	2.3%	13	6	318,353	1.8%	16	8
鉄鋼業	179	1.6%	18	11	7,958	2.2%	14	9	650,277	3.7%	8	11
非鉄金属製造業	150	1.3%	19	6	5,974	1.7%	16	9	334,172	1.9%	15	13
金属製品製造業	1,888	16.4%	1	5	26,687	7.5%	4	5	593,247	3.4%	10	7
はん用機械器具製造業	532	4.6%	8	5	21,929	6.1%	6	4	795,838	4.5%	7	3
生産用機械器具製造業	1,679	14.6%	2	5	33,433	9.4%	3	3	1,088,088	6.2%	5	4
業務用機械器具製造業	440	3.8%	11	3	15,010	4.2%	9	2	539,703	3.1%	11	4
電子部品・デバイス・電子回路製造業	478	4.1%	10	2	12,438	3.5%	11	9	390,111	2.2%	13	10
電気機械器具製造業	860	7.5%	3	4	23,524	6.6%	5	7	596,355	3.4%	9	3
情報通信機械器具製造業	218	1.9%	16	2	15,691	4.4%	8	1	863,994	4.9%	6	3
輸送用機械器具製造業	790	6.8%	4	3	62,454	17.5%	1	3	4,084,649	23.3%	1	3
その他の製造業	517	4.5%	9	6	5,920	1.7%	17	9	116,148	0.7%	20	14

事業所数上位10市町村

順位	市町村	事業所数	占有率
	神奈川県計	8,439	100.0%
1	横浜市	2,652	31.4%
2	川崎市	1,238	14.7%
3	相模原市	933	11.1%
4	綾瀬市	374	4.4%
5	平塚市	373	4.4%
6	厚木市	344	4.1%
7	藤沢市	327	3.9%
8	小田原市	247	2.9%
9	横須賀市	242	2.9%
10	大和市	239	2.8%
	その他	1,470	17.4%

従業者数上位10市町村

順位	市町村	従業者数(人)	占有率
	神奈川県計	350,804	100.0%
1	横浜市	92,579	26.4%
2	川崎市	46,535	13.3%
3	相模原市	34,740	9.9%
4	藤沢市	23,121	6.6%
5	厚木市	18,730	5.3%
6	平塚市	18,472	5.3%
7	横須賀市	13,513	3.9%
8	秦野市	12,307	3.5%
9	綾瀬市	11,500	3.3%
10	小田原市	10,391	3.0%
	その他	68,916	19.6%

製造品出荷額等上位10市町村

順位	市町村	製造品出荷額等(万円)	占有率
	神奈川県計	1,747,722,611	100.0%
1	川崎市	428,835,424	24.5%
2	横浜市	413,937,506	23.7%
3	藤沢市	148,447,921	8.5%
4	相模原市	117,985,182	6.8%
5	平塚市	111,643,738	6.4%
6	厚木市	61,591,399	3.5%
7	小田原市	57,096,074	3.3%
8	横須賀市	52,517,975	3.0%
9	秦野市	43,529,139	2.5%
10	綾瀬市	37,021,058	2.1%
	その他	275,117,195	15.7%

山梨県

県庁所在地	甲府市
人口	82.3万人 【全国42位】(2017年)
面積	4465.27km² 【全国32位】(2017年)

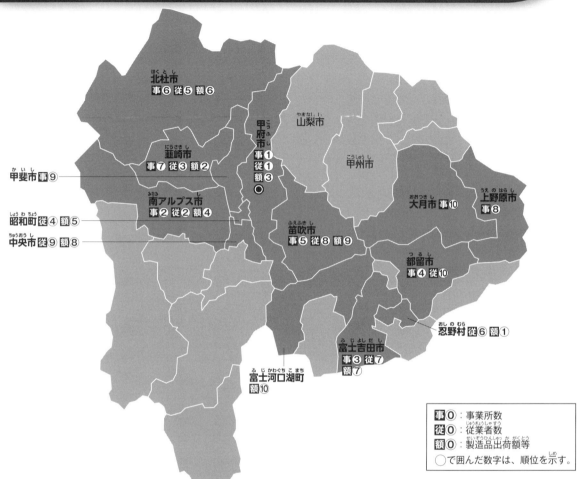

事○：事業所数
従○：従業者数
額○：製造品出荷額等
○で囲んだ数字は、順位を示す。

山梨県の工業のあらまし

　生産額（製造品出荷額等）が多いのは、韮崎市、甲府市、南アルプス市、昭和町、北杜市といった、東京方面とつながる中央高速道路沿いにある市や町です。なかでも、韮崎市には、半導体製造装置や液晶製造装置のメーカーとして世界的に知られる東京エレクトロンの工場があります。そうしたこともあり、山梨県の生産額1位は、生産用機械器具製造業です。

　また、県内の生産額が1位の忍野村は、忍野八海（富士山の湧水でできた8つの池）で有名な観光地ですが、産業用ロボットの生産で世界的に知られるファナックがあるため、生産額2位の電気機械器具製造業がさかんです。

　3位の電子部品・デバイス・電子回路製造業は、富士吉田市や南アルプス市などで、4位の食料品製造業は、中央市、甲府市、笛吹市、南アルプス市などで、それぞれさかんにおこなわれています。

　5位の情報通信機械器具製造業がさかんなのは、甲府市や南アルプス市などです。なかでも、その7割以上の生産額を占める甲府市では、NECプラットフォームズというNEC（日本電気）のグループ会社の工場があり、スーパーコンピューター、サーバー*、ATM（現金自動預金支払機）などの製造をおこなっています。

＊コンピューターネットワークで、接続しているほかのコンピューターに対し、ファイルの保存やデータの出入力など、特定のサービスを提供するコンピューター。

山梨県の製造業の内訳

産業分類	事業所数	占有率	順位	全国順位	従業者数(人)	占有率	順位	全国順位	製造品出荷額等(百万円)	占有率	順位	全国順位
製造業計	2,614	100.0%		30	71,286	100.0%		32	2,453,944	100.0%		33
食料品製造業	238	9.1%	3	46	9,553	13.4%	1	37	192,395	7.8%	4	36
飲料・たばこ・飼料製造業	129	4.9%	8	13	2,812	3.9%	11	13	134,912	5.5%	6	21
繊維工業	171	6.5%	6	33	2,029	2.8%	13	44	36,070	1.5%	16	32
木材・木製品製造業(家具を除く)	45	1.7%	17	46	452	0.6%	20	45	8,028	0.3%	22	45
家具・装備品製造業	65	2.5%	13	38	656	0.9%	19	37	9,201	0.4%	21	35
パルプ・紙・紙加工品製造業	56	2.1%	16	31	965	1.4%	18	39	18,697	0.8%	18	44
印刷・同関連業	109	4.2%	11	33	1,136	1.6%	16	39	25,794	1.1%	17	33
化学工業	25	1.0%	20	41	1,105	1.6%	17	40	42,840	1.7%	15	40
石油製品・石炭製品製造業	7	0.3%	24	45	60	0.1%	24	43	3,460	0.1%	24	39
プラスチック製品製造業	213	8.1%	5	23	4,369	6.1%	5	26	97,210	4.0%	8	29
ゴム製品製造業	17	0.7%	22	31	293	0.4%	22	39	13,116	0.5%	19	30
なめし革・同製品・毛皮製造業	12	0.5%	23	21	190	0.3%	23	23	4,343	0.2%	23	15
窯業・土石製品製造業	112	4.3%	10	41	1,777	2.5%	14	41	63,810	2.6%	13	33
鉄鋼業	22	0.8%	21	40	383	0.5%	21	44	11,009	0.4%	20	46
非鉄金属製造業	44	1.7%	18	23	1,461	2.0%	15	28	44,565	1.8%	14	33
金属製品製造業	222	8.5%	4	32	3,808	5.3%	7	35	87,106	3.5%	10	34
はん用機械器具製造業	60	2.3%	15	32	3,045	4.3%	10	30	116,248	4.7%	7	26
生産用機械器具製造業	257	9.8%	2	26	8,712	12.2%	2	25	457,302	18.6%	1	14
業務用機械器具製造業	65	2.5%	14	22	3,572	5.0%	9	20	80,956	3.3%	11	25
電子部品・デバイス・電子回路製造業	134	5.1%	7	13	6,563	9.2%	4	29	204,597	8.3%	3	33
電気機械器具製造業	120	4.6%	9	25	7,914	11.1%	3	20	448,045	18.3%	2	12
情報通信機械器具製造業	36	1.4%	19	16	2,645	3.7%	12	14	185,818	7.6%	5	12
輸送用機械器具製造業	93	3.6%	12	32	4,062	5.7%	6	35	95,075	3.9%	9	37
その他の製造業	362	13.8%	1	11	3,724	5.2%	8	16	73,285	3.0%	12	19

事業所数上位10市町村

順位	市町村	事業所数	占有率
	山梨県計	2,106	100.0%
1	甲府市	333	15.8%
2	南アルプス市	177	8.4%
3	富士吉田市	170	8.1%
4	都留市	166	7.9%
5	笛吹市	135	6.4%
6	北杜市	129	6.1%
7	韮崎市	118	5.6%
8	上野原市	112	5.3%
9	甲斐市	101	4.8%
10	大月市	93	4.4%
	その他	572	27.2%

従業者数上位10市町村

順位	市町村	従業者数(人)	占有率
	山梨県計	70,222	100.0%
1	甲府市	8,792	12.5%
2	南アルプス市	7,890	11.2%
3	韮崎市	6,203	8.8%
4	昭和町	5,496	7.8%
5	北杜市	4,842	6.9%
6	忍野村	4,480	6.4%
7	富士吉田市	4,436	6.3%
8	笛吹市	4,164	5.9%
9	中央市	3,514	5.0%
10	都留市	2,905	4.1%
	その他	17,500	24.9%

製造品出荷額等上位10市町村

順位	市町村	製造品出荷額等(万円)	占有率
	山梨県計	244,264,668	100.0%
1	忍野村	35,599,464	14.6%
2	韮崎市	33,238,601	13.6%
3	甲府市	30,765,882	12.6%
4	南アルプス市	21,297,453	8.7%
5	昭和町	21,214,425	8.7%
6	北杜市	21,105,383	8.6%
7	富士吉田市	12,956,216	5.3%
8	中央市	10,744,421	4.4%
9	笛吹市	10,026,968	4.1%
10	富士河口湖町	7,847,739	3.2%
	その他	39,468,116	16.2%

長野県

県庁所在地	長野市
人口	207.6万人【全国16位】(2017年)
面積	13,561.56km²【全国4位】(2017年)

長野県の工業のあらまし

長野県は、中央自動車道と上信越自動車道（関越自動車道上越線）で首都圏と通じていて、生産額（製造品出荷額等）が多いのは、これらの高速道路沿いの市です。

明治時代は製糸業で栄え、繊維工業が発達しましたが、第二次世界大戦後は、岡谷市や諏訪市を中心に、カメラや時計などの精密機械の製造がさかんになりました。

いまでは、そのことでつちかった技術を活用し、情報通信機械器具製造業がさかんになり、生産額は、県内でも全国でも1位です。塩尻市、長野市、松本市などを中心に、印刷装置（プリンター）のほか、パソコンやデジタルカメラの部品などを製造しています。また、電子部品・デバイス・電子回路製造業もさかんで、生産額は2位です（全国順位は3位）。製造の中心は、飯田市、小諸市、長野市などです。

生産額3位は、工場用の工作機械や農業機械などをつくる生産用機械器具製造業で、上田市などでおこなわれています。4位は、長野市、上田市、松本市などでさかんな食料品製造業で、古くから、みそや寒天づくりなどがおこなわれています。5位は、モーターや電気照明器具などをつくる電気機械器具製造業で、上田市や飯田市などでおこなわれています。

- 事⓪：事業所数
- 従⓪：従業者数
- 額⓪：製造品出荷額等
- ○で囲んだ数字は、順位を示す。

長野県の製造業の内訳

産業分類	事業所数	占有率	順位	全国順位	従業者数(人)	占有率	順位	全国順位	製造品出荷額等(百万円)	占有率	順位	全国順位
製造業計	7,126	100.0%		11	192,076	100.0%		16	5,918,476	100.0%		19
食料品製造業	856	12.0%	2	12	21,753	11.3%	2	18	551,525	9.3%	4	18
飲料・たばこ・飼料製造業	158	2.2%	15	8	3,324	1.7%	14	9	155,982	2.6%	12	19
繊維工業	149	2.1%	16	36	1,852	1.0%	17	45	14,855	0.3%	22	46
木材・木製品製造業(家具を除く)	205	2.9%	13	12	1,639	0.9%	21	28	35,994	0.6%	19	29
家具・装備品製造業	202	2.8%	14	15	1,731	0.9%	20	20	26,096	0.4%	20	25
パルプ・紙・紙加工品製造業	128	1.8%	19	16	2,244	1.2%	16	27	82,148	1.4%	16	30
印刷・同関連業	369	5.2%	7	12	4,620	2.4%	13	17	72,555	1.2%	17	21
化学工業	59	0.8%	21	27	1,784	0.9%	19	35	133,138	2.2%	13	35
石油製品・石炭製品製造業	34	0.5%	22	11	226	0.1%	24	26	16,500	0.3%	21	24
プラスチック製品製造業	403	5.7%	5	13	8,637	4.5%	10	17	171,544	2.9%	10	22
ゴム製品製造業	33	0.5%	23	19	924	0.5%	22	25	13,042	0.2%	23	31
なめし革・同製品・毛皮製造業	19	0.3%	24	19	315	0.2%	23	17	2,745	0.05%	24	20
窯業・土石製品製造業	259	3.6%	12	20	4,723	2.5%	12	20	121,214	2.0%	14	23
鉄鋼業	95	1.3%	20	19	1,846	1.0%	18	27	55,159	0.9%	18	31
非鉄金属製造業	131	1.8%	19	15	2,968	1.5%	15	14	104,703	1.8%	15	24
金属製品製造業	733	10.3%	3	17	13,683	7.1%	7	18	292,431	4.9%	9	19
はん用機械器具製造業	267	3.7%	11	10	12,156	6.3%	8	7	354,456	6.0%	7	9
生産用機械器具製造業	1,041	14.6%	1	7	20,776	10.8%	3	8	594,950	10.1%	3	9
業務用機械器具製造業	346	4.9%	6	6	11,846	6.2%	9	6	385,959	6.5%	6	5
電子部品・デバイス・電子回路製造業	462	6.5%	4	3	24,995	13.0%	1	1	775,072	13.1%	2	3
電気機械器具製造業	401	5.6%	6	9	15,178	7.9%	4	10	399,018	6.7%	5	14
情報通信機械器具製造業	145	2.0%	17	4	14,785	7.7%	5	2	1,057,624	17.9%	1	1
輸送用機械器具製造業	316	4.4%	9	13	13,797	7.2%	6	17	337,733	5.7%	8	27
その他の製造業	315	4.4%	10	15	6,274	3.3%	11	7	164,033	2.8%	11	10

事業所数上位10市町村

順位	市町村	事業所数	占有率
	長野県計	5,562	100.0%
1	長野市	558	10.0%
2	上田市	433	7.8%
3	松本市	375	6.7%
4	飯田市	309	5.6%
5	佐久市	285	5.1%
6	岡谷市	274	4.9%
7	茅野市	231	4.2%
8	千曲市	214	3.8%
9	安曇野市	213	3.8%
10	諏訪市	195	3.5%
	その他	2,475	44.5%

従業者数上位10市町村

順位	市町村	従業者数(人)	占有率
	長野県計	188,720	100.0%
1	長野市	19,135	10.1%
2	上田市	16,738	8.9%
3	松本市	12,588	6.7%
4	塩尻市	10,883	5.8%
5	安曇野市	10,825	5.7%
6	飯田市	9,316	4.9%
7	佐久市	8,330	4.4%
8	茅野市	8,120	4.3%
9	岡谷市	6,830	3.6%
10	千曲市	6,754	3.6%
	その他	79,201	42.0%

製造品出荷額等上位10市町村

順位	市町村	製造品出荷額等(万円)	占有率
	長野県計	587,943,220	100.0%
1	塩尻市	75,226,856	12.8%
2	長野市	58,014,417	9.9%
3	松本市	48,935,999	8.3%
4	上田市	46,341,541	7.9%
5	安曇野市	45,121,128	7.7%
6	飯田市	26,048,127	4.4%
7	茅野市	20,485,832	3.5%
8	坂城町	19,605,538	3.3%
9	佐久市	19,336,299	3.3%
10	千曲市	18,718,612	3.2%
	その他	210,108,871	35.7%

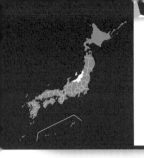

新潟県

県庁所在地	新潟市
人口	226.7万人【全国15位】(2017年)
面積	12,584.15km²【全国5位】(2017年)

新潟県の工業のあらまし

米の収穫量が全国一の新潟県は、米を原料とした米菓や清酒（産業分類では飲料・たばこ・飼料製造業）、みそや水産加工品などを中心に、食料品製造業がさかんです。その生産額（製造品出荷額等）は県内1位で、新潟市、長岡市、新発田市などでおこなわれています。

また、石油や天然ガスを産出してきた新潟県は、それらをいかした化学工業がおこなわれてきました。いまでも、胎内市では天然ガスの採取がおこなわれていますが、生産額2位の化学工業の中心は、新潟市、上越市、糸魚川市です。

3位は、新潟市、燕市、三条市、長岡市、上越市などでおこなわれている金属製品製造業です。なかでも、燕市の金属洋食器、三条市の作業工具、三条市と長岡市の利器工匠具＊などは、古くから知られています。

4位の生産用機械器具製造業は、長岡市と新潟市などでさかんで、機械工具づくりを含めた金属加工が中心です。

5位の電気機械器具製造業がおこなわれているのは、燕市、胎内市、三条市、加茂市、新潟市などで、電球や電気照明器具のほか、発電や送電、配電用の電気機械などを製造しています。

なお、新潟県は、新潟市を中心とした下越、長岡市を中心とした中越、上越市を中心とした上越の3つの地方と佐渡に分かれますが、県全体の生産額で上位を占めるのは、3つの地方の中心都市です。

＊利器は刃物のことで、理髪用刃物、包丁、ナイフ類、はさみなど。工匠具は、鑿、鉋、鋸、錐、金槌など。

事○：事業所数
従○：従業者数
額○：製造品出荷額等
○で囲んだ数字は、順位を示す。

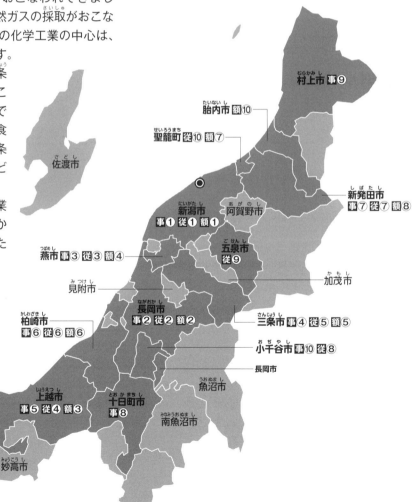

新潟県の製造業の内訳

産業分類	事業所数	占有率	順位	全国順位	従業者数(人)	占有率	順位	全国順位	製造品出荷額等(百万円)	占有率	順位	全国順位
製造業計	6,895	100.0%		15	183,297	100.0%		17	4,807,191	100.0%		23
食料品製造業	854	12.4%	2	13	32,013	17.5%	1	11	741,124	15.4%	1	13
飲料・たばこ・飼料製造業	136	2.0%	16	11	2,554	1.4%	18	16	78,298	1.6%	18	29
繊維工業	590	8.6%	4	10	9,534	5.2%	6	7	78,462	1.6%	17	16
木材・木製品製造業(家具を除く)	197	2.9%	12	14	2,036	1.1%	21	22	42,740	0.9%	20	25
家具・装備品製造業	284	4.1%	6	10	3,597	2.0%	16	8	43,479	0.9%	19	18
パルプ・紙・紙加工品製造業	130	1.9%	17	14	3,823	2.1%	15	17	233,073	4.8%	7	10
印刷・同関連業	306	4.4%	5	14	5,216	2.8%	12	14	80,778	1.7%	16	17
化学工業	90	1.3%	19	23	8,158	4.5%	8	16	598,753	12.5%	2	17
石油製品・石炭製品製造業	41	0.6%	22	9	334	0.2%	23	22	18,234	0.4%	22	21
プラスチック製品製造業	276	4.0%	8	20	7,795	4.3%	10	20	183,548	3.8%	11	21
ゴム製品製造業	28	0.4%	23	21	861	0.5%	22	29	13,297	0.3%	23	29
なめし革・同製品・毛皮製造業	20	0.3%	24	17	322	0.2%	24	16	3,585	0.1%	24	17
窯業・土石製品製造業	281	4.1%	7	18	5,103	2.8%	13	18	116,274	2.4%	14	26
鉄鋼業	185	2.7%	14	10	5,789	3.2%	11	12	208,311	4.3%	9	19
非鉄金属製造業	65	0.9%	18	18	2,250	1.2%	20	21	81,441	1.7%	15	28
金属製品製造業	1,401	20.3%	1	8	24,742	13.5%	2	6	501,299	10.4%	3	9
はん用機械器具製造業	220	3.2%	10	15	8,789	4.8%	7	13	231,416	4.8%	8	18
生産用機械器具製造業	812	11.8%	3	8	16,927	9.2%	3	12	370,282	7.7%	4	19
業務用機械器具製造業	104	1.5%	18	15	4,469	2.4%	14	15	166,664	3.5%	12	18
電子部品・デバイス・電子回路製造業	187	2.7%	13	18	15,672	8.6%	4	3	306,273	6.4%	6	22
電気機械器具製造業	253	3.7%	9	14	10,322	5.6%	5	17	332,291	6.9%	5	16
情報通信機械器具製造業	42	0.6%	21	13	2,578	1.4%	17	15	140,759	2.9%	13	15
輸送用機械器具製造業	185	2.7%	14	19	8,027	4.4%	9	26	203,559	4.2%	10	29
その他の製造業	208	3.0%	11	22	2,386	1.3%	19	26	33,136	0.7%	21	31

事業所数上位10市町村

順位	市町村	事業所数	占有率
	新潟県計	5,804	100.0%
1	新潟市	1,076	18.5%
2	長岡市	787	13.6%
3	燕市	761	13.1%
4	三条市	607	10.5%
5	上越市	383	6.6%
6	柏崎市	208	3.6%
7	新発田市	179	3.1%
8	十日町市	173	3.0%
9	村上市	163	2.8%
10	小千谷市	150	2.6%
	その他	1,317	22.7%

従業者数上位10市町村

順位	市町村	従業者数(人)	占有率
	新潟県計	180,913	100.0%
1	新潟市	35,117	19.4%
2	長岡市	24,681	13.6%
3	燕市	15,784	8.7%
4	上越市	15,608	8.6%
5	三条市	13,263	7.3%
6	柏崎市	8,075	4.5%
7	新発田市	7,818	4.3%
8	小千谷市	6,501	3.6%
9	五泉市	5,367	3.0%
10	聖籠町	5,172	2.9%
	その他	43,527	24.1%

製造品出荷額等上位10市町村

順位	市町村	製造品出荷額等(万円)	占有率
	新潟県計	477,916,847	100.0%
1	新潟市	109,450,085	22.9%
2	長岡市	63,487,475	13.3%
3	上越市	51,417,067	10.8%
4	燕市	44,131,895	9.2%
5	三条市	28,513,009	6.0%
6	柏崎市	20,134,518	4.2%
7	聖籠町	17,258,605	3.6%
8	新発田市	16,204,956	3.4%
9	糸魚川市	13,626,145	2.9%
10	胎内市	12,733,798	2.7%
	その他	100,959,294	21.1%

工業コラム②

埼玉県の地場産業

　地場産業とは、特定の地域の資源や労働力を活用して特産品を製造し、古くから発展している産業のことをいいます。伝統工芸品などを製造する伝統工業（→P32）も含まれますが、地場産業の多くは、明治時代以降に、伝統工業で機械を使用することによって近代化し、発展した工業です。繊維、雑貨、木工品、機械器具、金属製品などの製造が、その一例です。埼玉県は、この地場産業が多数あることで知られ、下の地図のように、その地域の名がついた製品が、特産品として製造されています。

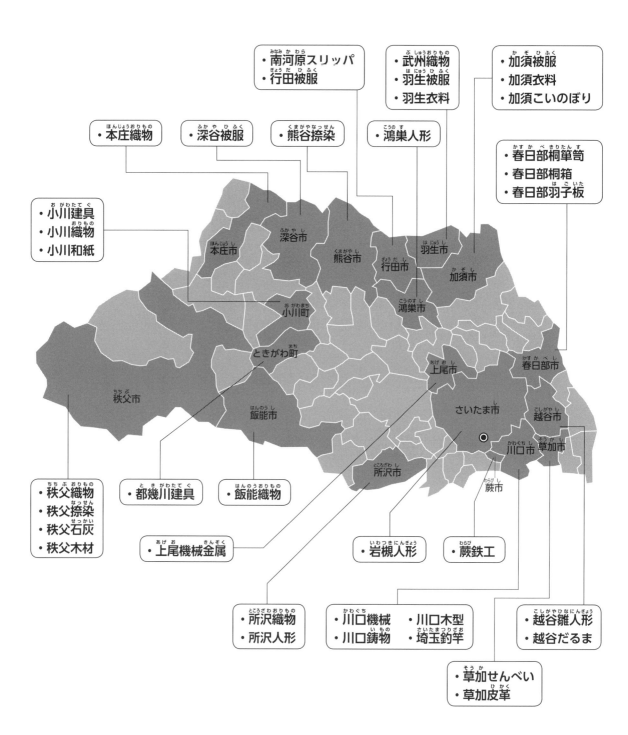

富山県

県庁所在地	富山市
人口	105.6万人【全国37位】(2017年)
面積	4247.61km²【全国33位】(2017年)

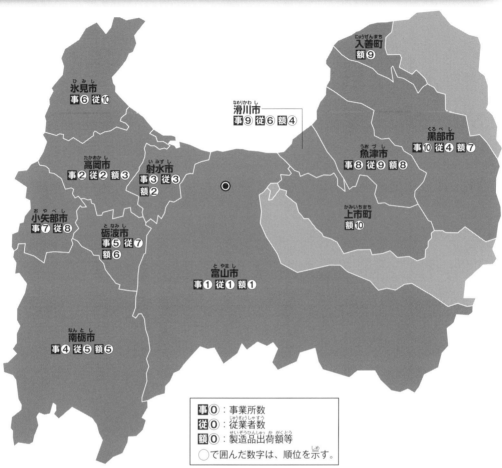

事○：事業所数
従○：従業者数
額○：製造品出荷額等
○で囲んだ数字は、順位を示す。

富山県の工業のあらまし

　富山県は、黒部川や庄川など、背後の飛騨山脈などから流れ出る川の水を発電や工業用水に利用できたため、日本海側ではもっともはやく、工業が発達しました。

　なかでも、非鉄金属製造業と金属製品製造業は、江戸時代からおこなわれている銅器づくりの技術をいかし、発達しました。また、非鉄金属製造業でつくっているアルミニウムは、原料のボーキサイトという鉱石を精錬するときに大量の電力を必要とすることもあり、安くて豊富な電力を利用できる富山県が、生産に適していました。そのため、製造業の内訳を見ると、射水市や高岡市などでさかんな非鉄金属製造業の生産額（製造品出荷額等）が2位、金属製品製造業の生産額が3位です。

　生産額1位の化学工業は、富山市、滑川市、高岡市などでおこなわれています。とくに、化学工業の中心となる薬品の製造は、配置家庭薬で知られる「富山の薬売り」として、江戸時代にはじまりました。配置家庭薬とは、全国に薬を売り歩く行商人が、各家庭に薬を預け、次に訪問したときに使った分だけ代金を受け取るというしくみで、いまでもおこなわれています。

　ほかにも、富山市、南砺市、高岡市などでおこなわれている生産用機械器具製造業が4位、富山市や砺波市などでおこなわれている電子部品・デバイス・電子回路製造業が5位です。

富山県の製造業の内訳

産業分類	事業所数	占有率	順位	全国順位	従業者数（人）	占有率	順位	全国順位	製造品出荷額等(百万円)	占有率	順位	全国順位
製造業計	3,497	100.0%		24	122,134	100.0%		23	3,827,360	100.0%		27
食料品製造業	415	11.9%	3	36	8,826	7.2%	5	39	159,304	4.2%	10	41
飲料・たばこ・飼料製造業	52	1.5%	19	41	1,110	0.9%	19	34	63,111	1.6%	15	31
繊維工業	202	5.8%	5	28	4,820	3.9%	11	23	74,206	1.9%	14	17
木材・木製品製造業(家具を除く)	118	3.4%	10	33	1,515	1.2%	18	32	32,392	0.8%	20	31
家具・装備品製造業	111	3.2%	11	26	1,537	1.3%	17	25	35,552	0.9%	18	20
パルプ・紙・紙加工品製造業	90	2.6%	16	23	4,174	3.4%	13	15	159,508	4.2%	9	16
印刷・同関連業	144	4.1%	7	26	2,200	1.8%	16	29	33,483	0.9%	19	31
化学工業	131	3.7%	9	14	14,062	11.5%	2	9	713,437	18.6%	1	14
石油製品・石炭製品製造業	14	0.4%	23	35	107	0.1%	24	37	6,638	0.2%	23	32
プラスチック製品製造業	262	7.5%	4	21	8,539	7.0%	6	18	225,625	5.9%	6	17
ゴム製品製造業	18	0.5%	20	27	903	0.7%	20	28	13,811	0.4%	21	28
なめし革・同製品・毛皮製造業	5	0.1%	24	32	114	0.1%	23	29	1,677	0.04%	24	26
窯業・土石製品製造業	185	5.3%	6	28	3,213	2.6%	14	29	91,862	2.4%	13	28
鉄鋼業	78	2.2%	18	22	4,202	3.4%	12	17	172,111	4.5%	8	21
非鉄金属製造業	110	3.1%	12	10	7,647	6.3%	7	5	390,311	10.2%	2	10
金属製品製造業	584	16.7%	1	19	17,794	14.6%	1	13	382,583	10.0%	3	15
はん用機械器具製造業	107	3.1%	13	23	5,309	4.3%	10	21	224,576	5.9%	7	19
生産用機械器具製造業	416	11.9%	2	20	11,597	9.5%	3	19	332,887	8.7%	4	21
業務用機械器具製造業	18	0.5%	21	37	793	0.6%	21	33	36,472	1.0%	17	32
電子部品・デバイス・電子回路製造業	93	2.7%	15	21	8,995	7.4%	4	17	332,760	8.7%	5	18
電気機械器具製造業	105	3.0%	14	27	2,569	2.1%	15	34	40,831	1.1%	16	40
情報通信機械器具製造業	15	0.4%	22	33	548	0.4%	22	33	7,718	0.2%	22	31
輸送用機械器具製造業	89	2.5%	17	33	5,743	4.7%	9	30	159,231	4.2%	11	32
その他の製造業	135	3.9%	8	29	5,817	4.8%	8	10	136,541	3.6%	12	11

事業所数上位10市町村

順位	市町村	事業所数	占有率
	富山県計	3,001	100.0%
1	富山市	869	29.0%
2	高岡市	566	18.9%
3	射水市	282	9.4%
4	南砺市	236	7.9%
5	砺波市	175	5.8%
6	氷見市	139	4.6%
7	小矢部市	138	4.6%
8	魚津市	130	4.3%
9	滑川市	118	3.9%
10	黒部市	107	3.6%
	その他	241	8.0%

従業者数上位10市町村

順位	市町村	従業者数(人)	占有率
	富山県計	121,049	100.0%
1	富山市	39,984	33.0%
2	高岡市	15,445	12.8%
3	射水市	12,166	10.1%
4	黒部市	9,870	8.2%
5	南砺市	7,967	6.6%
6	滑川市	6,906	5.7%
7	砺波市	5,430	4.5%
8	小矢部市	4,902	4.0%
9	魚津市	4,178	3.5%
10	氷見市	3,894	3.2%
	その他	10,307	8.5%

製造品出荷額等上位10市町村

順位	市町村	製造品出荷額等(万円)	占有率
	富山県計	381,162,510	100.0%
1	富山市	130,799,830	34.3%
2	射水市	49,955,348	13.1%
3	高岡市	45,256,543	11.9%
4	滑川市	32,798,419	8.6%
5	南砺市	24,028,522	6.3%
6	砺波市	20,197,038	5.3%
7	黒部市	20,028,781	5.3%
8	魚津市	13,877,878	3.6%
9	入善町	10,469,555	2.7%
10	上市町	9,110,218	2.4%
	その他	24,640,378	6.5%

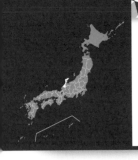

石川県

県庁所在地	金沢市
人口	114.7万人【全国34位】(2017年)
面積	4186.05km²【全国35位】(2017年)

石川県の工業のあらまし

　石川県は、羽二重という絹織物や伝統工芸品の加賀友禅という染織品などが江戸時代から知られていて、繊維工業がさかんです。そのため、県の生産額（製造品出荷額等）では3位で、いまでは、ナイロンなどの合成繊維の製造を中心に、能美市、かほく市、白山市、小松市などでおこなわれています。

　生産額1位の生産用機械器具製造業は、この繊維工業を支える織機の製造から発達したといわれます。小松市、白山市、加賀市が中心で、コマツの名で知られる小松製作所による、ブルドーザーをはじめとした建設機械の製造が有名です。

　生産額2位の電子部品・デバイス・電子回路製造業は、液晶や電子計算機の部品の製造を中心に、白山市、能美市、小松市などでおこなわれています。

　ほかにも、4位の食料品製造業は、金沢市、白山市、七尾市、加賀市などでおこなわれていて、和菓子や肉製品などを製造しています。5位の輸送用機械器具製造業は、小松市、白山市、加賀市などでおこなわれています。

　なお、石川県は、江戸時代にこの地を治めた前田家が文化や産業を振興したため、たくさんの伝統工芸品があり、「工芸王国」ともよばれています。なかでも、輪島塗をはじめとした漆器の製造がさかんで、さまざまな漆器製品があります。

事○：事業所数
従○：従業者数
額○：製造品出荷額等
○で囲んだ数字は、順位を示す。

石川県の製造業の内訳

産業分類	事業所数	占有率	順位	全国順位	従業者数(人)	占有率	順位	全国順位	製造品出荷額等(百万円)	占有率	順位	全国順位
製造業計	4,037	100.0%		22	97,179	100.0%		26	2,827,571	100.0%		28
食料品製造業	459	11.4%	3	31	11,088	11.4%	3	35	189,954	6.7%	4	37
飲料・たばこ・飼料製造業	56	1.4%	16	39	664	0.7%	21	42	13,826	0.5%	20	42
繊維工業	798	19.8%	1	6	11,389	11.7%	2	5	211,358	7.5%	3	5
木材・木製品製造業(家具を除く)	98	2.4%	12	38	1,029	1.1%	19	41	28,281	1.0%	18	34
家具・装備品製造業	135	3.3%	9	19	2,292	2.4%	14	16	73,539	2.6%	12	10
パルプ・紙・紙加工品製造業	76	1.9%	15	37	1,266	1.3%	18	37	23,967	0.8%	19	43
印刷・同関連業	189	4.7%	7	22	3,687	3.8%	9	21	74,156	2.6%	11	20
化学工業	35	0.9%	19	36	1,752	1.8%	16	36	146,640	5.2%	6	34
石油製品・石炭製品製造業	14	0.3%	23	36	105	0.1%	23	38	6,153	0.2%	21	33
プラスチック製品製造業	136	3.4%	8	35	2,906	3.0%	11	35	65,949	2.3%	14	34
ゴム製品製造業	26	0.6%	21	22	300	0.3%	22	38	6,142	0.2%	22	36
なめし革・同製品・毛皮製造業	4	0.1%	24	34	44	0.05%	24	39	X	X	X	X
窯業・土石製品製造業	228	5.6%	6	25	3,101	3.2%	10	32	69,856	2.5%	13	31
鉄鋼業	87	2.2%	14	21	1,742	1.8%	17	28	52,803	1.9%	15	32
非鉄金属製造業	31	0.8%	24	26	918	0.9%	20	35	37,533	1.3%	16	34
金属製品製造業	431	10.7%	4	23	7,373	7.6%	5	25	138,647	4.9%	7	28
はん用機械器具製造業	116	2.9%	11	22	3,735	3.8%	8	25	95,585	3.4%	8	29
生産用機械器具製造業	567	14.0%	2	16	17,726	18.2%	1	11	654,995	23.2%	1	8
業務用機械器具製造業	42	1.0%	18	26	2,288	2.4%	15	28	80,918	2.9%	10	26
電子部品・デバイス・電子回路製造業	47	1.2%	17	34	9,833	10.1%	4	16	404,670	14.3%	2	8
電気機械器具製造業	123	3.0%	10	24	4,054	4.2%	7	28	93,792	3.3%	9	32
情報通信機械器具製造業	15	0.4%	22	23	2,570	2.6%	12	16	X	X	X	X
輸送用機械器具製造業	94	2.3%	13	31	5,015	5.2%	6	33	152,829	5.4%	5	34
その他の製造業	230	5.7%	5	21	2,302	2.4%	13	28	36,391	1.3%	17	30

事業所数上位10市町村

順位	市町村	事業所数	占有率
	石川県計	3,270	100.0%
1	金沢市	871	26.6%
2	小松市	423	12.9%
3	白山市	417	12.8%
4	加賀市	321	9.8%
5	かほく市	228	7.0%
6	能美市	227	6.9%
7	七尾市	137	4.2%
8	輪島市	92	2.8%
9	津幡町	85	2.6%
10	羽咋市	63	1.9%
	その他	406	12.4%

従業者数上位10市町村

順位	市町村	従業者数(人)	占有率
	石川県計	95,490	100.0%
1	金沢市	19,841	20.8%
2	白山市	18,694	19.6%
3	小松市	14,859	15.6%
4	能美市	9,621	10.1%
5	加賀市	8,271	8.7%
6	かほく市	4,188	4.4%
7	七尾市	3,656	3.8%
8	津幡町	2,436	2.6%
9	羽咋市	2,166	2.3%
10	志賀町	2,154	2.3%
	その他	9,604	10.1%

製造品出荷額等上位10市町村

順位	市町村	製造品出荷額等(万円)	占有率
	石川県計	280,721,672	100.0%
1	小松市	60,254,850	21.5%
2	白山市	58,354,297	20.8%
3	金沢市	45,838,073	16.3%
4	能美市	33,780,755	12.0%
5	加賀市	21,601,655	7.7%
6	かほく市	11,831,933	4.2%
7	宝達志水町	11,210,510	4.0%
8	志賀町	6,766,008	2.4%
9	七尾市	6,679,358	2.4%
10	津幡町	5,111,415	1.8%
	その他	19,292,818	6.9%

福井県

県庁所在地	福井市
人口【全国43位】(2017年)	77.9万人
面積【全国34位】(2017年)	4190.51km²

福井県の工業のあらまし

　福井県は、羽二重という絹織物の産地として明治時代に発展をとげたこともあり、「繊維王国」ともよばれています。現在、繊維工業は、ポリエステルなどの合成繊維の生産を中心に、福井市、鯖江市、坂井市などでおこなわれています。その生産額（製造品出荷額等）は、県内2位、全国3位です。

　生産額1位は、越前市、あわら市、福井市などでおこなわれている電子部品・デバイス・電子回路製造業です。半導体や精密部品などが、最先端の技術で製造されています。

　生産額3位は、福井市、あわら市、坂井市などでおこなわれている化学工業で、合成洗剤、医薬品、塩化ビニール、硫酸などを製造しています。

　ほかにも、電気機械器具製造業が4位、輸送用機械器具製造業が5位で、どちらも越前市を中心におこなわれています。

あわら市 事⑦ 従⑤ 額④
坂井市 事③ 従③ 額③
福井市 事① 従① 額②
勝山市 事⑥ 従⑦ 額⑦
越前町 事⑩ 従⑨ 額⑩
大野市 事⑤ 従⑧ 額⑨
越前市 事④ 従② 額①
鯖江市 事② 従④ 額⑤
敦賀市 事⑧ 従⑥ 額⑥
若狭町 額⑧
小浜市 事⑨ 従⑩

事⓪：事業所数
従⓪：従業者数
額⓪：製造品出荷額等
○で囲んだ数字は、順位を示す。

もっと知ろう　福井県の眼鏡枠づくり

　全国の生産額の9割以上を占める福井県の眼鏡枠（→P133）は、大部分が鯖江市でつくられています。そのはじまりは明治時代後期の20世紀はじめで、雪のために裏作＊をもたない農家の副業として、繊維工業とともに発展しました。

　第二次世界大戦後の復興とその後の高度経済成長により、眼鏡の需要が増え、品質の向上と技術開発に力をそそいだこともあり、いまでは、世界から注目されています。そのため、生産額の4分の1ほどは、海外への輸出額が占めています。

＊主要な作物の収穫後に、次の作付けまでの期間を利用して、ほかの作物を栽培すること。

福井県の製造業の内訳

産業分類	事業所数	占有率	順位	全国順位	従業者数(人)	占有率	順位	全国順位	製造品出荷額等(百万円)	占有率	順位	全国順位
製造業計	3,163	100.0%		26	73,781	100.0%		31	2,054,889	100.0%		36
食料品製造業	277	8.8%	3	44	4,799	6.5%	5	47	61,944	3.0%	12	47
飲料・たばこ・飼料製造業	48	1.5%	15	44	372	0.5%	20	46	6,715	0.3%	20	47
繊維工業	775	24.5%	1	7	16,248	22.0%	1	3	254,658	12.4%	2	3
木材・木製品製造業(家具を除く)	116	3.7%	8	35	1,684	2.3%	14	25	47,422	2.3%	14	23
家具・装備品製造業	72	2.3%	12	37	858	1.2%	16	34	12,402	0.6%	19	33
パルプ・紙・紙加工品製造業	108	3.4%	9	21	1,799	2.4%	12	30	62,895	3.1%	11	33
印刷・同関連業	160	5.1%	7	24	2,241	3.0%	11	27	33,570	1.6%	15	30
化学工業	66	2.1%	13	26	3,648	4.9%	8	26	226,487	11.0%	3	27
石油製品・石炭製品製造業	9	0.3%	22	41	76	0.1%	23	41	4,778	0.2%	21	38
プラスチック製品製造業	169	5.3%	6	26	4,860	6.6%	4	24	131,536	6.4%	7	25
ゴム製品製造業	14	0.4%	21	36	173	0.2%	22	42	1,876	0.1%	22	41
なめし革・同製品・毛皮製造業	3	0.1%	23	36	52	0.1%	24	37	X	X	X	X
窯業・土石製品製造業	108	3.4%	10	43	1,729	2.3%	13	42	48,109	2.3%	13	40
鉄鋼業	34	1.1%	18	33	477	0.6%	19	43	27,544	1.3%	16	41
非鉄金属製造業	21	0.7%	20	31	1,321	1.8%	15	30	149,062	7.3%	6	20
金属製品製造業	254	8.0%	4	28	4,354	5.9%	6	31	101,140	4.9%	8	32
はん用機械器具製造業	41	1.3%	16	35	732	1.0%	17	40	21,165	1.0%	17	37
生産用機械器具製造業	206	6.5%	5	30	3,431	4.7%	9	38	93,570	4.6%	9	35
業務用機械器具製造業	24	0.8%	19	33	664	0.9%	18	36	15,356	0.7%	18	39
電子部品・デバイス・電子回路製造業	61	1.9%	14	27	10,375	14.1%	2	14	337,462	16.4%	1	17
電気機械器具製造業	96	3.0%	11	28	3,426	4.6%	10	31	174,056	8.5%	4	24
情報通信機械器具製造業	3	0.1%	23	41	227	0.3%	21	39	X	X	X	X
輸送用機械器具製造業	37	1.2%	17	41	4,258	5.8%	7	34	155,937	7.6%	5	33
その他の製造業	461	14.6%	2	7	5,977	8.1%	3	8	80,717	3.9%	10	18

事業所数上位10市町村

順位	市町村	事業所数	占有率
	福井県計	2,570	100.0%
1	福井市	736	28.6%
2	鯖江市	429	16.7%
3	坂井市	373	14.5%
4	越前市	347	13.5%
5	大野市	105	4.1%
6	勝山市	91	3.5%
7	あわら市	84	3.3%
8	敦賀市	81	3.2%
9	小浜市	80	3.1%
10	越前町	78	3.0%
	その他	166	6.5%

従業者数上位10市町村

順位	市町村	従業者数(人)	占有率
	福井県計	72,469	100.0%
1	福井市	18,102	25.0%
2	越前市	15,524	21.4%
3	坂井市	9,907	13.7%
4	鯖江市	8,754	12.1%
5	あわら市	4,544	6.3%
6	敦賀市	3,328	4.6%
7	勝山市	2,451	3.4%
8	大野市	2,450	3.4%
9	越前町	1,927	2.7%
10	小浜市	1,639	2.3%
	その他	3,843	5.3%

製造品出荷額等上位10市町村

順位	市町村	製造品出荷額等(万円)	占有率
	福井県計	203,926,074	100.0%
1	越前市	56,270,633	27.6%
2	福井市	40,068,882	19.6%
3	坂井市	31,199,526	15.3%
4	あわら市	19,567,598	9.6%
5	鯖江市	16,266,368	8.0%
6	敦賀市	10,530,305	5.2%
7	勝山市	6,541,728	3.2%
8	若狭町	5,993,401	2.9%
9	大野市	5,039,708	2.5%
10	越前町	4,949,390	2.4%
	その他	7,498,535	3.7%

静岡県

県庁所在地	静岡市
人口	367.5万人【全国10位】(2017年)
面積	7777.42km²【全国13位】(2017年)

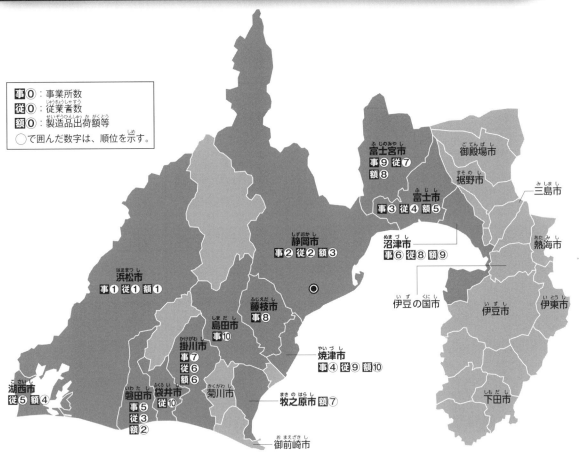

静岡県の工業のあらまし

　静岡県の太平洋沿いに連なる東海工業地域は、1950年代以降、地元の森林や水から生まれた資源やエネルギーを活用し、発展していきました。さらに、東名高速道路や東海道新幹線といった交通網の整備に加え、清水港などの港の整備も進み、発展をとげました。そのため、工業がさかんな静岡県の生産額（製造品出荷額等）は、全国4位です。

　県内の生産額1位は、全国順位2位の輸送用機械器具製造業です。湖西市、磐田市、浜松市などでおこなわれていて、軽自動車や二輪車（オートバイ）の製造がさかんです。

　生産額2位は、全国順位でも2位の電気機械器具製造業です。冷蔵庫やエアコンなどの家庭電気器具のほか、電気照明器具などの製造がさかんで、静岡市、湖西市、牧之原市などでおこなわれています。

　ほかにも、化粧品や医薬品の製造をはじめとした化学工業が3位で、4位は、日本有数の漁港として知られる焼津港に水揚げされた水産物の加工をはじめとした食料品製造業です。

　なお、茶の生産量が全国一の静岡県は、飲料・たばこ・飼料製造業の生産額が全国1位で、県内5位です。茶の栽培がさかんな牧ノ原や磐田原のある、牧之原市や磐田市が中心です。

　また、木材の豊富な静岡県は、それを原料とする木材・木製品製造業とパルプ・紙・紙加工品製造業がさかんで、全国順位は2位と1位です。富士市は、たくさん製紙工場があり、紙づくりに必要な大量の水を、富士川や富士山の湧水から得ています。

静岡県の製造業の内訳

産業分類	事業所数	占有率	順位	全国順位	従業者数(人)	占有率	順位	全国順位	製造品出荷額等(百万円)	占有率	順位	全国順位
製造業計	12,867	100.0%		5	401,596	100.0%		3	16,439,299	100.0%		4
食料品製造業	1,397	10.9%	3	3	46,331	11.5%	2	9	1,303,955	7.9%	4	8
飲料・たばこ・飼料製造業	826	6.4%	6	1	11,645	2.9%	9	1	1,130,963	6.9%	5	1
繊維工業	459	3.6%	11	14	5,883	1.5%	17	18	107,595	0.7%	21	12
木材・木製品製造業(家具を除く)	401	3.1%	13	3	5,229	1.3%	19	3	184,746	1.1%	18	2
家具・装備品製造業	428	3.3%	12	6	4,896	1.2%	20	6	83,893	0.5%	22	9
パルプ・紙・紙加工品製造業	546	4.2%	9	5	18,334	4.6%	8	1	819,265	5.0%	7	1
印刷・同関連業	471	3.7%	10	9	8,215	2.0%	14	7	157,297	1.0%	20	10
化学工業	208	1.6%	16	8	21,878	5.4%	7	3	1,672,487	10.2%	3	7
石油製品・石炭製品製造業	37	0.3%	23	10	426	0.1%	23	17	25,934	0.2%	23	19
プラスチック製品製造業	853	6.6%	5	5	24,237	6.0%	5	4	642,475	3.9%	8	5
ゴム製品製造業	118	0.9%	21	7	7,162	1.8%	16	3	229,256	1.4%	15	4
なめし革・同製品・毛皮製造業	25	0.2%	24	13	231	0.1%	24	22	2,738	0.02%	24	21
窯業・土石製品製造業	296	2.3%	15	13	5,731	1.4%	18	16	177,587	1.1%	19	18
鉄鋼業	197	1.5%	18	9	4,244	1.1%	22	16	218,871	1.3%	17	17
非鉄金属製造業	145	1.1%	20	7	7,351	1.8%	15	6	571,219	3.5%	9	5
金属製品製造業	1,467	11.4%	2	7	23,884	5.9%	6	8	560,968	3.4%	10	8
はん用機械器具製造業	353	2.7%	14	9	10,630	2.6%	11	9	347,331	2.1%	9	10
生産用機械器具製造業	1,541	12.0%	1	6	30,861	7.7%	4	4	827,413	5.0%	6	7
業務用機械器具製造業	204	1.6%	17	9	9,741	2.4%	13	8	314,666	1.9%	13	9
電子部品・デバイス・電子回路製造業	178	1.4%	19	11	11,029	2.7%	10	11	266,492	1.6%	14	27
電気機械器具製造業	702	5.5%	7	6	43,302	10.8%	3	2	1,953,501	11.9%	2	2
情報通信機械器具製造業	55	0.4%	22	9	4,709	1.2%	21	8	494,086	3.0%	11	7
輸送用機械器具製造業	1,361	10.6%	4	2	85,364	21.3%	1	2	4,121,389	25.1%	1	2
その他の製造業	599	4.7%	8	5	10,283	2.6%	12	5	225,173	1.4%	16	5

事業所数上位10市町村

順位	市町村	事業所数	占有率
	静岡県計	10,492	100.0%
1	浜松市	2,214	21.1%
2	静岡市	1,582	15.1%
3	富士市	896	8.5%
4	焼津市	607	5.8%
5	磐田市	593	5.7%
6	沼津市	581	5.5%
7	掛川市	403	3.8%
8	藤枝市	386	3.7%
9	富士宮市	368	3.5%
10	島田市	355	3.4%
	その他	2,507	23.9%

従業者数上位10市町村

順位	市町村	従業者数(人)	占有率
	静岡県計	396,406	100.0%
1	浜松市	67,956	17.1%
2	静岡市	46,121	11.6%
3	磐田市	34,838	8.8%
4	富士市	34,514	8.7%
5	湖西市	22,705	5.7%
6	掛川市	21,035	5.3%
7	富士宮市	19,429	4.9%
8	沼津市	18,069	4.6%
9	焼津市	16,280	4.1%
10	袋井市	13,811	3.5%
	その他	101,648	25.6%

製造品出荷額等上位10市町村

順位	市町村	製造品出荷額等(万円)	占有率
	静岡県計	1,637,204,164	100.0%
1	浜松市	181,800,014	11.1%
2	磐田市	172,934,637	10.6%
3	静岡市	172,503,330	10.5%
4	湖西市	163,101,047	10.0%
5	富士市	144,516,084	8.8%
6	掛川市	105,647,630	6.5%
7	牧之原市	87,302,699	5.3%
8	富士宮市	80,123,368	4.9%
9	沼津市	64,015,902	3.9%
10	焼津市	58,059,382	3.5%
	その他	407,200,071	24.9%

愛知県

県庁所在地	名古屋市
人口	752.5万人【全国4位】(2017年)
面積	5172.92km²【全国27位】(2017年)

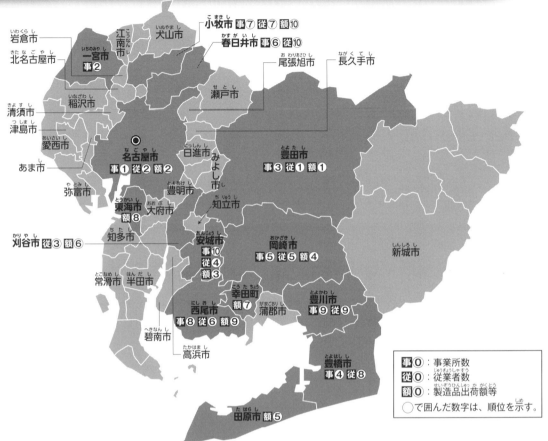

愛知県の工業のあらまし

となりの岐阜県と三重県にまたがる中京工業地帯の中心となる愛知県は、とても工業がさかんな県です。生産額（製造品出荷額等）は、1977（昭和52）年以来、40年間連続して、全国一をほこります（2017年現在）。

古くは、繊維工業を中心に発展した愛知県ですが、いまの製造業の内訳を見ると、生産額1位は輸送用機械器具製造業です。県全体の生産額の半分以上を占め、全国順位も1位です。中心となるのは、日本一の自動車生産台数をほこるトヨタ自動車のある豊田市です。トヨタ自動車は、繊維工業を支える織機をつくる豊田自動織機製作所（いまの豊田自動織機）の自動車部として、1933（昭和8）年に生産を開始し、第二次世界大戦後の復興と高度経済成長の時代をへて、世界トップクラスの自動車メーカーに発展していきました。

自動車の製造には、鉄鋼、ガラス、ゴム、プラスチック、電気製品、化学製品など、さまざまな材料やたくさんの部品が必要で、それらの多くが、県内でつくられています。そうしたことも関係し、愛知県には、繊維、プラスチック製品、ゴム製品、窯業・土石製品、鉄鋼、生産用機械器具、電気機械器具など、生産額で全国1位の製造業がたくさんあります。

なお、生産額で上位の製造業を見ると、東海市でさかんな鉄鋼業が2位、名古屋市、安城市、小牧市などでおこなわれている電気機械器具製造業が3位、岡崎市でさかんな生産用機械器具製造業が4位、名古屋市をはじめ、県内各地でおこなわれている食料品製造業が5位です。

愛知県の製造業の内訳

産業分類	事業所数	占有率	順位	全国順位	従業者数(人)	占有率	順位	全国順位	製造品出荷額等(百万円)	占有率	順位	全国順位
製造業計	21,856	100.0%		2	834,236	100.0%		1	46,194,793	100.0%		1
食料品製造業	1,397	6.4%	6	4	61,920	7.4%	3	3	1,710,289	3.7%	5	3
飲料・たばこ・飼料製造業	171	0.8%	21	6	4,155	0.5%	22	4	515,570	1.1%	15	6
繊維工業	1,674	7.7%	5	1	22,201	2.7%	10	1	450,120	1.0%	17	1
木材・木製品製造業(家具を除く)	413	1.9%	15	2	5,416	0.6%	21	2	153,697	0.3%	22	5
家具・装備品製造業	698	3.2%	12	1	7,235	0.9%	18	2	150,588	0.3%	23	2
パルプ・紙・紙加工品製造業	566	2.6%	14	4	12,756	1.5%	14	2	388,397	0.8%	18	5
印刷・同関連業	1,067	4.9%	7	4	16,141	1.9%	12	4	342,636	0.7%	19	4
化学工業	272	1.2%	18	7	13,228	1.6%	13	11	1,190,605	2.6%	8	10
石油製品・石炭製品製造業	57	0.3%	23	3	1,102	0.1%	23	7	798,533	1.7%	12	8
プラスチック製品製造業	1,779	8.1%	4	2	52,973	6.3%	6	1	1,497,659	3.2%	6	1
ゴム製品製造業	286	1.3%	17	4	11,315	1.4%	15	2	471,220	1.0%	16	1
なめし革・同製品・毛皮製造業	65	0.3%	22	6	849	0.1%	24	8	18,998	0.04%	24	6
窯業・土石製品製造業	1,023	4.7%	8	2	25,847	3.1%	8	1	750,002	1.6%	13	1
鉄鋼業	605	2.8%	13	2	25,632	3.1%	9	1	2,359,417	5.1%	2	1
非鉄金属製造業	251	1.1%	19	4	9,508	1.1%	17	2	537,201	1.2%	14	7
金属製品製造業	3,036	13.9%	2	2	54,841	6.6%	4	2	1,456,148	3.2%	7	2
はん用機械器具製造業	853	3.9%	10	2	27,948	3.4%	7	1	1,011,143	2.2%	10	2
生産用機械器具製造業	3,140	14.4%	1	1	66,325	8.0%	2	1	2,000,118	4.3%	4	1
業務用機械器具製造業	395	1.8%	16	5	16,882	2.0%	11	2	1,126,750	2.4%	9	2
電子部品・デバイス・電子回路製造業	191	0.9%	20	7	7,008	0.8%	19	27	282,032	0.6%	21	25
電気機械器具製造業	933	4.3%	9	3	53,768	6.4%	5	1	2,200,826	4.8%	3	1
情報通信機械器具製造業	50	0.2%	24	10	6,122	0.7%	20	7	951,645	2.1%	11	2
輸送用機械器具製造業	2,151	9.8%	3	1	320,232	38.4%	1	1	25,503,350	55.2%	1	1
その他の製造業	783	3.6%	11	4	10,832	1.3%	16	4	327,848	0.7%	20	1

事業所数上位10市町村

順位	市町村	事業所数	占有率
	愛知県計	17,611	100.0%
1	名古屋市	4,221	24.0%
2	一宮市	903	5.1%
3	豊田市	897	5.1%
4	豊橋市	817	4.6%
5	岡崎市	738	4.2%
6	春日井市	714	4.1%
7	小牧市	664	3.8%
8	西尾市	625	3.5%
9	豊川市	532	3.0%
10	安城市	511	2.9%
	その他	6,989	39.7%

従業者数上位10市町村

順位	市町村	従業者数(人)	占有率
	愛知県計	824,749	100.0%
1	豊田市	118,531	14.4%
2	名古屋市	98,359	11.9%
3	刈谷市	47,482	5.8%
4	安城市	46,797	5.7%
5	岡崎市	38,418	4.7%
6	西尾市	36,874	4.5%
7	小牧市	35,394	4.3%
8	豊橋市	33,187	4.0%
9	豊川市	24,007	2.9%
10	春日井市	23,952	2.9%
	その他	321,748	39.0%

製造品出荷額等上位10市町村

順位	市町村	製造品出荷額等(万円)	占有率
	愛知県計	4,604,825,317	100.0%
1	豊田市	1,416,663,202	30.8%
2	名古屋市	354,792,096	7.7%
3	安城市	208,178,313	4.5%
4	岡崎市	205,744,008	4.5%
5	田原市	201,525,750	4.4%
6	刈谷市	161,389,701	3.5%
7	幸田町	158,274,297	3.4%
8	東海市	153,692,088	3.3%
9	西尾市	145,592,650	3.2%
10	小牧市	144,490,731	3.1%
	その他	1,454,482,481	31.6%

岐阜県

県庁所在地	岐阜市
人口	200.8万人【全国17位】(2017年)
面積	10,621.29km²【全国7位】(2017年)

岐阜県の工業のあらまし

かつては飛騨国と美濃国に分かれていた岐阜県は、いまでも、北部を飛騨地方、南部を美濃地方とよんでいます。工業がさかんなのは、山がちな飛騨地方ではなく、濃尾平野が広がり、交通の便が良く、中京工業地帯に属する美濃地方です。そのため、事業所数、従業者数、生産額（製造品出荷額等）の上位10市町村は、高山市を除くと、すべて美濃地方の市です。

生産額1位の輸送用機械器具製造業は、各務原市や可児市などでおこなわれています。なかでも、各務原市には、航空機の製造に関連する工場が集まっています。

生産額2位の金属製品製造業は、関市などでおこなわれ、包丁、ナイフ、はさみなどの刃物の製造がさかんです。

ほかにも、工作機械や金型などをつくる生産用機械器具製造業が3位、自動車用プラスチック製品や工業用プラスチック製品などをつくるプラスチック製品製造業が4位です。

また、5位の窯業・土石製品製造業は、土岐市、大垣市、多治見市などで古くからさかんで、全国順位は3位です。陶磁器のほかにも、タイル、生石灰、ファインセラミックス*などをつくっています。

なお、飛騨地方では、高山市を中心に、家具・装備品製造業がさかんで、机、テーブル、椅子などをつくっています。

*天然の陶土をつかった旧来の陶磁器（セラミックス）に対し、ニューセラミックスともよばれる。原料を精製して人工的につくるので、原料の配合により、熱に強い、こわれにくい、電気を通さないといった特性をもつ製品をつくることができ、電気機器、情報機器、医療機器などに使われる。

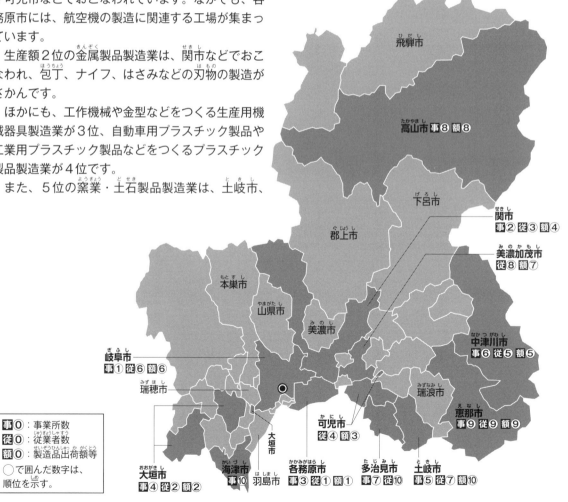

事○：事業所数
従○：従業者数
額○：製造品出荷額等
○で囲んだ数字は、順位を示す。

岐阜県の製造業の内訳

産業分類	事業所数	占有率	順位	全国順位	従業者数(人)	占有率	順位	全国順位	製造品出荷額等(百万円)	占有率	順位	全国順位
製造業計	7,748	100.0%		8	198,117	100.0%		14	5,408,151	100.0%		20
食料品製造業	616	8.0%	5	19	16,637	8.4%	4	24	363,379	6.7%	6	24
飲料・たばこ・飼料製造業	106	1.4%	18	18	1,849	0.9%	21	20	94,373	1.7%	15	26
繊維工業	810	10.5%	3	5	9,528	4.8%	8	8	150,335	2.8%	13	8
木材・木製品製造業(家具を除く)	307	4.0%	9	4	3,734	1.9%	16	6	74,338	1.4%	19	12
家具・装備品製造業	335	4.3%	8	8	6,073	3.1%	12	4	112,684	2.1%	14	5
パルプ・紙・紙加工品製造業	275	3.5%	11	6	6,489	3.3%	10	9	202,829	3.8%	11	12
印刷・同関連業	303	3.9%	10	15	4,746	2.4%	14	16	84,126	1.6%	17	16
化学工業	112	1.4%	17	18	6,387	3.2%	11	20	322,585	6.0%	7	25
石油製品・石炭製品製造業	26	0.3%	22	19	229	0.1%	23	25	12,974	0.2%	22	26
プラスチック製品製造業	493	6.4%	6	10	16,028	8.1%	6	9	431,473	8.0%	4	12
ゴム製品製造業	116	1.5%	16	8	2,915	1.5%	18	15	74,624	1.4%	18	19
なめし革・同製品・毛皮製造業	10	0.1%	23	25	63	0.03%	24	34	223	0.004%	24	33
窯業・土石製品製造業	1,039	13.4%	1	1	18,175	9.2%	3	2	375,859	6.9%	5	3
鉄鋼業	127	1.6%	15	15	4,254	2.1%	15	15	211,339	3.9%	10	18
非鉄金属製造業	100	1.3%	19	11	2,798	1.4%	19	16	85,852	1.6%	16	26
金属製品製造業	953	12.3%	2	11	19,131	9.7%	2	11	451,987	8.4%	2	11
はん用機械器具製造業	225	2.9%	14	13	9,371	4.7%	9	12	259,253	4.8%	9	14
生産用機械器具製造業	765	9.9%	4	11	16,114	8.1%	5	13	451,742	8.4%	3	15
業務用機械器具製造業	68	0.9%	21	20	2,470	1.2%	20	26	53,475	1.0%	21	29
電子部品・デバイス・電子回路製造業	75	1.0%	20	26	5,231	2.6%	13	37	166,293	3.1%	12	37
電気機械器具製造業	251	3.2%	12	15	10,687	5.4%	7	16	316,878	5.9%	8	18
情報通信機械器具製造業	7	0.1%	24	31	427	0.2%	22	36	6,558	0.1%	23	32
輸送用機械器具製造業	392	5.1%	7	10	31,750	16.0%	1	9	1,050,108	19.4%	1	14
その他の製造業	237	3.1%	13	19	3,031	1.5%	17	20	54,816	1.0%	20	24

事業所数上位10市町村

順位	市町村	事業所数	占有率
	岐阜県計	6,423	100.0%
1	岐阜市	644	10.0%
2	関市	603	9.4%
3	各務原市	437	6.8%
4	大垣市	429	6.7%
5	土岐市	350	5.4%
6	中津川市	301	4.7%
7	多治見市	298	4.6%
8	高山市	227	3.5%
9	恵那市	189	2.9%
10	海津市	188	2.9%
	その他	2,757	42.9%

従業者数上位10市町村

順位	市町村	従業者数(人)	占有率
	岐阜県計	195,227	100.0%
1	各務原市	19,788	10.1%
2	大垣市	16,316	8.4%
3	関市	16,011	8.2%
4	可児市	13,231	6.8%
5	中津川市	12,067	6.2%
6	岐阜市	11,439	5.9%
7	土岐市	7,625	3.9%
8	美濃加茂市	6,654	3.4%
9	恵那市	6,533	3.3%
10	多治見市	5,918	3.0%
	その他	79,645	40.8%

製造品出荷額等上位10市町村

順位	市町村	製造品出荷額等(万円)	占有率
	岐阜県計	537,337,117	100.0%
1	各務原市	78,713,863	14.6%
2	大垣市	50,105,768	9.3%
3	可児市	42,980,754	8.0%
4	関市	38,647,540	7.2%
5	中津川市	32,962,295	6.1%
6	岐阜市	24,910,778	4.6%
7	美濃加茂市	22,695,132	4.2%
8	高山市	15,363,749	2.9%
9	恵那市	15,338,328	2.9%
10	土岐市	14,998,980	2.8%
	その他	200,619,930	37.3%

三重県

県庁所在地	津市
人口	180万人 【全国22位】(2017年)
面積	5774.41km² 【全国25位】(2017年)

三重県の工業のあらまし

中京工業地帯に属する北部とともに、東部の平野部で、工業がさかんです。そのため、事業所数、従業者数、生産額（製造品出荷額等）の上位10市町村の多くは、県の北部や東部の市や町です。なかでも、すべてで1位の四日市市は、石油化学コンビナート（→P42）があり、生産額3位の化学工業とともに、4位の石油製品・石炭製品製造業の中心地です。また、四日市市は、亀山市とともに、2位の電子部品・デバイス・電子回路製造業がさかんです。

生産額1位の輸送用機械器具製造業は、いなべ市と鈴鹿市が中心です。いなべ市には、トヨタ自動車のグループ会社として知られるトヨタ車体の工場があり、鈴鹿市には、ホンダの名で知られる本田技研工業の工場があります。

ほかにも、生産額5位の電気機械器具製造業は、四日市市、津市、松阪市、鈴鹿市などでおこなわれています。

もっと知ろう　伊賀地域の工業

三重県は、北勢、中勢、南勢、伊賀、東紀州の5つの地域に分かれます。工業の中心は、四日市市のある北勢地域と県庁所在地の津市のある中勢地域ですが、県西部の伊賀市と名張市のある伊賀地域でも、工業がさかんです。

伊賀地域は、かつて伊賀国とよばれ、古くから大阪圏とのむすびつきが強い地域ですが、いまでは名阪国道などで名古屋圏とも結ばれています。そのため、これらの大都市圏の中間にある伊賀地域は、交通の便の良さもあり、工業が発達してきました。なかでも、医薬品メーカーの工場がある伊賀市は、化学工業の生産額が、四日市市に次いで2位です。

事○：事業所数
従○：従業者数
額○：製造品出荷額等
○で囲んだ数字は、順位を示す。

三重県の製造業の内訳

産業分類	事業所数	占有率	順位	全国順位	従業者数(人)	占有率	順位	全国順位	製造品出荷額等(百万円)	占有率	順位	全国順位
製造業計	4,796	100.0%		19	193,690	100.0%		15	10,926,658	100.0%		9
食料品製造業	589	12.3%	2	22	16,996	8.8%	3	22	496,688	4.5%	6	21
飲料・たばこ・飼料製造業	148	3.1%	13	9	1,848	1.0%	21	21	78,309	0.7%	19	28
繊維工業	201	4.2%	9	29	3,142	1.6%	14	32	63,079	0.6%	20	22
木材・木製品製造業(家具を除く)	229	4.8%	8	10	1,965	1.0%	20	23	31,576	0.3%	23	32
家具・装備品製造業	124	2.6%	16	23	1,697	0.9%	22	22	33,846	0.3%	22	21
パルプ・紙・紙加工品製造業	88	1.8%	18	24	2,080	1.1%	19	29	90,180	0.8%	17	27
印刷・同関連業	167	3.5%	12	23	2,186	1.1%	17	30	43,674	0.4%	21	27
化学工業	134	2.8%	15	11	13,750	7.1%	6	10	1,240,868	11.4%	3	9
石油製品・石炭製品製造業	23	0.5%	22	23	1,466	0.8%	23	4	992,829	9.1%	4	6
プラスチック製品製造業	286	6.0%	6	18	11,122	5.7%	7	14	458,235	4.2%	8	10
ゴム製品製造業	79	1.6%	19	13	7,435	3.8%	10	2	261,005	2.4%	12	3
なめし革・同製品・毛皮製造業	—	—	—	—	—	—	—	—	—	—	—	—
窯業・土石製品製造業	329	6.9%	5	10	7,363	3.8%	11	10	239,306	2.2%	13	11
鉄鋼業	139	2.9%	14	13	2,668	1.4%	15	23	112,715	1.0%	16	25
非鉄金属製造業	74	1.5%	20	15	5,720	3.0%	12	10	490,108	4.5%	7	8
金属製品製造業	591	12.3%	1	18	14,653	7.6%	4	16	401,053	3.7%	9	14
はん用機械器具製造業	178	3.7%	11	17	9,476	4.9%	9	11	324,432	3.0%	10	11
生産用機械器具製造業	426	8.9%	3	19	10,517	5.4%	8	22	287,318	2.6%	11	22
業務用機械器具製造業	73	1.5%	21	17	4,385	2.3%	13	16	230,771	2.1%	14	14
電子部品・デバイス・電子回路製造業	93	1.9%	17	22	18,324	9.5%	2	2	1,942,761	17.8%	2	1
電気機械器具製造業	250	5.2%	7	16	14,423	7.4%	5	11	549,328	5.0%	5	10
情報通信機械器具製造業	11	0.2%	23	29	2,120	1.1%	18	20	122,646	1.1%	15	16
輸送用機械器具製造業	369	7.7%	4	12	37,932	19.6%	1	7	2,352,601	21.5%	1	7
その他の製造業	195	4.1%	10	23	2,422	1.3%	16	25	83,171	0.8%	18	17

事業所数上位10市町村

順位	市町村	事業所数	占有率
	三重県計	4,070	100.0%
1	四日市市	617	15.2%
2	津市	423	10.4%
3	松阪市	370	9.1%
4	桑名市	365	9.0%
5	伊賀市	353	8.7%
6	鈴鹿市	333	8.2%
7	伊勢市	286	7.0%
8	いなべ市	206	5.1%
9	亀山市	145	3.6%
10	菰野町	116	2.9%
	その他	856	21.0%

従業者数上位10市町村

順位	市町村	従業者数(人)	占有率
	三重県計	192,100	100.0%
1	四日市市	33,787	17.6%
2	津市	21,530	11.2%
3	鈴鹿市	21,051	11.0%
4	いなべ市	18,123	9.4%
5	伊賀市	17,270	9.0%
6	松阪市	13,406	7.0%
7	桑名市	11,951	6.2%
8	亀山市	10,088	5.3%
9	伊勢市	8,982	4.7%
10	名張市	6,808	3.5%
	その他	29,104	15.2%

製造品出荷額等上位10市町村

順位	市町村	製造品出荷額等(万円)	占有率
	三重県計	1,089,855,588	100.0%
1	四日市市	335,593,887	30.8%
2	いなべ市	138,702,266	12.7%
3	亀山市	117,657,007	10.8%
4	鈴鹿市	113,666,571	10.4%
5	伊賀市	72,056,512	6.6%
6	津市	71,377,947	6.5%
7	桑名市	45,478,715	4.2%
8	松阪市	40,388,358	3.7%
9	伊勢市	30,833,660	2.8%
10	名張市	25,107,898	2.3%
	その他	98,992,767	9.1%

工業コラム③

愛知県の工業

　工業の生産額（製造品出荷額等）が全国一の愛知県は、生産額の半分以上を、自動車を中心とした輸送用機械器具製造業が占めますが、24の製造業のうち、9つの製造業の生産額が全国一です（→P65）。また、愛知県の工業は、東部の三河地域（かつての三河国）と西部の尾張地域（かつての尾張国）によってちがいがあります。輸送用機械器具製造業が中心の三河地域に対し、尾張地域では、さまざまな製造業がさかんです。下の2015年現在の地図やグラフなどをとおして、そうしたことが理解できます。

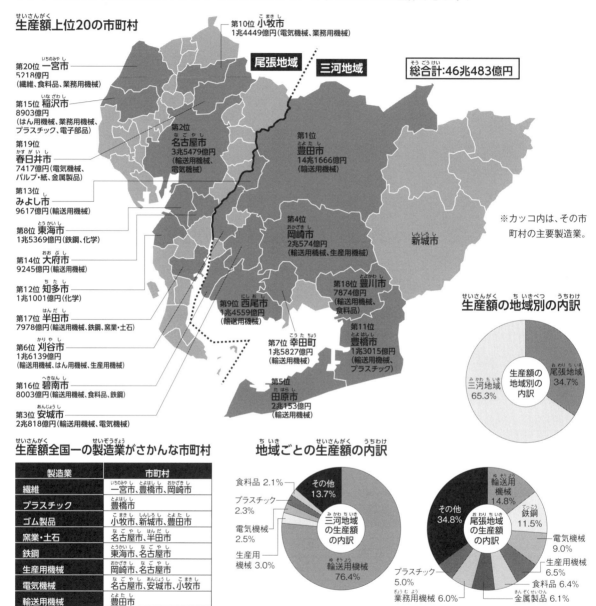

生産額上位20の市町村

- 第20位 一宮市 5218億円（繊維、食料品、業務用機械）
- 第15位 稲沢市 8903億円（はん用機械、業務用機械、プラスチック、電子部品）
- 第19位 春日井市 7417億円（電気機械、パルプ・紙、金属製品）
- 第13位 みよし市 9617億円（輸送用機械）
- 第8位 東海市 1兆5369億円（鉄鋼、化学）
- 第14位 大府市 9245億円（輸送用機械）
- 第12位 知多市 1兆1001億円（化学）
- 第17位 半田市 7978億円（輸送用機械、鉄鋼、窯業・土石）
- 第6位 刈谷市 1兆6139億円（輸送用機械、はん用機械、生産用機械）
- 第16位 碧南市 8003億円（輸送用機械、食料品、鉄鋼）
- 第3位 安城市 2兆818億円（輸送用機械、電気機械）
- 第10位 小牧市 1兆4449億円（電気機械、業務用機械）
- 第2位 名古屋市 3兆5479億円（輸送用機械、電気機械）
- 第1位 豊田市 14兆1666億円（輸送用機械）
- 第4位 岡崎市 2兆574億円（輸送用機械、生産用機械）
- 第18位 豊川市 7874億円（輸送用機械、食料品）
- 第9位 西尾市 1兆4559億円（輸送用機械）
- 第7位 幸田町 1兆5827億円（輸送用機械）
- 第11位 豊橋市 1兆3015億円（輸送用機械、プラスチック）
- 第5位 田原市 2兆153億円（輸送用機械）

総合計：46兆483億円

※カッコ内は、その市町村の主要製造業。

生産額の地域別の内訳
- 三河地域 65.3%
- 尾張地域 34.7%

三河地域の生産額の内訳
- 輸送用機械 76.4%
- その他 13.7%
- 食料品 2.1%
- プラスチック 2.3%
- 電気機械 2.5%
- 生産用機械 3.0%

尾張地域の生産額の内訳
- その他 34.8%
- 輸送用機械 14.8%
- 鉄鋼 11.5%
- 電気機械 9.0%
- 生産用機械 6.5%
- 食料品 6.4%
- 金属製品 6.1%
- 業務用機械 6.0%
- プラスチック 5.0%

※内訳のパーセンテージは、数値が公開されていない市町村があるため、実際とはちがう場合がある。

生産額全国一の製造業がさかんな市町村

製造業	市町村
繊維	一宮市、豊橋市、岡崎市
プラスチック	豊橋市
ゴム製品	小牧市、新城市、豊田市
窯業・土石	名古屋市、半田市
鉄鋼	東海市、名古屋市
生産用機械	岡崎市、名古屋市
電気機械	名古屋市、安城市、小牧市
輸送用機械	豊田市

※各製造業とも、県全体の生産額の1割以上を占める市町村を記した。

■食料品＝食料品製造業　■繊維＝繊維工業　■パルプ・紙＝パルプ・紙・紙加工品製造業　■化学＝化学工業　■プラスチック＝プラスチック製品製造業　■ゴム製品＝ゴム製品製造業　■窯業・土石＝窯業・土石製品製造業　■鉄鋼＝鉄鋼業　■金属製品＝金属製品製造業　■はん用機械＝はん用機械器具製造業　■生産用機械＝生産用機械器具製造業　■業務用機械＝業務用機械器具製造業　■電子部品＝電子部品・デバイス・電子回路製造業　■電気機械＝電気機械器具製造業　■輸送用機械＝輸送用機械器具製造業

出典：経済産業省「平成28年経済センサス-活動調査」産業別集計（製造業）「品目編」統計表データ／製造品に関する統計表／品目別、都道府県別の出荷及び産出事業所数（従業者4人以上の事業所）

滋賀県

県庁所在地	大津市
人口	141.3万人【全国26位】(2017年)
面積	4017.38km²【全国38位】(2017年)

滋賀県の工業のあらまし

滋賀県には、県の面積の6分の1ほどを占め、日本でもっとも大きな湖として知られる琵琶湖があります。その水は、工業用水として活用され、県の工業を支えています。また、琵琶湖の南東を名神高速道路が横断していることもあり、県南部の市や町で、工業がさかんです。

生産額（製造品出荷額等）1位は、甲賀市や米原市などでさかんな化学工業で、医薬品の製造が中心です。

2位の輸送用機械器具製造業は、軽自動車のトップメーカーとして知られるダイハツ工業の工場がある竜王町などでおこなわれています。

3位の電気機械器具製造業は、草津市、東近江市、彦根市などでおこなわれています。なかでも草津市が、空調機のトップメーカーとして知られるダイキン工業の工場があり、電気機械器具の製造をおこなうさまざまな企業があるため、県の生産額の半分近くを占めています。

ほかにも、長浜市、栗東市、湖南市などでおこなわれているプラスチック製品製造業が4位、彦根市、甲賀市などでおこなわれている生産用機械器具製造業が5位です。

もっと知ろう　彦根バルブ

彦根市は、滋賀県の生産用機械器具製造業の生産額の3分の1ほどを占め、「彦根バルブ」とよばれるバルブ*の製造で知られます。19世紀後半の明治時代の中ごろに製造がはじまり、100年以上の歴史があります。いまでは、30社近くのメーカーとともに、それを支える120社ほどの関連企業が業界を構成し、そこで働く従業員は、1500名以上です。

*管などを流れる液体や気体の出入りを止めたり、流れを調整したりするための装置。水道の蛇口もバルブの一種。

事⓪：事業所数
従⓪：従業者数
額⓪：製造品出荷額等
○で囲んだ数字は、順位を示す。

滋賀県の製造業の内訳

産業分類	事業所数	占有率	順位	全国順位	従業者数(人)	占有率	順位	全国順位	製造品出荷額等(百万円)	占有率	順位	全国順位
製造業計	3,658	100.0%		23	161,797	100.0%		19	7,389,265	100.0%		16
食料品製造業	294	8.0%	5	43	11,578	7.2%	6	34	312,994	4.2%	10	30
飲料・たばこ・飼料製造業	83	2.3%	17	30	1,467	0.9%	20	28	231,686	3.1%	11	14
繊維工業	402	11.0%	2	18	7,772	4.8%	9	12	186,629	2.5%	12	7
木材・木製品製造業(家具を除く)	98	2.7%	15	39	1,087	0.7%	22	39	27,414	0.4%	22	35
家具・装備品製造業	94	2.6%	16	30	1,842	1.1%	18	19	58,553	0.8%	20	11
パルプ・紙・紙加工品製造業	105	2.9%	14	22	3,349	2.1%	14	19	132,602	1.8%	15	18
印刷・同関連業	107	2.9%	13	34	4,004	2.5%	12	19	115,496	1.6%	18	13
化学工業	117	3.2%	12	16	7,342	4.5%	11	18	974,901	13.2%	1	12
石油製品・石炭製品製造業	19	0.5%	22	27	188	0.1%	23	29	11,054	0.1%	23	27
プラスチック製品製造業	319	8.7%	3	14	17,204	10.6%	2	8	631,398	8.5%	4	6
ゴム製品製造業	25	0.7%	21	24	2,390	1.5%	17	18	121,192	1.6%	17	12
なめし革・同製品・毛皮製造業	9	0.2%	24	27	57	0.04%	24	36	210	0.003%	24	34
窯業・土石製品製造業	285	7.8%	6	16	7,590	4.7%	10	9	333,046	4.5%	9	4
鉄鋼業	50	1.4%	20	28	1,735	1.1%	19	29	88,508	1.2%	19	29
非鉄金属製造業	53	1.4%	19	21	2,525	1.6%	16	20	170,468	2.3%	13	18
金属製品製造業	419	11.5%	1	24	11,064	6.8%	8	20	375,910	5.1%	8	16
はん用機械器具製造業	189	5.2%	8	16	11,538	7.1%	7	8	560,935	7.6%	6	6
生産用機械器具製造業	304	8.3%	4	24	13,003	8.0%	5	17	573,713	7.8%	5	11
業務用機械器具製造業	71	1.9%	18	19	3,762	2.3%	13	19	145,951	2.0%	14	19
電子部品・デバイス・電子回路製造業	118	3.2%	11	17	15,238	9.4%	3	4	385,712	5.2%	7	11
電気機械器具製造業	193	5.3%	7	20	18,632	11.5%	1	9	806,047	10.9%	3	7
情報通信機械器具製造業	12	0.3%	23	27	1,448	0.9%	21	24	43,467	0.6%	21	27
輸送用機械器具製造業	125	3.4%	10	26	13,770	8.5%	4	18	969,234	13.1%	2	15
その他の製造業	167	4.6%	9	26	3,212	2.0%	15	17	132,094	1.8%	16	12

事業所数上位10市町村

順位	市町村	事業所数	占有率
	滋賀県計	3,114	100.0%
1	甲賀市	390	12.5%
2	東近江市	339	10.9%
3	長浜市	326	10.5%
4	大津市	252	8.1%
5	草津市	235	7.5%
6	湖南市	208	6.7%
7	彦根市	202	6.5%
8	高島市	183	5.9%
9	栗東市	158	5.1%
10	米原市	139	4.5%
	その他	682	21.9%

従業者数上位10市町村

順位	市町村	従業者数(人)	占有率
	滋賀県計	160,641	100.0%
1	甲賀市	16,591	10.3%
2	草津市	16,494	10.3%
3	東近江市	15,959	9.9%
4	長浜市	15,277	9.5%
5	大津市	12,601	7.8%
6	野洲市	11,230	7.0%
7	湖南市	10,835	6.7%
8	彦根市	10,778	6.7%
9	栗東市	8,376	5.2%
10	守山市	7,278	4.5%
	その他	35,222	21.9%

製造品出荷額等上位10市町村

順位	市町村	製造品出荷額等(万円)	占有率
	滋賀県計	737,176,902	100.0%
1	甲賀市	97,421,353	13.2%
2	彦根市	71,423,681	9.7%
3	草津市	64,394,831	8.7%
4	竜王町	61,389,867	8.3%
5	東近江市	56,969,956	7.7%
6	長浜市	54,574,104	7.4%
7	湖南市	51,058,091	6.9%
8	米原市	41,534,286	5.6%
9	栗東市	36,291,918	4.9%
10	大津市	35,948,660	4.9%
	その他	166,170,155	22.5%

京都府

府庁所在地	京都市
人口	259.9万人【全国13位】(2017年)
面積	4,612.20km²【全国31位】(2017年)

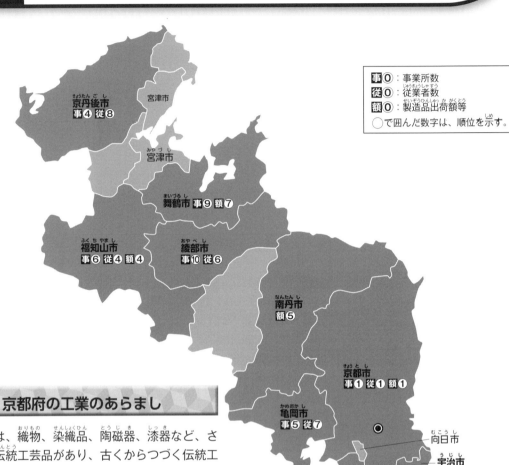

事○：事業所数
従○：従業者数
額○：製造品出荷額等
○で囲んだ数字は、順位を示す。

京都府の工業のあらまし

　京都府は、織物、染織品、陶磁器、漆器など、さまざまな伝統工芸品があり、古くからつづく伝統工業がさかんです。その大部分は、京都市を中心におこなわれていますが、生産額は多くありません。

　生産額（製造品出荷額等）を見ると、飲料・たばこ・飼料製造業が1位、食料品製造業が2位、輸送用機械器具製造業が3位、電気機械器具製造業が4位、生産用機械器具製造業が5位ですが、これらの製造業で生産額がトップなのは、すべて京都市です。そうしたこともあり、事業所数、従業者数、製造品出荷等では、すべて京都市がトップです。

　また、南丹市と京田辺市でも食料品製造業がさかんで、南丹市と長岡京市でも輸送用機械器具製造業がさかんですが、いずれも、京都市と同じく、府南部の市です。そのため、京都府の工業の中心は、京都市をはじめとした府南部の市や町です。しかし、近年、中丹地域（福知山市、舞鶴市、綾部市）では、高速道路が整備され、工業団地が建設されたこ

となどもあり、工業の発達が期待されています。

　なお、飲料・たばこ・飼料製造業が府の生産額1位ですが、これは、JT（日本たばこ産業）の工場が京都市にあるからだと考えられます。しかし、古くから清酒の製造が京都市の伏見でおこなわれていることや、宇治市を中心とした地域で茶の栽培がさかんなことなども関係していると考えられます。

京都府の製造業の内訳

産業分類	事業所数	占有率	順位	全国順位	従業者数(人)	占有率	順位	全国順位	製造品出荷額等(百万円)	占有率	順位	全国順位
製造業計	6,506	100.0%		17	141,952	100.0%		22	5,362,442	100.0%		21
食料品製造業	616	9.5%	2	20	20,024	14.1%	1	19	530,076	9.9%	2	19
飲料・たばこ・飼料製造業	167	2.6%	13	7	3,799	2.7%	15	8	939,699	17.5%	1	3
繊維工業	1,474	22.7%	1	3	10,796	7.6%	4	6	133,569	2.5%	16	9
木材・木製品製造業(家具を除く)	137	2.1%	14	28	1,645	1.2%	18	27	60,574	1.1%	20	17
家具・装備品製造業	200	3.1%	11	16	1,473	1.0%	20	26	21,107	0.4%	21	28
パルプ・紙・紙加工品製造業	217	3.3%	10	10	4,466	3.1%	13	14	138,987	2.6%	15	17
印刷・同関連業	493	7.6%	5	7	8,139	5.7%	9	8	169,065	3.2%	13	8
化学工業	132	2.0%	15	13	5,330	3.8%	14	23	195,638	3.6%	9	30
石油製品・石炭製品製造業	17	0.3%	23	30	128	0.1%	24	32	8,019	0.1%	23	30
プラスチック製品製造業	281	4.3%	8	19	6,951	4.9%	10	21	189,580	3.5%	11	20
ゴム製品製造業	18	0.3%	22	28	612	0.4%	22	32	11,658	0.2%	22	32
なめし革・同製品・毛皮製造業	61	0.9%	20	7	571	0.4%	23	10	7,835	0.1%	24	12
窯業・土石製品製造業	256	3.9%	9	21	4,545	3.2%	12	21	189,818	3.5%	10	15
鉄鋼業	69	1.1%	19	23	1,408	1.0%	21	31	67,793	1.3%	18	30
非鉄金属製造業	54	0.8%	21	20	1,677	1.2%	17	23	78,818	1.5%	17	29
金属製品製造業	523	8.0%	4	20	8,692	6.1%	7	23	179,443	3.3%	12	24
はん用機械器具製造業	106	1.6%	18	24	4,122	2.9%	14	23	141,314	2.6%	14	24
生産用機械器具製造業	595	9.1%	3	13	13,286	9.4%	2	16	382,163	7.1%	5	16
業務用機械器具製造業	196	3.0%	12	10	9,394	6.6%	5	9	282,679	5.3%	8	11
電子部品・デバイス・電子回路製造業	126	1.9%	16	15	8,649	6.1%	8	19	352,783	6.6%	6	15
電気機械器具製造業	302	4.6%	7	11	12,559	8.8%	3	14	396,378	7.4%	4	15
情報通信機械器具製造業	15	0.2%	24	24	1,582	1.1%	19	22	63,790	1.2%	19	22
輸送用機械器具製造業	124	1.9%	17	28	8,971	6.3%	6	23	518,809	9.7%	3	20
その他の製造業	327	5.0%	6	14	3,133	2.2%	16	19	302,649	5.6%	7	2

事業所数上位10市町村

順位	市町村	事業所数	占有率
	京都府計	4,906	100.0%
1	京都市	2,623	53.5%
2	宇治市	299	6.1%
3	久御山町	282	5.7%
4	京丹後市	195	4.0%
5	亀岡市	170	3.5%
6	福知山市	160	3.3%
7	八幡市	128	2.6%
8	城陽市	123	2.5%
9	舞鶴市	115	2.3%
10	綾部市	98	2.0%
	その他	713	14.5%

従業者数上位10市町村

順位	市町村	従業者数(人)	占有率
	京都府計	138,588	100.0%
1	京都市	62,853	45.4%
2	宇治市	9,622	6.9%
3	久御山町	7,431	5.4%
4	福知山市	7,283	5.3%
5	長岡京市	5,043	3.6%
6	綾部市	4,971	3.6%
7	亀岡市	4,656	3.4%
8	京丹後市	4,188	3.0%
9	八幡市	4,170	3.0%
10	京田辺市	3,965	2.9%
	その他	24,406	17.6%

製造品出荷額等上位10市町村

順位	市町村	製造品出荷額等(万円)	占有率
	京都府計	532,210,237	100.0%
1	京都市	251,353,107	47.2%
2	宇治市	48,233,896	9.1%
3	長岡京市	35,023,342	6.6%
4	福知山市	28,019,329	5.3%
5	南丹市	20,859,016	3.9%
6	久御山町	20,168,510	3.8%
7	舞鶴市	16,794,282	3.2%
8	京田辺市	16,087,985	3.0%
9	大山崎町	14,944,200	2.8%
10	八幡市	14,283,938	2.7%
	その他	66,442,632	12.5%

大阪府

府庁所在地	大阪市
人口	882.3万人【全国3位】(2017年)
面積	1905.14km²【全国46位】(2017年)

大阪府の工業のあらまし

　大阪府では、大阪市と兵庫県神戸市を中心とした阪神工業地帯が、大阪湾沿岸部とその内陸部に広がります。なかでも、堺市を中心とした堺泉北臨海工業地域ともよばれる大阪湾東岸部には、石油化学コンビナート（→P42）のほか、鉄鋼や金属製品などの大きな工場が集まっています。また、東大阪市や枚方市をはじめとした内陸部では、金属製品や生産用機械器具など、さまざまなものがつくられています（→P84）。

　そのため、製造業の内訳を見ると、生産額（製造品出荷額等）では、大阪市、堺市、高石市などでおこなわれている化学工業が1位、枚方市、堺市、大阪市でさかんな生産用機械器具製造業が2位、大阪市、堺市、東大阪市などでおこなわれている金属製品製造業が3位です。さらに、4位の石油製品・石炭製品製造業は堺市で、5位の鉄鋼業は大阪市や堺市で、それぞれさかんにおこなわれています。

　なお、大阪府は、さまざまな製造業の生産額が全国上位です。金属製品製造業に加え、門真市、大阪市、東大阪市などでおこなわれている家具・装備品製造業と、大阪市と堺市でさかんな非鉄金属製造業が全国1位です。化学工業と生産用機械器具製造業に加え、大阪市、堺市、泉大津市などでおこなわれている繊維工業と、東大阪市や大阪市などでおこなわれているプラスチック製品製造業が全国2位です。

　そうしたこともあり、大阪府の製造業全体の生産額は、全国3位です。

事○：事業所数
従○：従業者数
額○：製造品出荷額等
○で囲んだ数字は、順位を示す。

大阪府の製造業の内訳

産業分類	事業所数	占有率	順位	全国順位	従業者数(人)	占有率	順位	全国順位	製造品出荷額等(百万円)	占有率	順位	全国順位
製造業計	23,004	100.0%		1	450,554	100.0%		2	16,850,834	100.0%		3
食料品製造業	1,028	4.5%	8	8	49,511	11.0%	2	6	1,295,184	7.7%	6	9
飲料・たばこ・飼料製造業	84	0.4%	22	28	1,461	0.3%	24	30	261,943	1.6%	16	13
繊維工業	1,650	7.2%	5	2	17,068	3.8%	11	2	300,873	1.8%	15	2
木材・木製品製造業(家具を除く)	270	1.2%	19	6	3,420	0.8%	21	7	126,876	0.8%	23	6
家具・装備品製造業	634	2.8%	14	1	10,611	2.4%	14	1	183,920	1.1%	20	1
パルプ・紙・紙加工品製造業	865	3.8%	10	2	13,812	3.1%	12	2	360,257	2.1%	14	6
印刷・同関連業	1,866	8.1%	3	2	26,390	5.9%	9	2	488,461	2.9%	12	3
化学工業	671	2.9%	12	1	30,273	6.7%	5	1	1,996,988	11.9%	1	2
石油製品・石炭製品製造業	64	0.3%	24	2	1,636	0.4%	23	3	1,471,945	8.7%	4	3
プラスチック製品製造業	1,803	7.8%	4	1	31,175	6.9%	4	2	758,569	4.5%	11	2
ゴム製品製造業	356	1.5%	17	2	6,336	1.4%	19	5	137,807	0.8%	22	9
なめし革・同製品・毛皮製造業	238	1.0%	21	3	2,075	0.5%	22	3	24,469	0.1%	24	3
窯業・土石製品製造業	368	1.6%	16	8	6,874	1.5%	18	13	227,670	1.4%	17	13
鉄鋼業	784	3.4%	11	1	19,397	4.3%	10	2	1,359,548	8.1%	5	4
非鉄金属製造業	330	1.4%	18	2	9,065	2.0%	15	1	759,516	4.5%	10	1
金属製品製造業	4,743	20.6%	1	1	63,054	14.0%	1	1	1,485,470	8.8%	3	1
はん用機械器具製造業	1,170	5.1%	6	1	27,402	6.1%	7	2	789,256	4.7%	9	4
生産用機械器具製造業	2,535	11.0%	2	2	46,142	10.2%	3	2	1,525,796	9.1%	2	2
業務用機械器具製造業	424	1.8%	15	4	7,751	1.7%	16	12	184,066	1.1%	19	15
電子部品・デバイス・電子回路製造業	253	1.1%	20	5	7,305	1.6%	17	25	414,505	2.5%	13	6
電気機械器具製造業	1,132	4.9%	7	1	27,798	6.2%	6	4	1,052,489	6.2%	8	4
情報通信機械器具製造業	75	0.3%	23	6	4,498	1.0%	20	10	164,216	1.0%	21	14
輸送用機械器具製造業	646	2.8%	13	7	26,580	5.9%	8	12	1,282,190	7.6%	7	11
その他の製造業	1,015	4.4%	9	2	10,920	2.4%	13	3	198,821	1.2%	18	8

事業所数上位10市町村

順位	市町村	事業所数	占有率
	大阪府計	18,768	100.0%
1	大阪市	6,325	33.7%
2	東大阪市	2,671	14.2%
3	堺市	1,556	8.3%
4	八尾市	1,456	7.8%
5	豊中市	587	3.1%
6	大東市	415	2.2%
7	岸和田市	376	2.0%
8	和泉市	375	2.0%
9	門真市	363	1.9%
10	摂津市	358	1.9%
	その他	4,286	22.8%

従業者数上位10市町村

順位	市町村	従業者数(人)	占有率
	大阪府計	441,256	100.0%
1	大阪市	116,812	26.5%
2	堺市	51,674	11.7%
3	東大阪市	46,853	10.6%
4	八尾市	28,825	6.5%
5	枚方市	16,782	3.8%
6	門真市	13,644	3.1%
7	摂津市	11,942	2.7%
8	豊中市	10,666	2.4%
9	高槻市	10,191	2.3%
10	大東市	10,000	2.3%
	その他	123,867	28.1%

製造品出荷額等上位10市町村

順位	市町村	製造品出荷額等(万円)	占有率
	大阪府計	1,668,589,908	100.0%
1	堺市	374,164,177	22.4%
2	大阪市	368,699,400	22.1%
3	東大阪市	106,057,245	6.4%
4	八尾市	99,429,432	6.0%
5	枚方市	75,338,151	4.5%
6	高石市	73,893,662	4.4%
7	池田市	56,719,358	3.4%
8	摂津市	38,293,243	2.3%
9	高槻市	37,461,801	2.2%
10	門真市	36,315,942	2.2%
	その他	402,217,497	24.1%

兵庫県

県庁所在地	神戸市
人口	550.3万人【全国7位】(2017年)
面積	8400.94km²【全国12位】(2017年)

兵庫県の工業のあらまし

　大阪湾に面した尼崎市から神戸市は、阪神工業地帯の一角をなし、工業がさかんです。また、姫路市を中心に、瀬戸内海沿岸部に広がる播磨臨海工業地域でも、工業がさかんです。そのため、生産額（製造品出荷額等）で上位を占めるのは、県南部の沿岸部の市です。

　生産額1位は、姫路市や神戸市などでおこなわれている化学工業です。2位の鉄鋼業は、姫路市、加古川市、尼崎市、神戸市を中心におこなわれています。

　3位の電気機械器具製造業は、姫路市や神戸市とともに、淡路島の洲本市でもさかんです。淡路島は、明石海峡大橋と大鳴門橋で本州と四国（徳島県）につながり、その中央部にある洲本市では、蓄電池を生産しています。

　また、4位の食料品製造業は、神戸市や西宮市でさかんです。5位のはん用機械器具製造業は、神戸市、高砂市、相生市が中心で、全国順位は1位です。

もっと知ろう　兵庫県の伝統工業

　兵庫県は、古くからおこなわれている伝統工業が多いことで知られています。なかでも、灘の酒で知られる清酒（神戸市、西宮市）、化学素材を利用したケミカルシューズ（神戸市）、手延素麺（たつの市、南あわじ市）、かばん（豊岡市）、線香（淡路市）、釣針（加東市、西脇市）などは、全国トップクラスの生産額をほこります。ほかにも、たつの市のしょうゆ、小野市のそろばん、三木市の利器工匠具（→P52）、西脇市の播州織、南あわじ市の粘土瓦などが、全国的に知られています。

兵庫県の製造業の内訳

産業分類	事業所数	占有率	順位	全国順位	従業者数(人)	占有率	順位	全国順位	製造品出荷額等(百万円)	占有率	順位	全国順位
製造業計	10,537	100.0%		7	351,425	100.0%		6	15,504,393	100.0%		5
食料品製造業	1,513	14.4%	1	2	54,473	15.5%	1	4	1,603,789	10.3%	4	4
飲料・たばこ・飼料製造業	183	1.7%	19	5	5,695	1.6%	20	3	410,640	2.6%	11	9
繊維工業	589	5.6%	4	11	8,083	2.3%	13	11	131,796	0.9%	20	10
木材・木製品製造業(家具を除く)	234	2.2%	16	9	2,480	0.7%	22	14	53,778	0.3%	23	19
家具・装備品製造業	210	2.0%	18	13	2,415	0.7%	23	15	43,086	0.3%	24	19
パルプ・紙・紙加工品製造業	229	2.2%	17	8	7,016	2.0%	17	7	284,776	1.8%	15	7
印刷・同関連業	446	4.2%	10	10	7,391	2.1%	15	10	144,627	0.9%	18	12
化学工業	323	3.1%	14	4	21,181	6.0%	7	5	1,948,870	12.6%	1	3
石油製品・石炭製品製造業	51	0.5%	24	5	1,036	0.3%	24	8	128,957	0.8%	21	13
プラスチック製品製造業	458	4.3%	8	11	13,642	3.9%	9	10	474,852	3.1%	10	9
ゴム製品製造業	243	2.3%	15	5	5,714	1.6%	19	7	138,755	0.9%	19	8
なめし革・同製品・毛皮製造業	377	3.6%	12	2	4,169	1.2%	21	2	53,999	0.3%	22	2
窯業・土石製品製造業	414	3.9%	11	7	8,284	2.4%	12	7	323,849	2.1%	13	7
鉄鋼業	329	3.1%	13	3	18,859	5.4%	8	3	1,888,955	12.2%	2	2
非鉄金属製造業	154	1.5%	20	5	6,063	1.7%	18	8	293,679	1.9%	14	14
金属製品製造業	1,503	14.3%	2	6	29,223	8.3%	4	4	810,986	5.2%	8	3
はん用機械器具製造業	523	5.0%	5	6	25,079	7.1%	6	3	1,270,982	8.2%	5	1
生産用機械器具製造業	961	9.1%	3	8	26,764	7.6%	5	5	1,022,724	6.6%	7	5
業務用機械器具製造業	150	1.4%	21	13	7,023	2.0%	16	13	252,745	1.6%	16	12
電子部品・デバイス・電子回路製造業	139	1.3%	22	11	8,726	2.5%	11	18	396,670	2.6%	12	9
電気機械器具製造業	501	4.8%	6	7	38,928	11.1%	2	3	1,659,628	10.7%	3	3
情報通信機械器具製造業	57	0.5%	23	8	10,229	2.9%	10	4	778,606	5.0%	9	4
輸送用機械器具製造業	499	4.7%	7	8	31,078	8.8%	3	10	1,175,004	7.6%	6	13
その他の製造業	451	4.3%	9	8	7,874	2.2%	14	6	210,721	1.4%	17	7

事業所数上位10市町村

順位	市町村	事業所数	占有率
	兵庫県計	9,032	100.0%
1	神戸市	1,656	18.3%
2	姫路市	1,075	11.9%
3	尼崎市	809	9.0%
4	たつの市	375	4.2%
5	宍粟市	355	3.9%
6	加古川市	336	3.7%
7	明石市	327	3.6%
8	加西市	289	3.2%
9	伊丹市	277	3.1%
10	三木市	266	2.9%
	その他	3,267	36.2%

従業者数上位10市町村

順位	市町村	従業者数(人)	占有率
	兵庫県計	348,097	100.0%
1	神戸市	63,534	18.3%
2	姫路市	44,640	12.8%
3	尼崎市	34,009	9.8%
4	明石市	22,186	6.4%
5	加古川市	14,731	4.2%
6	伊丹市	14,582	4.2%
7	高砂市	14,204	4.1%
8	たつの市	11,531	3.3%
9	西宮市	9,215	2.6%
10	三田市	8,807	2.5%
	その他	110,658	31.8%

製造品出荷額等上位10市町村

順位	市町村	製造品出荷額等(万円)	占有率
	兵庫県計	1,544,567,243	100.0%
1	神戸市	312,582,578	20.2%
2	姫路市	234,955,804	15.2%
3	尼崎市	137,755,025	8.9%
4	明石市	111,168,503	7.2%
5	高砂市	86,403,499	5.6%
6	加古川市	85,871,915	5.6%
7	伊丹市	62,042,462	4.0%
8	三田市	57,260,212	3.7%
9	たつの市	39,897,105	2.6%
10	加東市	36,570,355	2.4%
	その他	380,059,785	24.6%

奈良県

県庁所在地	奈良市
人口	134.8万人【全国30位】(2017年)
面積	3690.94km²【全国40位】(2017年)

奈良県の工業のあらまし

　海に面していない奈良県の工業は、阪神工業地帯からはなれていることもあり、あまりさかんではありません。

　生産額（製造品出荷額等）1位は、ハウス食品の工場がある大和郡山市のほか、橿原市などでおこなわれている食料品製造業で、2位は、橿原市が中心の輸送用機械器具製造業です。3位の業務用機械器具製造業は、大和郡山市が中心で、4位の電気機械器具製造業の中心は、葛城市です。また、5位のプラスチック製品製造業は、奈良市、大和郡山市、天理市などでおこなわれています。

　しかし、これらの製造業の全国順位を見ると、業務用機械器具製造業の16位が最高で、製造業全体の順位は37位と、あまり高くありません。

　そうしたなか、奈良県には、墨（奈良市）、筆（奈良市）、薬（高取町）、漆器（奈良市）、素麺（桜井市）、清酒（奈良市）、茶筅（生駒市）*¹、割り箸（下市町）など、江戸時代あるいはそれ以前にまでさかのぼる長い歴史をもつ伝統工業があります。

　さらに、地域社会と密着して古くから発展した地場産業としては、靴下（大和高田市、広陵町、香芝市）やニット（大和高田市、橿原市、葛城市）*²などの繊維製品、木材（吉野町など）、医薬品（御所市、高取町）、プラスチック成型（川西町、葛城市、大和高田市）、毛皮革製品（宇陀市）、野球のグローブ（三宅町など）やスキー靴（田原本町、天理市、川西町）をはじめとしたスポーツ用品などがあり、なかには、全国一の生産額をほこるものもあります。

*1 茶をたてるときに、茶碗に入れた抹茶と湯を、かきまぜたり練ったりするために使用する道具。

*2 編み物。

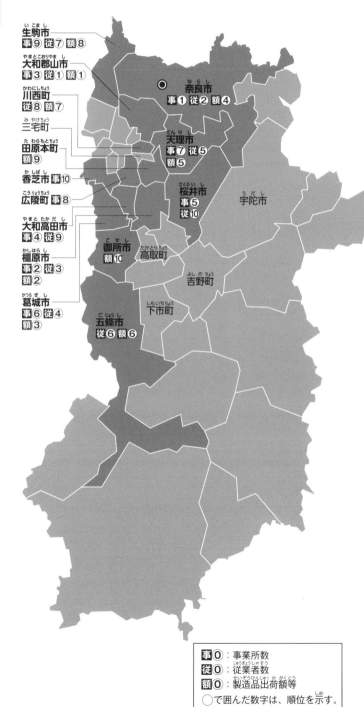

事○	：事業所数
従○	：従業者数
額○	：製造品出荷額等

○で囲んだ数字は、順位を示す。

奈良県の製造業の内訳

産業分類	事業所数	占有率	順位	全国順位	従業者数(人)	占有率	順位	全国順位	製造品出荷額等(百万円)	占有率	順位	全国順位
製造業計	2,573	100.0%		34	58,852	100.0%		37	1,853,841	100.0%		37
食料品製造業	265	10.3%	3	45	7,707	13.1%	1	41	217,826	11.7%	1	35
飲料・たばこ・飼料製造業	56	2.2%	14	40	568	1.0%	20	45	10,401	0.6%	20	46
繊維工業	415	16.1%	1	16	5,538	9.4%	2	20	67,228	3.6%	10	20
木材・木製品製造業(家具を除く)	246	9.6%	4	8	2,161	3.7%	12	19	47,624	2.6%	15	22
家具・装備品製造業	74	2.9%	12	35	1,309	2.2%	17	29	27,290	1.5%	18	24
パルプ・紙・紙加工品製造業	78	3.0%	10	26	2,148	3.6%	13	28	54,691	3.0%	14	36
印刷・同関連業	103	4.0%	9	36	2,748	4.7%	8	25	62,195	3.4%	12	22
化学工業	78	3.0%	11	25	3,318	5.6%	7	29	106,497	5.7%	8	36
石油製品・石炭製品製造業*	9	0.3%	23	42	128	0.2%	23	33	X	X	X	X
プラスチック製品製造業	296	11.5%	2	17	6,153	10.5%	2	23	142,547	7.7%	5	24
ゴム製品製造業	49	1.9%	16	18	2,378	4.0%	11	19	58,933	3.2%	13	21
なめし革・同製品・毛皮製造業	25	1.0%	20	14	283	0.5%	22	19	4,207	0.2%	22	16
窯業・土石製品製造業	107	4.2%	8	44	1,372	2.3%	16	45	30,397	1.6%	17	45
鉄鋼業	35	1.4%	18	32	671	1.1%	18	41	31,626	1.7%	16	38
非鉄金属製造業	20	0.8%	22	32	619	1.1%	19	37	26,201	1.4%	19	38
金属製品製造業	239	9.3%	5	30	4,354	7.4%	5	32	118,356	6.4%	7	29
はん用機械器具製造業	63	2.4%	13	31	1,900	3.2%	14	35	82,651	4.5%	9	31
生産用機械器具製造業	127	4.9%	7	36	4,486	7.6%	4	33	123,300	6.7%	6	31
業務用機械器具製造業	29	1.1%	19	30	2,690	4.6%	9	25	180,828	9.8%	3	16
電子部品・デバイス・電子回路製造業	21	0.8%	21	39	372	0.6%	21	46	6,000	0.3%	21	45
電気機械器具製造業	53	2.1%	15	36	1,582	2.7%	15	44	175,142	9.4%	4	23
情報通信機械器具製造業	2	0.1%	24	42	93	0.2%	24	42	X	X	X	X
輸送用機械器具製造業	44	1.7%	17	37	3,754	6.4%	6	36	202,812	10.9%	2	30
その他の製造業	139	5.4%	6	27	2,520	4.3%	10	24	65,382	3.5%	11	22

事業所数上位10市町村

順位	市町村	事業所数	占有率
	奈良県計	2,257	100.0%
1	奈良市	241	10.7%
2	橿原市	157	7.0%
3	大和郡山市	155	6.9%
4	大和高田市	154	6.8%
5	桜井市	150	6.6%
6	葛城市	135	6.0%
7	天理市	128	5.7%
8	広陵町	118	5.2%
9	生駒市	116	5.1%
10	香芝市	111	4.9%
	その他	792	35.1%

従業者数上位10市町村

順位	市町村	従業者数(人)	占有率
	奈良県計	58,165	100.0%
1	大和郡山市	10,836	18.6%
2	奈良市	5,420	9.3%
3	橿原市	5,377	9.2%
4	葛城市	4,070	7.0%
5	天理市	3,356	5.8%
6	五條市	3,084	5.3%
7	生駒市	2,686	4.6%
8	川西町	2,615	4.5%
9	大和高田市	2,538	4.4%
10	桜井市	2,378	4.1%
	その他	15,805	27.2%

製造品出荷額等上位10市町村

順位	市町村	製造品出荷額等(万円)	占有率
	奈良県計	184,514,243	100.0%
1	大和郡山市	46,814,270	25.4%
2	橿原市	24,054,296	13.0%
3	葛城市	22,890,611	12.4%
4	奈良市	18,502,142	10.0%
5	天理市	10,817,982	5.9%
6	五條市	7,973,454	4.3%
7	川西町	7,801,932	4.2%
8	生駒市	6,564,917	3.6%
9	田原本町	5,543,160	3.0%
10	御所市	4,704,087	2.5%
	その他	28,847,392	15.6%

*3人以下の事業所の製造品出荷額等だけが公開されているが(→P11)、ほかの製造業とくらべて小さな数値なので、ここでは非公開(×)とした。

和歌山県

県庁所在地	和歌山市
人口	94.5万人【全国40位】(2017年)
面積	4724.64km²【全国30位】(2017年)

和歌山県の工業のあらまし

　和歌山県で工業がさかんなのは、北西部の沿岸部です。そのため、和歌山市、海南市、有田市の3市で、和歌山県の生産額（製造品出荷額等）の8割以上を占めます。

　また、生産額1位の鉄鋼業は、大規模な製鉄所のある和歌山市が中心で、2位の石油製品・石炭製品製造業は、大きな製油所のある有田市と海南市が中心です。さらに、3位の化学工業と4位のはん用機械器具製造業も、和歌山市が中心です。そのため、これら4つの製造業で、県全体の生産額の7割近くを占めます。

　ほかにも、和歌山市や田辺市などでおこなわれている5位の食料品製造業でも、その生産額の3割ほどを和歌山市が占めます。

　このように、北西部の3市を中心に、こうした製造業がさかんな和歌山県ですが、生産額は少ないものの、古くからおこなわれてきた伝統工業や、地域社会と密着して発展してきた地場産業があります。

　伝統工業は、紀州漆器（和歌山市、海南市、紀美野町）、紀州箪笥（和歌山市）、紀州へら竿（橋本市、九度山町）などの伝統工芸品づくりが中心です。

　地場産業は、湯浅町のしょうゆとみそ、田辺市とみなべ町の梅干し、かつらぎ町のフルーツ缶詰、橋本市のパイル織物*1、海南市の日用家庭用品（スポンジやブラシなどの台所、風呂、トイレの用品）、有田市の蚊取り線香、田辺市のボタン、紀美野町の棕櫚箒*2などで知られます。

*1 布生地の表面にパイルを出した織物。パイルは、織物の表面をおおっている輪奈や毛羽など。
*2 棕櫚という木の毛を束ねてつくる箒。

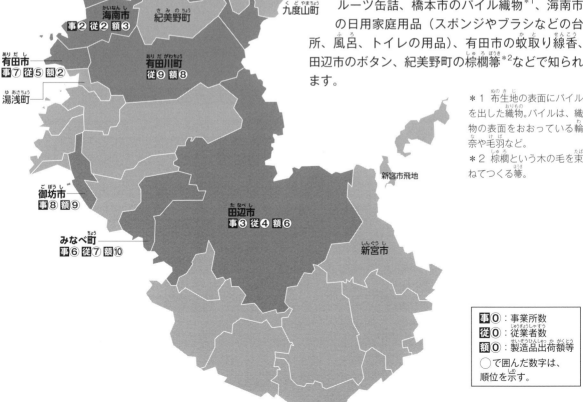

和歌山県の製造業の内訳

産業分類	事業所数	占有率	順位	全国順位	従業者数(人)	占有率	順位	全国順位	製造品出荷額等(百万円)	占有率	順位	全国順位
製造業計	2,293	100.0%		35	53,161	100.0%		42	2,657,252	100.0%		30
食料品製造業	486	21.2%	1	29	9,260	17.4%	1	38	177,646	6.7%	5	38
飲料・たばこ・飼料製造業	49	2.1%	13	42	1,495	2.8%	10	25	52,577	2.0%	11	33
繊維工業	328	14.3%	2	22	4,519	8.5%	4	25	71,351	2.7%	8	18
木材・木製品製造業(家具を除く)	144	6.3%	4	25	1,529	2.9%	9	31	33,629	1.3%	12	30
家具・装備品製造業	134	5.8%	6	21	1,359	2.6%	13	27	16,018	0.6%	20	31
パルプ・紙・紙加工品製造業	38	1.7%	14	39	919	1.7%	19	40	31,706	1.2%	13	41
印刷・同関連業	92	4.0%	10	42	1,031	1.9%	16	44	12,543	0.5%	21	42
化学工業	87	3.8%	11	24	5,225	9.8%	2	24	354,556	13.3%	3	24
石油製品・石炭製品製造業	17	0.7%	18	31	1,001	1.9%	17	9	514,247	19.4%	2	11
プラスチック製品製造業	101	4.4%	8	33	2,054	3.9%	8	37	58,395	2.2%	9	35
ゴム製品製造業	16	0.7%	19	32	909	1.7%	20	27	18,290	0.7%	16	25
なめし革・同製品・毛皮製造業	10	0.4%	22	26	115	0.2%	24	28	1,668	0.1%	24	27
窯業・土石製品製造業	100	4.4%	9	45	1,452	2.7%	11	43	52,779	2.0%	10	37
鉄鋼業	37	1.6%	16	31	4,279	8.0%	5	14	719,281	27.1%	1	9
非鉄金属製造業	10	0.4%	23	38	472	0.9%	22	38	12,146	0.5%	22	41
金属製品製造業	201	8.8%	3	37	3,562	6.7%	7	37	85,251	3.2%	7	35
はん用機械器具製造業	65	2.8%	12	30	3,623	6.8%	6	26	243,056	9.1%	4	15
生産用機械器具製造業	134	5.8%	7	35	4,581	8.6%	3	32	112,687	4.2%	6	32
業務用機械器具製造業	11	0.5%	21	44	761	1.4%	21	34	16,034	0.6%	19	37
電子部品・デバイス・電子回路製造業	15	0.7%	20	44	1,048	2.0%	15	45	16,879	0.6%	17	44
電気機械器具製造業	38	1.7%	14	42	1,234	2.3%	14	45	16,515	0.6%	18	45
情報通信機械器具製造業	5	0.2%	24	35	328	0.6%	23	37	2,656	0.1%	23	33
輸送用機械器具製造業	37	1.6%	17	42	992	1.9%	18	43	18,793	0.7%	14	43
その他の製造業	138	6.0%	5	28	1,413	2.7%	12	32	18,396	0.7%	15	35

事業所数上位10市町村

順位	市町村	事業所数	占有率
	和歌山県計	2,021	100.0%
1	和歌山市	694	34.3%
2	海南市	186	9.2%
3	田辺市	166	8.2%
4	紀の川市	157	7.8%
5	橋本市	133	6.6%
6	みなべ町	81	4.0%
7	有田市	73	3.6%
8	御坊市	59	2.9%
9	かつらぎ町	47	2.3%
10	岩出市	41	2.0%
	その他	384	19.0%

従業者数上位10市町村

順位	市町村	従業者数(人)	占有率
	和歌山県計	52,567	100.0%
1	和歌山市	22,609	43.0%
2	海南市	4,551	8.7%
3	紀の川市	4,521	8.6%
4	田辺市	2,579	4.9%
5	有田市	2,237	4.3%
6	橋本市	1,954	3.7%
7	みなべ町	1,618	3.1%
8	岩出市	1,536	2.9%
9	有田川町	1,462	2.8%
10	かつらぎ町	1,455	2.8%
	その他	8,045	15.3%

製造品出荷額等上位10市町村

順位	市町村	製造品出荷額等(万円)	占有率
	和歌山県計	264,800,249	100.0%
1	和歌山市	141,788,173	53.5%
2	有田市	47,764,590	18.0%
3	海南市	26,104,358	9.9%
4	紀の川市	12,025,915	4.5%
5	かつらぎ町	4,362,976	1.6%
6	田辺市	4,002,897	1.5%
7	橋本市	3,402,667	1.3%
8	有田川町	3,341,675	1.3%
9	御坊市	3,209,809	1.2%
10	みなべ町	2,834,490	1.1%
	その他	15,962,699	6.0%

工業コラム④
大阪府の地場産業

大阪府は、24の製造業のうち、19の製造業の生産額（製造品出荷額等）の全国順位が10位以内で（→P77）、さまざまなものがつくられています。そうしたこともあり、大阪府は、繊維・化学関係で18業種、機械金属関係で17業種、生活用品関係で28業種、合計63業種を地場産業（→P54）としてとらえています。下の地図には、地場産業がおこなわれている市や町に、その業種を示しました。

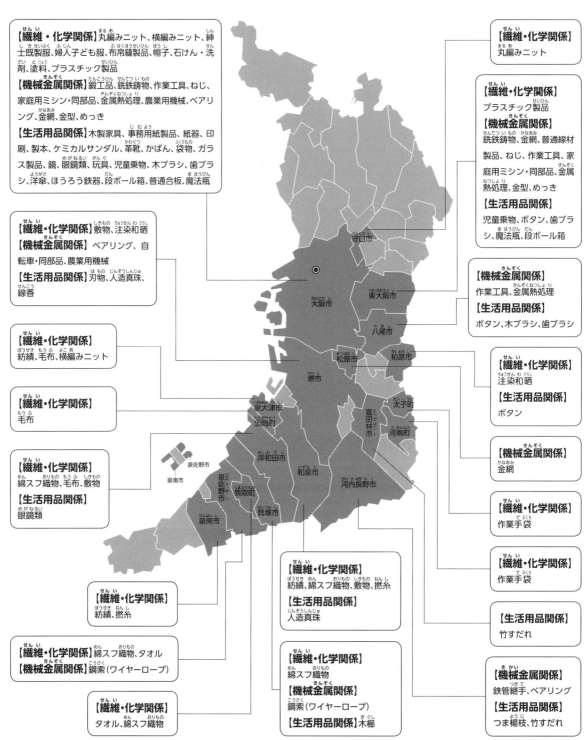

【繊維・化学関係】丸編みニット、横編みニット、紳士既製服、婦人子ども服、布帛縫製品、帽子、石けん・洗剤、塗料、プラスチック製品
【機械金属関係】鍛工品、銑鉄鋳物、作業工具、ねじ、家庭用ミシン・同部品、金属熱処理、農業用機械、ベアリング、金網、金型、めっき
【生活用品関係】木製家具、事務用紙製品、紙器、印刷、製本、ケミカルサンダル、革靴、かばん、袋物、ガラス製品、鏡、眼鏡類、玩具、児童乗物、木ブラシ、歯ブラシ、洋傘、ほうろう鉄器、段ボール箱、普通合板、魔法瓶

【繊維・化学関係】敷物、注染和晒
【機械金属関係】ベアリング、自転車・同部品、農業用機械
【生活用品関係】刃物、人造真珠、線香

【繊維・化学関係】紡績、毛布、横編みニット

【繊維・化学関係】毛布

【繊維・化学関係】綿スフ織物、毛布、敷物
【生活用品関係】眼鏡類

【繊維・化学関係】紡績、撚糸

【繊維・化学関係】綿スフ織物、タオル
【機械金属関係】鋼索（ワイヤーロープ）

【繊維・化学関係】タオル、綿スフ織物

【繊維・化学関係】紡績、綿スフ織物、敷物、撚糸
【生活用品関係】人造真珠

【繊維・化学関係】綿スフ織物
【機械金属関係】鋼索（ワイヤーロープ）
【生活用品関係】木櫛

【繊維・化学関係】丸編みニット

【繊維・化学関係】プラスチック製品
【機械金属関係】銑鉄鋳物、金網、普通線材製品、ねじ、作業工具、家庭用ミシン・同部品、金属熱処理、金型、めっき
【生活用品関係】児童乗物、ボタン、歯ブラシ、魔法瓶、段ボール箱

【機械金属関係】作業工具、金属熱処理
【生活用品関係】ボタン、木ブラシ、歯ブラシ

【繊維・化学関係】注染和晒
【生活用品関係】ボタン

【機械金属関係】金網

【繊維・化学関係】作業手袋

【繊維・化学関係】作業手袋

【生活用品関係】竹すだれ

【機械金属関係】鉄管継手、ベアリング
【生活用品関係】つま楊枝、竹すだれ

鳥取県

県庁所在地	鳥取市
人口	56.5万人【全国47位】(2017年)
面積	3507.13km²【全国41位】(2017年)

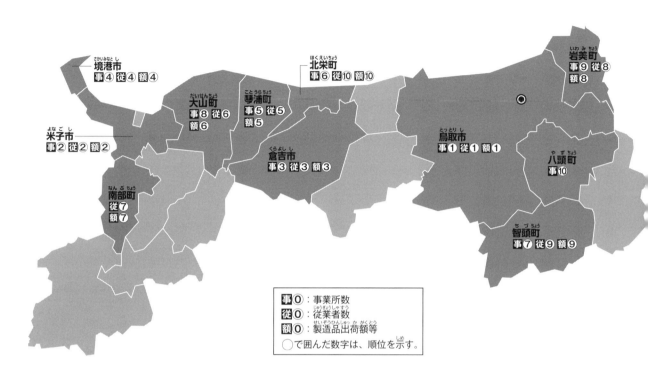

事○：事業所数
従○：従業者数
額○：製造品出荷額等
○で囲んだ数字は、順位を示す。

鳥取県の工業のあらまし

　鳥取県は、高速道路や貿易のための港が発達していないこともあり、工業がさかんではありません。そのため、製造業全体の生産額（製造品出荷額等）の全国順位は、下から3番目の45位です。

　そうしたなかでも、県内の生産額で1位の電子部品・デバイス・電子回路製造業は、大きな工場のある鳥取市と倉吉市でさかんです。2位の食料品製造業は、境港市や米子市を中心におこなわれています。なかでも、日本でも有数の水揚量をほこる境漁港のある境港市では、水揚げされた魚介類などを加工する食品加工業がさかんです。

　ほかにも、パルプ・紙・紙加工品製造業が3位で、米子市や鳥取市を中心におこなわれています。4位の電気機械器具製造業は、鳥取市などでおこなわれ、5位の金属製品製造業は、鳥取市、米子市、倉吉市を中心におこなわれています。

もっと知ろう　鳥取県の4市の工業

　鳥取県には、4つの市があります。生産額を見ると、鳥取市が1位、米子市が2位、倉吉市が3位、境港市が4位です。

　鳥取市の工業は、液晶の製造などで、市全体の生産額の4割近くを占める電子部品・デバイス・電子回路製造業と、生産額の2割ほどを占める電気機械器具製造業が中心です。

　米子市の工業は、王子製紙の工場があり、市全体の生産額の4割ほどを占めるパルプ・紙・紙加工品製造業と、生産額の4分の1ほどを占める食料品製造業が中心です。

　倉吉市の工業の中心は、市全体の生産額の半分以上を占める電子部品・デバイス・電子回路製造業で、境港市の工業は、水産物の加工など、市全体の生産額の7割ほどを占める食料品製造業が中心です。

鳥取県の製造業の内訳

産業分類	事業所数	占有率	順位	全国順位	従業者数(人)	占有率	順位	全国順位	製造品出荷額等(百万円)	占有率	順位	全国順位
製造業計	1,039	100.0%		47	31,645	100.0%		45	708,536	100.0%		45
食料品製造業	199	19.2%	1	47	6,933	21.9%	1	44	148,514	21.0%	2	42
飲料・たばこ・飼料製造業	40	3.8%	11	46	608	1.9%	13	43	12,192	1.7%	12	45
繊維工業	95	9.1%	3	42	2,851	9.0%	4	36	19,705	2.8%	8	42
木材・木製品製造業(家具を除く)	49	4.7%	7	44	755	2.4%	10	44	23,527	3.3%	7	39
家具・装備品製造業	39	3.8%	12	47	303	1.0%	16	47	3,179	0.4%	17	47
パルプ・紙・紙加工品製造業	42	4.0%	10	36	1,794	5.7%	6	32	91,361	12.9%	3	26
印刷・同関連業	44	4.2%	9	47	687	2.2%	12	47	9,078	1.3%	14	46
化学工業	8	0.8%	18	47	67	0.2%	23	47	1,298	0.2%	21	47
石油製品・石炭製品製造業	8	0.8%	18	44	55	0.2%	24	45	2,416	0.3%	18	43
プラスチック製品製造業	39	3.8%	13	42	928	2.9%	9	43	16,301	2.3%	11	44
ゴム製品製造業	6	0.6%	21	43	192	0.6%	20	41	2,285	0.3%	19	40
なめし革・同製品・毛皮製造業	3	0.3%	23	37	301	1.0%	17	18	X	X	X	X
窯業・土石製品製造業	45	4.3%	8	47	586	1.9%	14	47	12,060	1.7%	13	47
鉄鋼業	6	0.6%	21	47	696	2.2%	11	39	16,314	2.3%	10	45
非鉄金属製造業	2	0.2%	24	46	70	0.2%	22	44	X	X	X	X
金属製品製造業	96	9.2%	2	46	1,981	6.3%	5	45	42,408	6.0%	5	43
はん用機械器具製造業*	26	2.5%	15	43	259	0.8%	19	45	X	X	X	X
生産用機械器具製造業	66	6.4%	5	45	1,509	4.8%	7	44	30,572	4.3%	6	45
業務用機械器具製造業	13	1.3%	17	41	574	1.8%	15	37	5,143	0.7%	15	42
電子部品・デバイス・電子回路製造業	60	5.8%	6	28	5,592	17.7%	2	34	153,783	21.7%	1	39
電気機械器具製造業	85	8.2%	4	30	3,491	11.0%	3	30	85,129	12.0%	4	33
情報通信機械器具製造業	7	0.7%	20	32	75	0.2%	21	43	1,339	0.2%	20	36
輸送用機械器具製造業	24	2.3%	16	46	1,041	3.3%	8	42	17,352	2.4%	9	45
その他の製造業	37	3.6%	14	47	297	0.9%	18	47	3,810	0.5%	16	46

事業所数上位10市町村

順位	市町村	事業所数	占有率
	鳥取県計	891	100.0%
1	鳥取市	291	32.7%
2	米子市	185	20.8%
3	倉吉市	93	10.4%
4	境港市	85	9.5%
5	琴浦町	30	3.4%
6	北栄町	29	3.3%
7	智頭町	25	2.8%
8	大山町	23	2.6%
9	岩美町	22	2.5%
10	八頭町	20	2.2%
	その他	88	9.9%

従業者数上位10市町村

順位	市町村	従業者数(人)	占有率
	鳥取県計	31,319	100.0%
1	鳥取市	10,993	35.1%
2	米子市	6,264	20.0%
3	倉吉市	3,256	10.4%
4	境港市	3,194	10.2%
5	琴浦町	1,683	5.4%
6	大山町	970	3.1%
7	南部町	957	3.1%
8	岩美町	853	2.7%
9	智頭町	572	1.8%
10	北栄町	561	1.8%
	その他	2,016	6.4%

製造品出荷額等上位10市町村

順位	市町村	製造品出荷額等(万円)	占有率
	鳥取県計	70,435,158	100.0%
1	鳥取市	24,650,422	35.0%
2	米子市	15,077,593	21.4%
3	倉吉市	9,048,388	12.8%
4	境港市	8,108,885	11.5%
5	琴浦町	3,892,419	5.5%
6	大山町	2,725,631	3.9%
7	南部町	1,799,372	2.6%
8	岩美町	1,329,160	1.9%
9	智頭町	653,798	0.9%
10	北栄町	643,736	0.9%
	その他	2,505,754	3.6%

*3人以下の事業所の製造品出荷額等だけが公開されているが(→P12)、ほかの製造業とくらべて小さな数値なので、ここでは非公開(×)とした。

島根県

県庁所在地	松江市
人口	68.5万人【全国46位】(2017年)
面積	6708.26km²【全国19位】(2017年)

島根県の工業のあらまし

島根県は、製造業全体の生産額（製造品出荷額等）の全国順位が44位で、となりの鳥取県と同じく、工業はさかんではありません。

県内の生産額1位は、出雲市を中心に近年さかんになった電子部品・デバイス・電子回路製造業ですが、おもに安来市と出雲市でおこなわれている2位の鉄鋼業には、古い歴史があります。かつて出雲国とよばれた島根県東部では、たたら製鉄という日本古来の製鉄法により、1000年以上もまえから鉄づくりがおこなわれてきました。なかでも安来市は、玉鋼*の産地として栄えたことで知られます。

たたら製鉄は、足でふんで空気を送る「たたら」という装置を使い、砂鉄と木炭から鉄をつくる製鉄法です。江戸時代末期に近代的な製鉄法が伝わるまで、日本の標準的な製鉄法でした。安来市に工場のある日立金属では、この製法を引きつぎ、「YSSヤスキハガネ」として、世界的に知られる特殊鋼を製造しています。

ほかにも、情報通信機械器具製造業が3位で、パソコンの製造がさかんな出雲市でおこなわれています。また、雲南市、出雲市、安来市などでおこなわれている輸送用機械器具製造業が4位、浜田市、出雲市、松江市をはじめ、県内各地でおこなわれている食料品製造業が5位です。

なお、大田市や江津市などでおこなわれている瓦の製造や、奥出雲町でおこなわれているそろばんの製造は、「石州瓦」と「雲州そろばん」として、鉄鋼業とともに、古くからつづく伝統工業です。

*砂鉄を原料に、たたら製鉄でつくる鋼。日本刀をつくるのに用いた。

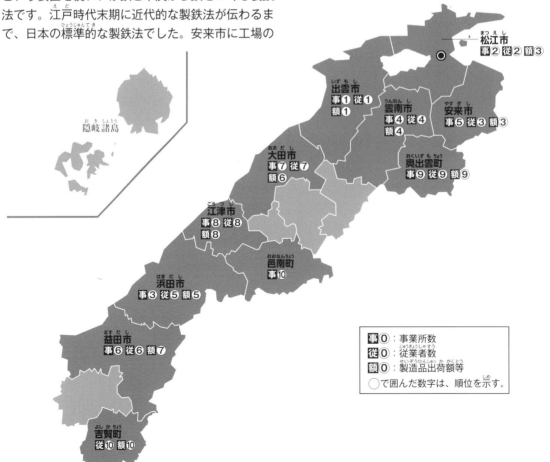

島根県の製造業の内訳

産業分類	事業所数	占有率	順位	全国順位	従業者数（人）	占有率	順位	全国順位	製造品出荷額等(百万円)	占有率	順位	全国順位
製造業計	1,495	100.0%		44	38,971	100.0%		44	1,096,336	100.0%		44
食料品製造業	364	24.3%	1	39	6,093	15.6%	1	45	80,748	7.4%	5	46
飲料・たばこ・飼料製造業	65	4.3%	8	35	672	1.7%	18	41	13,012	1.2%	18	44
繊維工業	126	8.4%	3	40	2,562	6.6%	5	39	42,815	3.9%	9	30
木材・木製品製造業(家具を除く)	100	6.7%	5	37	1,208	3.1%	12	34	43,579	4.0%	8	24
家具・装備品製造業	59	3.9%	10	42	650	1.7%	19	38	7,684	0.7%	20	36
パルプ・紙・紙加工品製造業	46	3.1%	12	33	1,328	3.4%	11	36	29,371	2.7%	15	42
印刷・同関連業	61	4.1%	9	46	736	1.9%	17	46	8,001	0.7%	19	47
化学工業	9	0.6%	20	46	788	2.0%	16	41	27,377	2.5%	17	42
石油製品・石炭製品製造業	13	0.9%	18	38	69	0.2%	24	42	3,441	0.3%	23	41
プラスチック製品製造業	31	2.1%	17	45	1,105	2.8%	13	41	28,230	2.6%	16	40
ゴム製品製造業	10	0.7%	19	41	591	1.5%	20	33	7,526	0.7%	21	35
なめし革・同製品・毛皮製造業	5	0.3%	23	33	103	0.3%	23	30	927	0.1%	24	30
窯業・土石製品製造業	135	9.0%	2	37	1,931	5.0%	7	38	41,059	3.7%	10	42
鉄鋼業	34	2.3%	14	34	3,143	8.1%	3	21	160,851	14.7%	2	22
非鉄金属製造業	3	0.2%	24	47	382	1.0%	22	40	31,563	2.9%	12	36
金属製品製造業	96	6.4%	6	47	1,655	4.2%	9	46	34,002	3.1%	11	45
はん用機械器具製造業	32	2.1%	16	40	1,067	2.7%	14	37	30,504	2.8%	14	36
生産用機械器具製造業	107	7.2%	4	40	2,249	5.8%	6	42	48,464	4.4%	7	43
業務用機械器具製造業	9	0.6%	20	45	1,379	3.5%	10	29	50,514	4.6%	6	30
電子部品・デバイス・電子回路製造業	36	2.4%	13	35	5,540	14.2%	2	35	170,257	15.5%	1	36
電気機械器具製造業	34	2.3%	14	44	1,730	4.4%	8	43	31,274	2.9%	13	42
情報通信機械器具製造業	6	0.4%	22	34	844	2.2%	15	29	117,817	10.7%	3	17
輸送用機械器具製造業	47	3.1%	11	36	2,744	7.0%	4	39	82,594	7.5%	4	38
その他の製造業	67	4.5%	7	43	402	1.0%	21	46	4,378	0.4%	22	45

事業所数上位10市町村

順位	市町村	事業所数	占有率
	島根県計	1,255	100.0%
1	出雲市	325	25.9%
2	松江市	252	20.1%
3	浜田市	129	10.3%
4	雲南市	96	7.6%
5	安来市	87	6.9%
6	益田市	80	6.4%
7	大田市	69	5.5%
8	江津市	58	4.6%
9	奥出雲町	40	3.2%
10	邑南町	28	2.2%
	その他	91	7.3%

従業者数上位10市町村

順位	市町村	従業者数(人)	占有率
	島根県計	38,436	100.0%
1	出雲市	13,306	34.6%
2	松江市	6,043	15.7%
3	安来市	4,225	11.0%
4	雲南市	3,492	9.1%
5	浜田市	2,874	7.5%
6	益田市	2,221	5.8%
7	大田市	2,088	5.4%
8	江津市	1,568	4.1%
9	奥出雲町	893	2.3%
10	吉賀町	546	1.4%
	その他	1,180	3.1%

製造品出荷額等上位10市町村

順位	市町村	製造品出荷額等(万円)	占有率
	島根県計	108,561,493	100.0%
1	出雲市	41,848,056	38.5%
2	安来市	16,743,800	15.4%
3	松江市	11,597,286	10.7%
4	雲南市	9,267,875	8.5%
5	浜田市	6,938,205	6.4%
6	大田市	6,311,919	5.8%
7	益田市	4,943,596	4.6%
8	江津市	4,640,373	4.3%
9	奥出雲町	2,589,824	2.4%
10	吉賀町	1,380,372	1.3%
	その他	2,300,187	2.1%

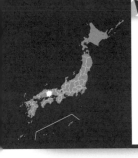

岡山県

県庁所在地	岡山市
人口	190.7万人【全国20位】(2017年)
面積	7114.32km²【全国17位】(2017年)

岡山県の工業のあらまし

岡山県は、瀬戸内海沿岸に広がる瀬戸内工業地域の一角をなし、なかでも、倉敷市の臨海部に広がる水島臨海工業地域を中心に、工業がさかんです。そのため、県全体の生産額（製造品出荷額等）の半分以上を、倉敷市が占めています。

水島臨海工業地域には、大規模な石油化学コンビナート（→P42）と製鉄所があります。そのため、生産額で1位の石油製品・石炭製品製造業と3位の鉄鋼業では、倉敷市が大部分を占め、2位の化学工業でも、倉敷市が多くを占めています。

また、倉敷市では、生産額4位の輸送用機械器具製造業と5位の食料品製造業もさかんです。とくに、輸送用機械器具製造業では、生産額の半分以上を、三菱自動車工業の工場がある倉敷市が占めています。食料品製造業は、倉敷市のほかにも、岡山市や総社市など、県内各地でおこなわれています。

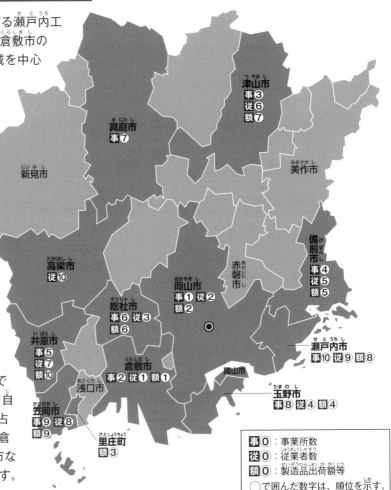

もっと知ろう　岡山県の繊維工業

岡山県の繊維工業の生産額は、県内では12位ですが、全国順位は4位です。また、事業所数は県内1位、従業者数は県内3位です。倉敷市のほか、岡山市、総社市、井原市などでおこなわれています。

岡山県は、江戸時代から綿花の栽培がさかんで、綿織物の産地として発展しました。明治時代には足袋の製造がさかんになり、その製造技術を利用して、大正時代末期から昭和初期（1920年代後半）には、学生服をつくるようになりました。いまでは、糸から生地をつくる「製織」から、生地を染める「染色」、生地から衣服をつくる「縫製」まで、岡山県には、繊維工業にかかわるさまざまな業種が集まっています。そうしたこともあり、学生服のほかにも、ユニフォームやジーンズの製造がさかんです。

岡山県の製造業の内訳

産業分類	事業所数	占有率	順位	全国順位	従業者数（人）	占有率	順位	全国順位	製造品出荷額等（百万円）	占有率	順位	全国順位
製造業計	4,494	100.0%		21	143,771	100.0%		21	7,826,732	100.0%		15
食料品製造業	448	10.0%	3	34	19,081	13.3%	2	21	503,667	6.4%	5	20
飲料・たばこ・飼料製造業	97	2.2%	16	22	1,655	1.2%	19	22	196,858	2.5%	13	15
繊維工業	675	15.0%	1	8	12,632	8.8%	3	4	230,813	2.9%	12	4
木材・木製品製造業（家具を除く）	140	3.1%	11	27	2,086	1.5%	16	20	73,713	0.9%	19	13
家具・装備品製造業	133	3.0%	13	22	1,358	0.9%	20	28	18,396	0.2%	23	29
パルプ・紙・紙加工品製造業	78	1.7%	17	27	2,913	2.0%	15	21	93,524	1.2%	17	25
印刷・同関連業	228	5.1%	7	20	5,189	3.6%	12	15	161,610	2.1%	15	9
化学工業	134	3.0%	12	12	10,596	7.4%	4	13	1,095,180	14.0%	2	11
石油製品・石炭製品製造業	30	0.7%	22	13	1,173	0.8%	23	5	1,211,784	15.5%	1	4
プラスチック製品製造業	210	4.7%	8	24	6,929	4.8%	8	22	309,628	4.0%	7	14
ゴム製品製造業	74	1.6%	18	14	4,036	2.8%	14	12	98,791	1.3%	16	15
なめし革・同製品・毛皮製造業	11	0.2%	24	22	116	0.1%	24	27	1,185	0.02%	24	29
窯業・土石製品製造業	352	7.8%	5	9	6,208	4.3%	10	14	233,179	3.0%	11	12
鉄鋼業	129	2.9%	14	14	8,217	5.7%	7	8	1,055,175	13.5%	3	6
非鉄金属製造業	45	1.0%	20	22	1,746	1.2%	18	22	88,500	1.1%	18	25
金属製品製造業	465	10.3%	2	21	8,827	6.1%	6	22	241,551	3.1%	10	22
はん用機械器具製造業	122	2.7%	15	21	6,881	4.8%	9	16	261,424	3.3%	8	13
生産用機械器具製造業	414	9.2%	4	21	9,425	6.6%	5	23	245,428	3.1%	9	25
業務用機械器具製造業	36	0.8%	21	29	1,179	0.8%	22	32	56,783	0.7%	20	28
電子部品・デバイス・電子回路製造業	55	1.2%	19	30	5,739	4.0%	11	33	411,858	5.3%	6	7
電気機械器具製造業	143	3.2%	10	22	5,044	3.5%	13	25	194,797	2.5%	14	22
情報通信機械器具製造業	14	0.3%	23	27	1,301	0.9%	21	27	47,501	0.6%	22	26
輸送用機械器具製造業	284	6.3%	6	14	19,399	13.5%	1	14	945,688	12.1%	4	16
その他の製造業	177	3.9%	9	25	2,041	1.4%	17	29	49,697	0.6%	21	25

事業所数上位10市町村

順位	市町村	事業所数	占有率
	岡山県計	3,685	100.0%
1	岡山市	924	25.1%
2	倉敷市	857	23.3%
3	津山市	207	5.6%
4	備前市	151	4.1%
5	井原市	145	3.9%
6	総社市	143	3.9%
7	真庭市	142	3.9%
8	玉野市	140	3.8%
9	笠岡市	115	3.1%
10	瀬戸内市	101	2.7%
	その他	760	20.6%

従業者数上位10市町村

順位	市町村	従業者数（人）	占有率
	岡山県計	142,019	100.0%
1	倉敷市	38,269	26.9%
2	岡山市	29,429	20.7%
3	総社市	8,737	6.2%
4	玉野市	6,579	4.6%
5	備前市	6,035	4.2%
6	津山市	5,697	4.0%
7	井原市	5,507	3.9%
8	笠岡市	4,852	3.4%
9	瀬戸内市	4,782	3.4%
10	高梁市	3,736	2.6%
	その他	28,396	20.0%

製造品出荷額等上位10市町村

順位	市町村	製造品出荷額等（万円）	占有率
	岡山県計	778,863,364	100.0%
1	倉敷市	401,861,264	51.6%
2	岡山市	104,448,619	13.4%
3	里庄町	28,503,696	3.7%
4	玉野市	28,355,192	3.6%
5	備前市	27,611,139	3.5%
6	総社市	25,027,238	3.2%
7	津山市	20,538,657	2.6%
8	瀬戸内市	18,491,485	2.4%
9	笠岡市	16,337,804	2.1%
10	井原市	16,016,867	2.1%
	その他	91,671,403	11.8%

広島県

県庁所在地	広島市
人口	282.9万人【全国12位】(2017年)
面積	8479.63km²【全国11位】(2017年)

広島県の工業のあらまし

広島県は、南部の瀬戸内海沿岸に、瀬戸内工業地域が広がります。生産額（製造品出荷額等）は、中国・四国地方ではトップで、全国順位は10位です。

県内の生産額1位の輸送用機械器具製造業が、県全体の生産額の3分の1ほどを占め、全国順位は5位です。自動車メーカーのマツダの工場がある、広島市と府中町が中心です。また、古くからさかんな造船が、呉市や三原市などでおこなわれています。

2位の鉄鋼業は、福山市や呉市でおこなわれていて、全国順位は5位です。なかでも、福山市には、世界有数の生産量をほこるJFEスチールの西日本製鉄所があります。

3位の生産用機械器具製造業は、広島市、呉市、福山市、東広島市などでおこなわれています。印刷機械や紙工機械*1、プラスチック加工機械や圧延機械*2をはじめ、さまざまなものがつくられています。

4位の電子部品・デバイス・電子回路製造業は、全国順位が2位です。福山市と東広島市が中心ですが、福山市には、家庭電気器具メーカーのシャープの工場があり、携帯電話やスマートフォン用のカメラ部品などをつくっています。

5位の食料品製造業は、広島市、福山市、廿日市市をはじめ、県内各地でおこなわれています。とくに、広島風お好み焼きが人気料理なので、ソースの製造が有名です。

なお、生産額は6位ですが、南西部の大竹市では化学工業がさかんで、となりの山口県岩国市などにかけて、石油化学コンビナート（→P42）が形成されています。

*1 紙を加工する機械。
*2 回転するロールによって金属の素材に圧力を加え、板や棒などに引き延ばす機械。

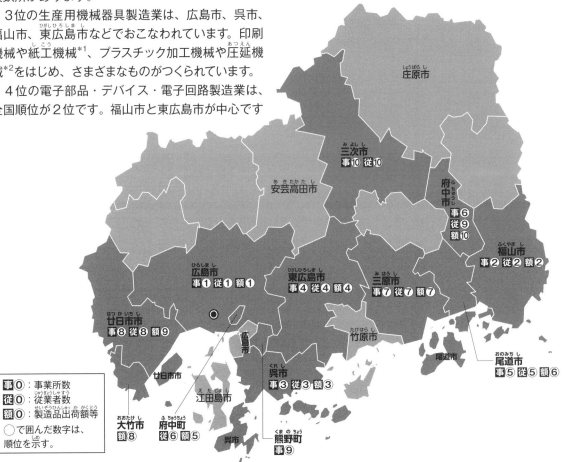

広島県の製造業の内訳

産業分類	事業所数	占有率	順位	全国順位	従業者数(人)	占有率	順位	全国順位	製造品出荷額等(百万円)	占有率	順位	全国順位
製造業計	6,920	100.0%		14	214,665	100.0%		10	10,388,634	100.0%		10
食料品製造業	750	10.8%	3	17	27,772	12.9%	2	13	621,501	6.0%	5	16
飲料・たばこ・飼料製造業	105	1.5%	16	19	1,623	0.8%	21	23	57,364	0.6%	21	32
繊維工業	544	7.9%	5	12	8,181	3.8%	10	10	129,374	1.2%	15	11
木材・木製品製造業（家具を除く）	247	3.6%	12	7	3,778	1.8%	17	5	163,910	1.6%	13	4
家具・装備品製造業	300	4.3%	8	9	3,536	1.6%	18	10	49,517	0.5%	22	15
パルプ・紙・紙加工品製造業	130	1.9%	15	15	2,498	1.2%	20	24	103,694	1.0%	17	23
印刷・同関連業	332	4.8%	7	13	5,218	2.4%	12	13	97,475	0.9%	18	15
化学工業	102	1.5%	17	21	5,746	2.7%	11	21	419,171	4.0%	7	22
石油製品・石炭製品製造業	33	0.5%	22	12	401	0.2%	23	18	17,800	0.2%	23	22
プラスチック製品製造業	298	4.3%	9	16	11,359	5.3%	5	12	453,279	4.4%	6	11
ゴム製品製造業	91	1.3%	18	11	4,451	2.1%	15	11	108,625	1.0%	16	14
なめし革・同製品・毛皮製造業	8	0.1%	24	28	170	0.1%	24	25	2,068	0.02%	24	24
窯業・土石製品製造業	247	3.6%	13	22	5,020	2.3%	13	19	139,168	1.3%	14	22
鉄鋼業	211	3.0%	14	7	9,845	4.6%	7	6	1,330,019	12.8%	2	5
非鉄金属製造業	70	1.0%	20	16	5,020	2.3%	14	11	278,046	2.7%	10	15
金属製品製造業	935	13.5%	1	14	14,770	6.9%	4	15	336,807	3.2%	9	17
はん用機械器具製造業	287	4.1%	10	8	10,116	4.7%	6	10	358,822	3.5%	8	8
生産用機械器具製造業	776	11.2%	2	10	20,894	9.7%	3	7	841,706	8.1%	3	6
業務用機械器具製造業	86	1.2%	19	16	3,051	1.4%	19	22	82,133	0.8%	19	24
電子部品・デバイス・電子回路製造業	53	0.8%	21	31	6,212	2.9%	10	31	795,740	7.7%	4	2
電気機械器具製造業	264	3.8%	11	13	8,576	4.0%	8	19	253,381	2.4%	11	20
情報通信機械器具製造業	12	0.2%	23	28	1,568	0.7%	22	23	227,773	2.2%	12	10
輸送用機械器具製造業	692	10.0%	4	5	50,963	23.7%	1	4	3,462,151	33.3%	1	5
その他の製造業	347	5.0%	6	12	3,897	1.8%	16	15	59,111	0.6%	20	23

事業所数上位10市町村

順位	市町村	事業所数	占有率
	広島県計	5,661	100.0%
1	広島市	1,395	24.6%
2	福山市	1,371	24.2%
3	呉市	511	9.0%
4	東広島市	467	8.2%
5	尾道市	430	7.6%
6	府中市	257	4.5%
7	三原市	221	3.9%
8	廿日市市	168	3.0%
9	熊野町	102	1.8%
10	三次市	98	1.7%
	その他	641	11.3%

従業者数上位10市町村

順位	市町村	従業者数(人)	占有率
	広島県計	211,902	100.0%
1	広島市	54,792	25.9%
2	福山市	38,240	18.0%
3	呉市	21,542	10.2%
4	東広島市	20,141	9.5%
5	尾道市	14,655	6.9%
6	府中町	12,296	5.8%
7	三原市	9,759	4.6%
8	廿日市市	7,093	3.3%
9	府中市	7,013	3.3%
10	三次市	3,678	1.7%
	その他	22,693	10.7%

製造品出荷額等上位10市町村

順位	市町村	製造品出荷額等(万円)	占有率
	広島県計	1,034,277,507	100.0%
1	広島市	300,345,088	29.0%
2	福山市	214,481,377	20.7%
3	呉市	108,349,745	10.5%
4	東広島市	106,053,330	10.3%
5	府中町	66,825,188	6.5%
6	尾道市	55,124,242	5.3%
7	三原市	38,946,024	3.8%
8	大竹市	30,069,090	2.9%
9	廿日市市	19,939,038	1.9%
10	府中市	14,899,273	1.4%
	その他	79,245,112	7.7%

山口県

県庁所在地	山口市
人口	138.3万人【全国27位】(2017年)
面積	6112.53km²【全国23位】(2017年)

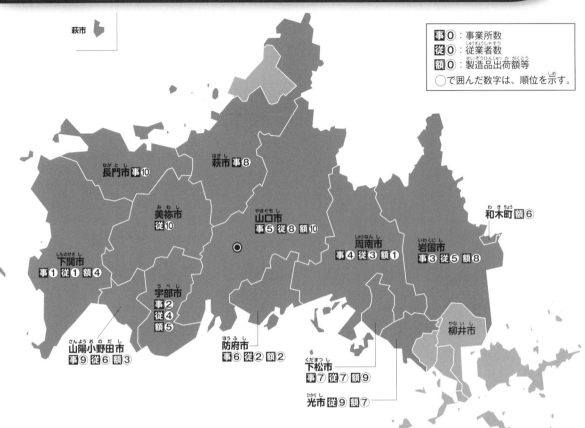

山口県の工業のあらまし

　南部の瀬戸内海沿岸に広がる瀬戸内工業地域を中心に、工業がさかんです。そのため、事業所数、従業者数、生産額（製造品出荷額等）を見ると、上位10市町村の大部分は、瀬戸内海に面した南部の市や町です。

　山口県の生産額1位の化学工業は、周南市や宇部市でさかんです。とくに、周南市には、巨大な石油化学コンビナート（→P42）があります。また、宇部市をはじめとした県内各地には、医薬品の工場があります。

　2位の輸送用機械器具製造業は、防府市、下関市、下松市などでおこなわれています。防府市には、かつて塩田のあった場所に、広島県に本社があるマツダの自動車工場があります。ほかにも、下関市には、三菱重工業の造船所があり、下松市には、鉄道車両をつくる日立製作所の工場があります。

　3位の石油製品・石炭製品製造業は、大きな製油所のある和木町でおこなわれていて、石油化学コンビナートが、となりの広島県大竹市から岩国市にかけてつづいています。

　4位の鉄鋼業は、光市、周南市、下松市がさかんで、ステンレス鋼など、さまざまなものをつくっています。

　5位の食料品製造業は、下関市、長門市、山口市をはじめ、県内各地でおこなわれています。とくに、下関市の魚肉ソーセージ、長門市のかまぼこなど、豊かな水産資源を活用した水産加工品は有名です。

　なお、日本でも有数の石灰石の産地として知られる山口県では、それを原料としたセメントの製造が、宇部市や山陽小野田市などでさかんです。

山口県の製造業の内訳

産業分類	事業所数	占有率	順位	全国順位	従業者数(人)	占有率	順位	全国順位	製造品出荷額等(百万円)	占有率	順位	全国順位
製造業計	2,208	100.0%		37	94,177	100.0%		27	6,317,414	100.0%		18
食料品製造業	431	19.5%	1	35	12,306	13.1%	3	33	253,620	4.0%	5	34
飲料・たばこ・飼料製造業	49	2.2%	16	43	1,098	1.2%	19	35	50,741	0.8%	17	34
繊維工業	91	4.1%	8	44	2,807	3.0%	10	37	70,031	1.1%	14	19
木材・木製品製造業(家具を除く)	87	3.9%	9	41	1,683	1.8%	16	26	50,228	0.8%	18	20
家具・装備品製造業	55	2.5%	15	43	394	0.4%	22	45	4,292	0.1%	21	45
パルプ・紙・紙加工品製造業	40	1.8%	17	38	1,798	1.9%	15	31	101,739	1.6%	12	24
印刷・同関連業	102	4.6%	7	37	2,001	2.1%	14	32	36,234	0.6%	19	29
化学工業	108	4.9%	6	20	17,062	18.1%	1	7	1,799,518	28.5%	1	5
石油製品・石炭製品製造業	27	1.2%	18	17	1,128	1.2%	18	6	878,062	13.9%	3	7
プラスチック製品製造業	86	3.9%	10	36	3,752	4.0%	8	30	111,455	1.8%	10	26
ゴム製品製造業	24	1.1%	19	25	2,514	2.7%	12	16	186,508	3.0%	7	6
なめし革・同製品・毛皮製造業	2	0.1%	23	38	95	0.1%	24	32	X	X	X	X
窯業・土石製品製造業	179	8.1%	3	31	4,327	4.6%	7	22	243,708	3.9%	6	10
鉄鋼業	63	2.9%	14	24	5,961	6.3%	4	11	663,805	10.5%	4	10
非鉄金属製造業	23	1.0%	19	29	1,524	1.6%	17	24	106,684	1.7%	11	23
金属製品製造業	244	11.1%	2	29	5,746	6.1%	5	28	177,255	2.8%	8	25
はん用機械器具製造業	80	3.6%	12	28	3,093	3.3%	9	29	68,355	1.1%	15	33
生産用機械器具製造業	166	7.5%	4	32	5,388	5.7%	6	30	173,123	2.7%	9	28
業務用機械器具製造業	18	0.8%	21	38	440	0.5%	21	41	X	X	X	X
電子部品・デバイス・電子回路製造業	18	0.8%	21	41	2,432	2.6%	13	43	74,661	1.2%	13	40
電気機械器具製造業	78	3.5%	13	31	2,550	2.7%	11	35	54,416	0.9%	16	36
情報通信機械器具製造業	1	0.05%	24	43	139	0.1%	23	41	X	X	X	X
輸送用機械器具製造業	155	7.0%	5	22	15,177	16.1%	2	16	1,193,762	18.9%	2	12
その他の製造業	81	3.7%	11	40	762	0.8%	20	42	10,881	0.2%	20	42

事業所数上位10市町村

順位	市町村	事業所数	占有率
	山口県計	1,952	100.0%
1	下関市	412	21.1%
2	宇部市	214	11.0%
3	岩国市	189	9.7%
4	周南市	181	9.3%
5	山口市	176	9.0%
6	防府市	141	7.2%
7	下松市	104	5.3%
8	萩市	103	5.3%
9	山陽小野田市	97	5.0%
10	長門市	80	4.1%
	その他	255	13.1%

従業者数上位10市町村

順位	市町村	従業者数(人)	占有率
	山口県計	93,611	100.0%
1	下関市	15,003	16.0%
2	防府市	13,166	14.1%
3	周南市	11,092	11.8%
4	宇部市	10,770	11.5%
5	岩国市	8,079	8.6%
6	山陽小野田市	6,702	7.2%
7	下松市	6,339	6.8%
8	山口市	5,901	6.3%
9	光市	4,299	4.6%
10	美祢市	2,856	3.1%
	その他	9,404	10.0%

製造品出荷額等上位10市町村

順位	市町村	製造品出荷額等(万円)	占有率
	山口県計	630,328,514	100.0%
1	周南市	121,602,133	19.3%
2	防府市	112,388,161	17.8%
3	山陽小野田市	73,232,032	11.6%
4	下関市	63,091,858	10.0%
5	宇部市	60,016,470	9.5%
6	和木町	41,833,744	6.6%
7	光市	41,006,389	6.5%
8	岩国市	34,539,681	5.5%
9	下松市	32,391,848	5.1%
10	山口市	18,973,948	3.0%
	その他	31,252,250	5.0%

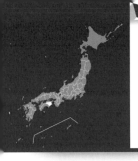

徳島県

県庁所在地	徳島市
人口	74.3万人【全国44位】(2017年)
面積	4146.8km²【全国36位】(2017年)

徳島県の工業のあらまし

徳島県は、製造業全体の生産額（製造品出荷額等）の全国順位が40位で、工業はさかんではありません。

しかし、北東部で化学工業がおこなわれていて、県の生産額の3割ほどを占め、1位です。なかでも、徳島市、鳴門市、板野町、松茂町、北島町などでは、大塚製薬、大塚製薬工場、大鵬薬品工業、大塚化学といった大塚グループの工場があり、医薬品の製造がおこなわれています。

また、2位の電子部品・デバイス・電子回路製造業は、県の生産額の2割近くを占めます。中心となる阿南市には、LEDの世界的なメーカーとして知られる日亜化学工業があります。LEDは、電気を流したときに光る素子*¹のことで、発光ダイオードともよばれます。消費電力が少なく、長寿命で環境にやさしいという特徴があり、電球や蛍光灯、自動車のヘッドライトのほか、携帯電話の液晶画面のバックライトなどに使われています。徳島県は、このLEDをいかして、光（照明）にかかわる産業を集めるための取り組みをおこなっているため、LED関連の企業が増えています。

さらに、徳島市をはじめとした県内各地でおこなわれている食料品製造業が3位、阿南市、鳴門市、徳島市などでおこなわれているパルプ・紙・紙加工品製造業が4位ですが、生産額は多くありません。ほかにも、はん用機械器具製造業が5位で、軸受（ベアリング）*²の大手メーカーとして知られるジェイテクトのある藍住町が中心です。

*1 装置や電子回路などを構成する、それぞれの部品。
*2 回転運動をする軸を支える装置。

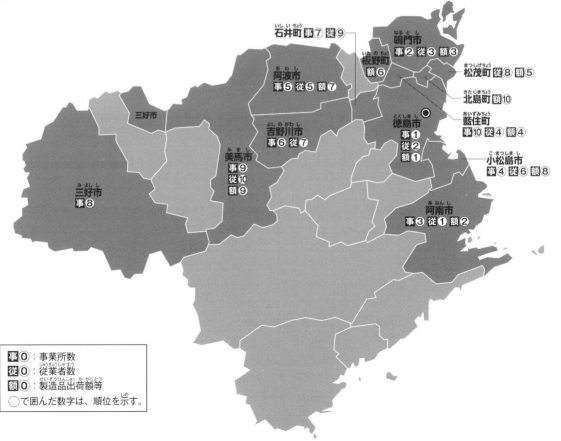

徳島県の製造業の内訳

産業分類	事業所数	占有率	順位	全国順位	従業者数(人)	占有率	順位	全国順位	製造品出荷額等(百万円)	占有率	順位	全国順位
製造業計	1,617	100.0%		43	45,684	100.0%		43	1,707,361	100.0%		40
食料品製造業	349	21.6%	1	41	6,991	15.3%	2	43	163,023	9.5%	3	40
飲料・たばこ・飼料製造業	42	2.6%	13	45	702	1.5%	16	40	32,293	1.9%	12	40
繊維工業	147	9.1%	2	38	2,162	4.7%	7	42	31,167	1.8%	13	36
木材・木製品製造業(家具を除く)	146	9.0%	3	24	1,586	3.5%	12	30	37,277	2.2%	10	27
家具・装備品製造業	135	8.3%	5	20	1,680	3.7%	11	23	22,536	1.3%	15	27
パルプ・紙・紙加工品製造業	46	2.8%	11	34	2,533	5.5%	5	23	126,017	7.4%	4	19
印刷・同関連業	74	4.6%	8	43	1,093	2.4%	14	40	21,656	1.3%	16	35
化学工業	46	2.8%	11	32	5,719	12.5%	3	22	535,685	31.4%	1	19
石油製品・石炭製品製造業	7	0.4%	21	46	43	0.1%	23	47	2,452	0.1%	21	42
プラスチック製品製造業	41	2.5%	14	41	1,918	4.2%	9	38	52,571	3.1%	8	37
ゴム製品製造業	18	1.1%	17	29	581	1.3%	17	34	10,749	0.6%	19	33
なめし革・同製品・毛皮製造業	8	0.5%	20	29	85	0.2%	22	33	398	0.0%	23	31
窯業・土石製品製造業	89	5.5%	7	46	1,093	2.4%	13	46	20,261	1.2%	17	46
鉄鋼業	11	0.7%	18	43	382	0.8%	19	45	35,232	2.1%	11	37
非鉄金属製造業	3	0.2%	24	43	10	0.02%	24	46	X	X		X
金属製品製造業	144	8.9%	4	43	3,101	6.8%	4	39	74,736	4.4%	6	36
はん用機械器具製造業	36	2.2%	15	38	2,146	4.7%	8	34	75,978	4.5%	5	32
生産用機械器具製造業	104	6.4%	6	41	2,440	5.3%	6	41	59,361	3.5%	7	38
業務用機械器具製造業	7	0.4%	22	47	200	0.4%	20	45	4,064	0.2%	20	44
電子部品・デバイス・電子回路製造業	11	0.7%	19	46	7,841	17.2%	1	21	311,020	18.2%	2	21
電気機械器具製造業	47	2.9%	10	40	1,825	4.0%	10	41	46,477	2.7%	9	39
情報通信機械器具製造業	4	0.2%	23	38	162	0.4%	21	40	1,443	0.1%	22	35
輸送用機械器具製造業	30	1.9%	16	44	539	1.2%	18	46	17,592	1.0%	18	44
その他の製造業	72	4.5%	9	42	852	1.9%	15	40	25,098	1.5%	14	32

事業所数上位10市町村

順位	市町村	事業所数	占有率
	徳島県計	1,335	100.0%
1	徳島市	361	27.0%
2	鳴門市	131	9.8%
3	阿南市	128	9.6%
4	小松島市	85	6.4%
5	阿波市	84	6.3%
6	吉野川市	78	5.8%
7	石井町	54	4.0%
8	三好市	53	4.0%
9	美馬市	45	3.4%
10	藍住町	43	3.2%
	その他	273	20.4%

従業者数上位10市町村

順位	市町村	従業者数(人)	占有率
	徳島県計	45,087	100.0%
1	阿南市	9,907	22.0%
2	徳島市	9,709	21.5%
3	鳴門市	4,628	10.3%
4	藍住町	2,679	5.9%
5	阿波市	2,466	5.5%
6	小松島市	1,868	4.1%
7	吉野川市	1,852	4.1%
8	松茂町	1,775	3.9%
9	石井町	1,695	3.8%
10	美馬市	1,376	3.1%
	その他	7,132	15.8%

製造品出荷額等上位10市町村

順位	市町村	製造品出荷額等(万円)	占有率
	徳島県計	169,848,049	100.0%
1	徳島市	48,573,360	28.6%
2	阿南市	30,290,779	17.8%
3	鳴門市	29,279,286	17.2%
4	藍住町	7,589,844	4.5%
5	松茂町	6,914,003	4.1%
6	板野町	6,712,527	4.0%
7	阿波市	5,215,877	3.1%
8	小松島市	5,140,627	3.0%
9	美馬市	4,967,130	2.9%
10	北島町	4,212,018	2.5%
	その他	20,952,598	12.3%

香川県

県庁所在地	高松市
人口	96.7万人【全国39位】(2017年)
面積	1876.77km²【全国47位】(2017年)

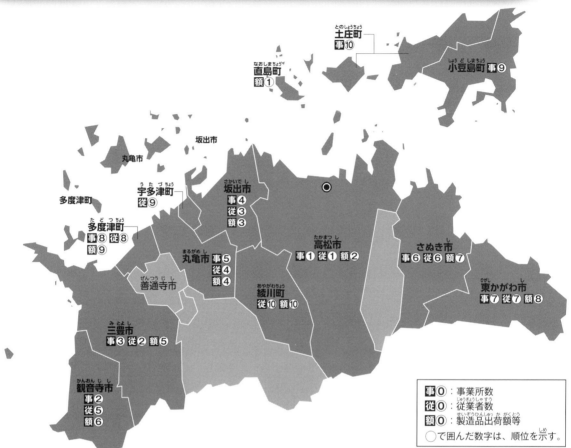

香川県の工業のあらまし

　瀬戸内工業地域の一角をなす香川県は、瀬戸内海沿岸部を中心に、工業がさかんです。そのため、事業所数、従業者数、生産額（製造品出荷額等）とも、瀬戸内海に面した市や町が上位を占めます。なかでも、坂出市の番の州臨海工業団地には、かつて塩田のあった場所に、大きな工場が集まっています。

　生産額1位の非鉄金属製造業は、三菱マテリアルという会社の製錬所がある直島町でおこなわれています。電線などに使われる電気銅*のほか、金や銀なども製造しています。町の中心となる直島は、瀬戸内海にうかぶ大小27の島からなる、直島諸島の中心です。かつては、漁業と製塩が産業の中心でしたが、1917（大正6）年に製錬所ができてからは、工業の町として発展しました。そのため、島民の半数は、製錬所やその関連会社の従業員とその家族といわれています。

　2位の食料品製造業は、三豊市、坂出市、観音寺市をはじめ、県内各地でおこなわれています。名物のうどんをはじめ、そうめん、調味料、冷凍食品などの製造がさかんです。

　3位の輸送用機械器具製造業は、丸亀市や高松市などでおこなわれています。造船や自動車部品の関連で、国内トップクラスの企業もあります。

　ほかにも、4位の金属製品製造業は、高松市や丸亀市などでおこなわれていて、5位の電気機械器具製造業は、高松市、丸亀市、三豊市などでおこなわれています。

*電気分解によって得られる、純度の高い銅。

香川県の製造業の内訳

産業分類	事業所数	占有率	順位	全国順位	従業者数(人)	占有率	順位	全国順位	製造品出荷額等(百万円)	占有率	順位	全国順位
製造業計	2,575	100.0%		32	68,122	100.0%		34	2,515,433	100.0%		32
食料品製造業	554	21.5%	1	25	15,138	22.2%	1	29	371,622	14.8%	2	22
飲料・たばこ・飼料製造業	26	1.0%	18	47	332	0.5%	23	47	44,358	1.8%	15	38
繊維工業	194	7.5%	3	31	3,071	4.5%	11	33	52,266	2.1%	14	26
木材・木製品製造業(家具を除く)	74	2.9%	13	42	1,147	1.7%	14	36	31,302	1.2%	17	33
家具・装備品製造業	124	4.8%	8	24	968	1.4%	16	32	18,240	0.7%	18	30
パルプ・紙・紙加工品製造業	74	2.9%	13	29	3,161	4.6%	9	20	121,090	4.8%	7	21
印刷・同関連業	143	5.6%	6	28	3,080	4.5%	10	23	55,399	2.2%	13	24
化学工業	51	2.0%	15	29	3,381	5.0%	7	28	150,326	6.0%	6	33
石油製品・石炭製品製造業	10	0.4%	23	39	635	0.9%	20	13	X	X	X	X
プラスチック製品製造業	114	4.4%	9	29	3,279	4.8%	8	33	87,490	3.5%	10	30
ゴム製品製造業	15	0.6%	20	34	659	1.0%	19	31	16,814	0.7%	20	27
なめし革・同製品・毛皮製造業	31	1.2%	17	12	504	0.7%	21	12	9,676	0.4%	22	9
窯業・土石製品製造業	175	6.8%	4	32	2,847	4.2%	12	34	76,963	3.1%	11	30
鉄鋼業	47	1.8%	16	29	677	1.0%	18	40	38,957	1.5%	16	34
非鉄金属製造業	13	0.5%	22	34	947	1.4%	17	34	462,250	18.4%	1	9
金属製品製造業	308	12.0%	2	27	6,450	9.5%	2	27	160,611	6.4%	4	26
はん用機械器具製造業	106	4.1%	10	25	3,512	5.2%	6	28	111,103	4.4%	8	27
生産用機械器具製造業	158	6.1%	5	33	3,620	5.3%	5	36	104,263	4.1%	9	33
業務用機械器具製造業	14	0.5%	21	39	371	0.5%	22	43	9,934	0.4%	21	40
電子部品・デバイス・電子回路製造業	16	0.6%	19	43	2,510	3.7%	13	24	56,199	2.2%	12	41
電気機械器具製造業	91	3.5%	12	29	5,137	7.5%	4	24	157,654	6.3%	5	26
情報通信機械器具製造業	1	0.04%	24	44	4	0.01%	24	45	X	X	X	X
輸送用機械器具製造業	131	5.1%	7	24	5,563	8.2%	3	31	264,333	10.5%	3	28
その他の製造業	105	4.1%	11	34	1,129	1.7%	15	36	17,649	0.7%	19	36

事業所数上位10市町村

順位	市町村	事業所数	占有率
	香川県計	2,097	100.0%
1	高松市	626	29.9%
2	観音寺市	219	10.4%
3	三豊市	208	9.9%
4	坂出市	178	8.5%
5	丸亀市	163	7.8%
6	さぬき市	138	6.6%
7	東かがわ市	108	5.2%
8	多度津町	81	3.9%
9	小豆島町	78	3.7%
10	土庄町	61	2.9%
	その他	237	11.3%

従業者数上位10市町村

順位	市町村	従業者数(人)	占有率
	香川県計	67,064	100.0%
1	高松市	15,151	22.6%
2	三豊市	7,064	10.5%
3	坂出市	6,911	10.3%
4	丸亀市	6,745	10.1%
5	観音寺市	6,611	9.9%
6	さぬき市	4,812	7.2%
7	東かがわ市	3,991	6.0%
8	多度津町	3,911	5.8%
9	宇多津町	2,281	3.4%
10	綾川町	1,940	2.9%
	その他	7,647	11.4%

製造品出荷額等上位10市町村

順位	市町村	製造品出荷額等(万円)	占有率
	香川県計	249,170,003	100.0%
1	直島町	45,365,519	18.2%
2	高松市	36,370,602	14.6%
3	坂出市	30,928,565	12.4%
4	丸亀市	24,403,471	9.8%
5	三豊市	23,257,291	9.3%
6	観音寺市	20,807,779	8.4%
7	さぬき市	15,613,618	6.3%
8	東かがわ市	12,761,922	5.1%
9	多度津町	12,726,472	5.1%
10	綾川町	5,039,100	2.0%
	その他	21,895,664	8.8%

愛媛県

県庁所在地	松山市
人口【全国28位】(2017年)	136.4万人
面積【全国26位】(2017年)	5676.23km²

愛媛県の工業のあらまし

　愛媛県は、東部と中部が瀬戸内工業地域に属し、四国でもっとも工業がさかんです。とくに、東予地区とよばれる東部の4市（今治市、西条市、新居浜市、四国中央市）には、たくさんの工場が集まっています。そのため、生産額（製造品出荷額等）1位から5位までの製造業は、これら4市を中心におこなわれています。また、県全体の生産額の8割近くを、これら4市が占めています。

　1位の非鉄金属製造業は、西条市と新居浜市が中心です。これら2市で非鉄金属製造業がおこなわれるようになったのは、新居浜市にあった別子銅山の採掘がはじまった江戸時代といわれています。

上島町 額⑩
今治市
今治市 事①従③額②
松山市
松山市 事②従①額⑤
新居浜市 事⑤従④額③
西条市 事④従⑤額①
四国中央市 事③従②額④
東温市 従⑦額⑧
松前町 事⑧従⑥額⑥
伊予市 事⑨従⑧額⑦
大洲市 事⑩従⑩
八幡浜市
西予市 事⑦
宇和島市 事⑥従⑨額⑨

　2位のパルプ・紙・紙加工品製造業は、全国順位も2位で、四国中央市でさかんです。大王製紙の工場に加え、ユニ・チャームやリンテックといった紙加工業者が集まり、さまざまな紙加工品がつくられています。

　3位の石油製品・石炭製品製造業は、大きな製油所がある今治市でおこなわれています。

　4位の輸送用機械器具製造業は、今治市と西条市が中心です。とくに今治市は、今治造船や新来島どっくといった造船会社とともに、船舶用の機械などをつくるメーカーもあり、造船業がさかんです。

　5位の化学工業は、新居浜市が中心ですが、県中部（中予地区）の松山市でもさかんです。新居浜市は、江戸時代に別子銅山を開発した住友家を基礎とする住友グループの会社が多く、住友化学が化学工業の中心です。

事⓪：事業所数
従⓪：従業者数
額⓪：製造品出荷額等
○で囲んだ数字は、順位を示す。

愛媛県の製造業の内訳

産業分類	事業所数	占有率	順位	全国順位	従業者数(人)	占有率	順位	全国順位	製造品出荷額等(百万円)	占有率	順位	全国順位
製造業計	2,902	100.0%		29	76,923	100.0%		30	4,112,052	100.0%		25
食料品製造業	497	17.1%	1	28	14,029	18.2%	1	32	316,817	7.7%	6	29
飲料・たばこ・飼料製造業	84	2.9%	13	29	915	1.2%	17	38	80,301	2.0%	13	27
繊維工業	405	14.0%	2	17	9,305	12.1%	3	9	190,094	4.6%	8	6
木材・木製品製造業(家具を除く)	119	4.1%	9	32	1,603	2.1%	14	29	37,013	0.9%	17	28
家具・装備品製造業	79	2.7%	14	34	579	0.8%	19	40	6,597	0.2%	20	40
パルプ・紙・紙加工品製造業	258	8.9%	3	7	9,473	12.3%	2	5	520,736	12.7%	2	2
印刷・同関連業	131	4.5%	8	30	1,708	2.2%	13	35	22,824	0.6%	18	34
化学工業	56	1.9%	15	28	3,165	4.1%	9	31	362,556	8.8%	5	23
石油製品・石炭製品製造業	16	0.6%	20	33	491	0.6%	20	15	516,123	12.6%	3	10
プラスチック製品製造業	104	3.6%	10	30	3,556	4.6%	8	31	190,533	4.6%	7	19
ゴム製品製造業	14	0.5%	21	37	430	0.6%	21	37	4,406	0.1%	21	38
なめし革・同製品・毛皮製造業	2	0.1%	23	39	63	0.1%	23	35	X	X	X	X
窯業・土石製品製造業	160	5.5%	7	35	1,956	2.5%	12	37	39,386	1.0%	16	43
鉄鋼業	43	1.5%	17	30	891	1.2%	18	37	112,855	2.7%	12	24
非鉄金属製造業	13	0.4%	22	35	1,318	1.7%	15	31	714,215	17.4%	1	3
金属製品製造業	214	7.4%	5	34	2,862	3.7%	10	40	59,264	1.4%	14	39
はん用機械器具製造業	86	3.0%	12	26	4,112	5.3%	6	24	133,454	3.2%	10	25
生産用機械器具製造業	241	8.3%	4	28	6,645	8.6%	4	28	164,518	4.0%	9	29
業務用機械器具製造業	19	0.7%	19	36	276	0.4%	22	44	2,479	0.1%	22	45
電子部品・デバイス・電子回路製造業	23	0.8%	18	38	2,786	3.6%	11	40	42,776	1.0%	15	42
電気機械器具製造業	54	1.9%	16	35	3,689	4.8%	7	29	119,206	2.9%	11	30
情報通信機械器具製造業	1	0.03%	24	45	14	0.02%	24	44	X	X	X	X
輸送用機械器具製造業	191	6.6%	6	18	6,084	7.9%	5	29	461,774	11.2%	4	22
その他の製造業	92	3.2%	11	36	973	1.3%	16	39	12,282	0.3%	19	40

事業所数上位10市町村

順位	市町村	事業所数	占有率
	愛媛県計	2,469	100.0%
1	今治市	469	19.0%
2	松山市	390	15.8%
3	四国中央市	369	14.9%
4	西条市	258	10.4%
5	新居浜市	211	8.5%
6	宇和島市	114	4.6%
7	西予市	93	3.8%
8	松前町	76	3.1%
9	伊予市	75	3.0%
10	大洲市	68	2.8%
	その他	346	14.0%

従業者数上位10市町村

順位	市町村	従業者数(人)	占有率
	愛媛県計	75,961	100.0%
1	松山市	14,215	18.7%
2	四国中央市	12,351	16.3%
3	今治市	11,656	15.3%
4	新居浜市	9,145	12.0%
5	西条市	8,737	11.5%
6	松前町	3,751	4.9%
7	東温市	2,667	3.5%
8	伊予市	2,504	3.3%
9	宇和島市	1,761	2.3%
10	大洲市	1,743	2.3%
	その他	7,431	9.8%

製造品出荷額等上位10市町村

順位	市町村	製造品出荷額等(万円)	占有率
	愛媛県計	409,496,380	100.0%
1	西条市	96,334,579	23.5%
2	今治市	96,078,902	23.5%
3	新居浜市	70,393,522	17.2%
4	四国中央市	61,993,847	15.1%
5	松山市	32,966,295	8.1%
6	松前町	12,768,624	3.1%
7	伊予市	8,969,033	2.2%
8	東温市	7,810,793	1.9%
9	宇和島市	4,126,731	1.0%
10	上島町	3,877,219	0.9%
	その他	14,176,835	3.5%

高知県

県庁所在地	高知市
人口	71.4万人 【全国45位】(2017年)
面積	7103.86km² 【全国18位】(2017年)

高知県の工業のあらまし

　高知県の製造業全体の生産額（製造品出荷額等）の全国順位は、下から2番目の46位です。そのため、工業はさかんではありません。

　地元の資源を活用した工業が中心で、食料品製造業の生産額が1位、窯業・土石製品製造業が3位ですが、生産額は多くありません。

　食料品製造業は、高知市や南国市をはじめ、県内各地でおこなわれています。豊かな水産資源を使った、水産加工業がさかんです。

　窯業・土石製品製造業は、高知市や須崎市などでおこなわれています。四国カルスト*1で産出する石灰石を原料に、セメントの製造がさかんです。

　ほかにも、林野率*2が8割以上で全国一の高知県では、豊かな森林資源を利用し、木材・木製品製造業がおこなわれています。

　また、古くからつづく伝統工業では、伝統工芸品の土佐和紙や土佐打刃物が知られています。なかでも、手すき和紙*3で知られる土佐和紙は、初代土佐藩主の山内一豊が、江戸幕府に和紙を献上したことで藩の産業として成長し、その技術が今日に受けつがれています。そうしたこともあり、パルプ・紙・紙加工品製造業の生産額が2位で、いの町、土佐市、高知市、南国市などでおこなわれています。

　ほかにも、4位の生産用機械器具製造業が、高知市、南国市、香美市などでおこなわれ、5位の鉄鋼業が、高知市などでおこなわれています。

*1 四国山地の南西部にあたる高知県と愛媛県の県境に広がる石灰岩の台地。
*2 総土地面積に対する林野面積の割合。
*3 コウゾやミツマタといった樹木の皮の繊維を原料に、人の手によってすいてできた和紙。

高知県の製造業の内訳

産業分類	事業所数	占有率	順位	全国順位	従業者数(人)	占有率	順位	全国順位	製造品出荷額等(百万円)	占有率	順位	全国順位
製造業計	1,419	100.0%		46	25,041	100.0%		46	566,298	100.0%		46
食料品製造業	340	24.0%	1	42	5,742	22.9%	1	46	84,313	14.9%	1	45
飲料・たばこ・飼料製造業	60	4.2%	10	38	568	2.3%	16	44	13,319	2.4%	14	43
繊維工業	81	5.7%	6	47	1,474	5.9%	4	46	16,003	2.8%	12	45
木材・木製品製造業(家具を除く)	125	8.8%	2	30	1,179	4.7%	7	35	19,755	3.5%	11	42
家具・装備品製造業	45	3.2%	11	46	356	1.4%	18	46	4,631	0.8%	19	43
パルプ・紙・紙加工品製造業	62	4.4%	8	30	2,368	9.5%	3	26	60,239	10.6%	2	35
印刷・同関連業	71	5.0%	7	44	812	3.2%	12	45	11,380	2.0%	15	44
化学工業	16	1.1%	17	45	244	1.0%	19	46	7,464	1.3%	18	46
石油製品・石炭製品製造業*	9	0.6%	20	43	57	0.2%	21	44	X	X	X	X
プラスチック製品製造業	24	1.7%	16	46	616	2.5%	15	46	10,009	1.8%	17	47
ゴム製品製造業	1	0.1%	23	47	2	0.01%	23	47	X	X	X	X
なめし革・同製品・毛皮製造業	2	0.1%	22	40	8	0.03%	22	42	X	X	X	X
窯業・土石製品製造業	113	8.0%	5	39	1,449	5.8%	5	44	58,977	10.4%	3	34
鉄鋼業	30	2.1%	14	38	847	3.4%	11	38	37,654	6.6%	5	35
非鉄金属製造業	3	0.2%	21	44	214	0.9%	20	42	X	X	X	X
金属製品製造業	117	8.2%	4	45	1,187	4.7%	6	47	20,748	3.7%	10	47
はん用機械器具製造業	40	2.8%	13	36	794	3.2%	13	39	13,738	2.4%	13	40
生産用機械器具製造業	118	8.3%	3	38	2,887	11.5%	2	40	54,814	9.7%	4	40
業務用機械器具製造業	14	1.0%	19	40	459	1.8%	17	40	24,982	4.4%	8	35
電子部品・デバイス・電子回路製造業	15	1.1%	18	46	1,068	4.3%	9	44	27,882	4.9%	7	43
電気機械器具製造業	26	1.8%	15	46	720	2.9%	14	46	10,476	1.8%	16	46
情報通信機械器具製造業	1	0.1%	23	46	1	0.004%	24	47	X	X	X	X
輸送用機械器具製造業	44	3.1%	12	38	966	3.9%	10	44	36,296	6.4%	6	42
その他の製造業	62	4.4%	9	45	1,023	4.1%	9	38	22,527	4.0%	9	33

事業所数上位10市町村

順位	市町村	事業所数	占有率
	高知県計	1,173	100.0%
1	高知市	373	31.8%
2	南国市	130	11.1%
3	宿毛市	64	5.5%
4	土佐市	53	4.5%
5	須崎市	50	4.3%
5	香南市	50	4.3%
7	四万十市	49	4.2%
8	いの町	46	3.9%
9	香美市	42	3.6%
10	四万十町	37	3.2%
	その他	279	23.8%

従業者数上位10市町村

順位	市町村	従業者数(人)	占有率
	高知県計	24,518	100.0%
1	高知市	7,208	29.4%
2	南国市	4,104	16.7%
3	香美市	1,446	5.9%
4	土佐市	1,354	5.5%
5	香南市	1,202	4.9%
6	いの町	1,169	4.8%
7	宿毛市	1,110	4.5%
8	須崎市	1,064	4.3%
9	四万十市	706	2.9%
10	土佐清水市	576	2.3%
	その他	4,579	18.7%

製造品出荷額等上位10市町村

順位	市町村	製造品出荷額等(万円)	占有率
	高知県計	55,849,503	100.0%
1	高知市	16,669,196	29.8%
2	南国市	10,028,834	18.0%
3	須崎市	7,359,185	13.2%
4	香南市	3,943,724	7.1%
5	いの町	2,814,610	5.0%
6	香美市	2,325,939	4.2%
7	土佐市	2,107,010	3.8%
8	宿毛市	1,290,386	2.3%
9	室戸市	1,264,353	2.3%
10	日高村	1,233,033	2.2%
	その他	6,813,233	12.2%

*3人以下の事業所の製造品出荷額等だけが公開されているが(→P11)、ほかの製造業とくらべて小さな数値なので、ここでは非公開(×)とした。

工業コラム⑤

東日本の地域団体商標

　地域団体商標とは、地域名と地域特産の商品名とを組み合わせた商標*1のことで、地域ブランド*2ともよばれます。2006（平成18）年、地域ブランドの保護による地域の活性化の支援を目的に、経済産業省がはじめました。ここでは、東日本（北海道・東北地方、関東・甲信越地方、北陸・東海地方）の地域団体商標を紹介します。農畜産物や水産物、名物料理や温泉なども含まれているものの、伝統工業でつくられている伝統工芸品や、地場産業で製造されている特産品も見られます。

*1 生産者や販売者が、自分の製品であることを示すために、商品につける文字や記号、図形などのこと。
*2 ブランドは、銘柄のこと。

都道府県	地域団体商標
北海道	●十勝川西長いも ●鵡川ししゃも ●豊浦いちご ●はぼまい昆布しょうゆ ●大正メークイン ●大正長いも ●大正だいこん ●苫小牧産ほっき貝 ●幌加内そば ●虎杖浜たらこ ●ほべつメロン ●十勝川温泉 ●大黒さんま ●めむろごぼう ●めむろメークイン ●十勝和牛 ●北海道味噌 ●東川米 ●びらとりトマト ●十勝若牛 ●いけだ牛 ●釧路ししゃも ●大雪旭岳源水 ●北海道米 ●ようてい男しゃく ●ようていメロン ●勇知いも ●十勝ナイタイ和牛
青森県	●たっこにんにく ●嶽きみ ●大間まぐろ ●大鰐温泉もやし ●野辺地葉つきこかぶ ●風間浦鮟鱇 ●十和田湖ひめます ●青森の黒にんにく ●横浜なまこ ●津軽の桃
岩手県	●いわて牛 ●いわて短角和牛 ●南部鉄器 ●江刺りんご ●真崎わかめ ●岩泉まつたけ
宮城県	●仙台味噌 ●仙台みそ ●仙台牛 ●仙台黒毛和牛 ●仙台いちご ●雄勝硯
秋田県	●秋田由利牛 ●比内地鶏 ●秋田諸越 ●白神山うど ●川連漆器 ●三梨牛 ●横手やきそば ●大館曲げわっぱ ●三関せり
山形県	●刈屋梨 ●平田赤ねぎ ●米沢織 ●米沢牛 ●山形佛壇 ●山形おきたま産デラウエア ●置賜紬 ●米沢らーめん ●山形名物玉こんにゃく ●蔵王かぼちゃ
福島県	●南郷トマト ●土湯温泉 ●会津みそ ●大堀相馬焼 ●なみえ焼そば ●会津田島アスパラ ●会津山塩
茨城県	●本場結城紬 ●笠間焼 ●龍ケ崎コロッケ
栃木県	●本場結城紬 ●塩原温泉 ●鬼怒川温泉 ●川治温泉 ●中山かぼちゃ ●益子焼 ●氏家うどん ●真岡木綿
群馬県	●高崎だるま ●上州牛 ●伊香保温泉 ●草津温泉 ●十石みそ ●桐生織 ●群馬の地酒 ●嬬恋高原キャベツ ●四万温泉
埼玉県	●江戸木目込人形 ●岩槻人形 ●草加せんべい ●武州正藍染 ●西川材 ●北本トマトカレー
千葉県	●房州びわ ●八街落花生 ●市川のなし ●市川の梨 ●富里スイカ ●矢切ねぎ ●小湊温泉 ●安房菜の花 ●船橋にんじん ●銚子つりきんめ ●しろいの梨 ●勝浦タンタンメン ●船橋のなし ●鴨川温泉 ●習志野ソーセージ
東京都	●稲城の梨 ●江戸甘味噌 ●江戸押絵羽子板 ●江戸衣裳着人形 ●江戸木目込人形 ●江戸木版画 ●江戸甲冑 ●江戸指物 ●江戸切子 ●江戸からかみ ●東京銀器 ●東京染小紋 ●江戸更紗 ●江戸刺繍 ●江戸無地染 ●江戸小紋 ●東京手描友禅 ●かっぱ橋道具街 ●東京牛乳
神奈川県	●松輪サバ ●湯河原温泉 ●足柄茶 ●横濱中華街 ●鎌倉彫 ●小田原蒲鉾 ●小田原かまぼこ ●小田原ひもの
山梨県	●甲州手彫印章 ●やはたいも ●南部の木 ●甲州水晶貴石細工 ●大塚にんじん
長野県	●市田柿 ●蓼科温泉 ●信州鎌 ●飯山仏壇 ●木曽漆器 ●佐久鯉 ●上田紬 ●信州サーモン ●駒ヶ根ソースかつ丼
新潟県	●小千谷縮 ●小千谷紬 ●新潟清酒 ●安田瓦 ●新潟茶豆 ●越後上布 ●加茂桐簞笥 ●村上木彫堆朱 ●越後湯沢温泉 ●亀田縞 ●五泉ニット
富山県	●入善ジャンボ西瓜 ●黒部米 ●高岡仏具 ●高岡銅器 ●加積りんご ●富山名産昆布巻かまぼこ ●とやま牛 ●大門素麺 ●富山湾のシロエビ ●富山湾鮨
石川県	●加賀みそ ●金沢仏壇 ●七尾仏壇 ●中島菜 ●牛首紬 ●山代温泉 ●片山津温泉 ●和倉温泉 ●加賀友禅 ●金沢箔 ●九谷焼 ●山中温泉 ●輪島塗 ●粟津温泉 ●大野醤油 ●能登紬 ●美川仏壇 ●加賀蒔絵 ●小松瓦 ●加賀野菜 ●加賀太きゅうり ●加賀れんこん ●能登牛 ●能登大納言 ●沢野ごぼう ●能登丼 ●能登ふぐ ●湯涌温泉 ●小松うどん
福井県	●越前漆器 ●越前竹人形 ●若狭かれい ●若狭塗箸 ●越前瓦 ●越前がに ●若狭ぐじ ●若狭ふぐ ●越前打刃物 ●越前織 ●越前和紙 ●芦原温泉 ●あわら温泉 ●越前水仙 ●越前さといも ●越前・若狭の地酒
静岡県	●駿河湾桜えび ●由比桜えび ●焼津鰹節 ●丹那牛乳 ●川根茶 ●静岡茶 ●駿河漆器 ●沼津ひもの ●掛川茶 ●伊東温泉 ●伊豆長岡温泉 ●熱海温泉 ●三ヶ日みかん ●遠州灘天然とらふぐ ●三島馬鈴薯 ●掛川牛 ●東山茶 ●稲取キンメ ●三方原馬鈴薯 ●みしまコロッケ ●遠州の織物
愛知県	●三州瓦 ●常滑焼 ●有松鳴海絞 ●三河木綿 ●豊橋筆 ●一色産うなぎ ●名古屋仏壇 ●蒲郡みかん ●三河仏壇 ●西尾の抹茶 ●祖父江ぎんなん ●尾張七宝 ●瀬戸焼 ●豊橋うなぎ ●一宮モーニング ●豊橋カレーうどん ●豊川いなり寿司
岐阜県	●飛騨一位一刀彫 ●岐阜提灯 ●飛騨牛乳 ●山岡細寒天 ●下呂温泉 ●飛騨ヨーグルト ●美濃焼 ●飛騨高原牛乳 ●飛騨春慶 ●飛騨アイスクリーム ●飛騨牛 ●郡上鮎 ●飛騨のさるぼぼ ●美濃焼 ●みずなみ焼 ●飛騨の家具 ●飛騨・高山の家具 ●美濃白川茶 ●関の刃物 ●飛騨の酒 ●長良川温泉 ●美濃和紙 ●飛騨ほうれんそう ●飛騨トマト ●東濃桧 ●奥美濃カレー ●ひるがの高原だいこん ●和良鮎
三重県	●松阪肉 ●松阪牛 ●大山田牛乳 ●伊勢茶 ●伊勢たくあん ●伊勢ひじき ●伊賀くみひも ●伊勢うどん ●みえ豚 ●伊勢赤どり ●四日市萬古焼 ●伊賀型紙 ●伊賀焼 ●美旗メロン ●くわな鋳物

※2018（平成30）年1月31日までに登録されているもの。

福岡県

県庁所在地	福岡市
人口	510.7万人【全国9位】(2017年)
面積	4986.52km²【全国29位】(2017年)

福岡県の工業のあらまし

　福岡県は、北九州市を中心とした北九州工業地域*が広がり、生産額（製造品出荷額等）の全国順位は11位で、工業がさかんです。

　県内の生産額1位は、輸送用機械器具製造業です。トヨタ自動車九州と日産自動車九州の工場がある苅田町や、トヨタ自動車九州の工場がある宮若市でさかんです。

　2位の食料品製造業は、福岡市や古賀市をはじめ、県内各地でおこなわれています。県内や九州各地の豊かな農産物などを原料に、さまざまなものをつくっています。

　3位の鉄鋼業は、北九州市が中心です。なかでも、新日鐵住金の八幡製鉄所は、1901（明治34）年の官営製鉄所としての操業開始以来、日本の近代化と工業の発展を支えてきました。

　4位の飲料・たばこ・飼料製造業は、ビール工場のある朝倉市と福岡市のほかにも、北九州市などでおこなわれています。

　5位の化学工業は、北九州市や大牟田市とともに、田辺三菱製薬工場という会社の工場がある吉富町などでおこなわれています。

　ほかにも、ゴム製品製造業と窯業・土石製品製造業がさかんで、どちらも全国順位が2位です。ゴム製品製造業は、タイヤのトップメーカーとして知られるブリヂストンの工場がある朝倉市と久留米市などでおこなわれています。窯業・土石製品製造業は、豊富な石灰石を原料としたセメントの製造がさかんな北九州市などでおこなわれています。

*かつては北九州工業地帯とよばれ、県内の筑豊炭田の石炭を活用して鉄鋼業を中心に発展し、京浜、中京、阪神とともに、四大工業地帯とされた。しかし、石炭産業のおとろえや鉄鋼業の縮小などで生産額が減ったこともあり、いまでは、北九州工業地域とよばれる。

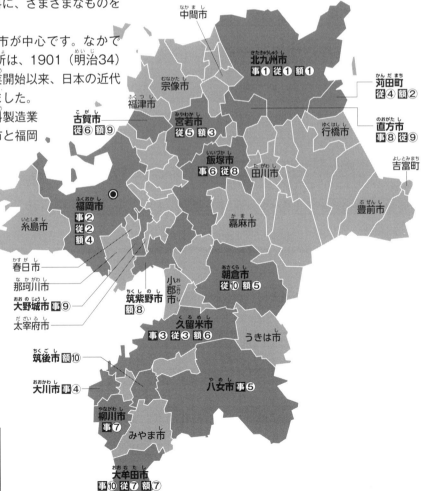

事○：事業所数
従○：従業者数
額○：製造品出荷額等
○で囲んだ数字は、順位を示す。

福岡県の製造業の内訳

産業分類	事業所数	占有率	順位	全国順位	従業者数(人)	占有率	順位	全国順位	製造品出荷額等(百万円)	占有率	順位	全国順位
製造業計	7,138	100.0%		10	219,542	100.0%		9	9,248,318	100.0%		11
食料品製造業	1,146	16.1%	1	5	46,599	21.2%	1	8	992,250	10.7%	2	10
飲料・たばこ・飼料製造業	220	3.1%	13	4	4,055	1.8%	16	5	603,635	6.5%	4	4
繊維工業	331	4.6%	8	21	4,749	2.2%	15	24	51,903	0.6%	21	27
木材・木製品製造業(家具を除く)	277	3.9%	10	5	2,850	1.3%	19	10	57,960	0.6%	20	18
家具・装備品製造業	472	6.6%	5	5	5,678	2.6%	13	5	86,152	0.9%	16	7
パルプ・紙・紙加工品製造業	137	1.9%	17	13	3,457	1.6%	17	18	84,236	0.9%	17	29
印刷・同関連業	482	6.8%	4	8	9,351	4.3%	9	6	178,600	1.9%	13	7
化学工業	173	2.4%	16	10	8,700	4.0%	10	14	537,522	5.8%	5	18
石油製品・石炭製品製造業	48	0.7%	22	7	872	0.4%	22	12	81,209	0.9%	18	15
プラスチック製品製造業	316	4.4%	9	15	11,319	5.2%	7	13	265,363	2.9%	12	16
ゴム製品製造業	72	1.0%	19	15	5,216	2.4%	14	10	274,571	3.0%	11	2
なめし革・同製品・毛皮製造業	15	0.2%	24	20	234	0.1%	24	21	3,260	0.04%	24	18
窯業・土石製品製造業	421	5.9%	6	6	12,191	5.6%	6	3	377,569	4.1%	8	2
鉄鋼業	198	2.8%	15	8	10,540	4.8%	8	5	936,134	10.1%	3	7
非鉄金属製造業	60	0.8%	21	19	2,822	1.3%	20	15	161,061	1.7%	15	19
金属製品製造業	950	13.3%	2	12	17,443	7.9%	3	14	443,884	4.8%	6	12
はん用機械器具製造業	243	3.4%	12	12	6,564	3.0%	12	18	164,631	1.8%	14	21
生産用機械器具製造業	532	7.5%	3	17	13,743	6.3%	4	15	381,590	4.1%	7	17
業務用機械器具製造業	72	1.0%	20	18	1,244	0.6%	21	31	31,380	0.3%	22	34
電子部品・デバイス・電子回路製造業	82	1.1%	18	24	6,589	3.0%	11	28	287,017	3.1%	10	23
電気機械器具製造業	277	3.9%	11	12	12,290	5.6%	5	15	299,189	3.2%	9	19
情報通信機械器具製造業	18	0.3%	23	19	650	0.3%	23	32	11,452	0.1%	23	29
輸送用機械器具製造業	203	2.8%	14	16	29,197	13.3%	2	11	2,868,093	31.0%	1	6
その他の製造業	393	5.5%	7	9	3,189	1.5%	18	18	69,616	0.8%	19	20

事業所数上位10市町村

順位	市町村	事業所数	占有率
	福岡県計	6,172	100.0%
1	北九州市	1,101	17.8%
2	福岡市	907	14.7%
3	久留米市	440	7.1%
4	大川市	251	4.1%
5	八女市	215	3.5%
6	飯塚市	186	3.0%
7	柳川市	171	2.8%
8	直方市	157	2.5%
9	大野城市	146	2.4%
10	大牟田市	141	2.3%
	その他	2,457	39.8%

従業者数上位10市町村

順位	市町村	従業者数(人)	占有率
	福岡県計	217,439	100.0%
1	北九州市	47,397	21.8%
2	福岡市	21,167	9.7%
3	久留米市	12,311	5.7%
4	苅田町	11,654	5.4%
5	宮若市	10,645	4.9%
6	古賀市	8,116	3.7%
7	大牟田市	6,620	3.0%
8	飯塚市	6,305	2.9%
9	直方市	5,999	2.8%
10	朝倉市	5,670	2.6%
	その他	81,555	37.5%

製造品出荷額等上位10市町村

順位	市町村	製造品出荷額等(万円)	占有率
	福岡県計	921,592,852	100.0%
1	北九州市	219,057,787	23.8%
2	苅田町	161,224,577	17.5%
3	宮若市	99,911,721	10.8%
4	福岡市	70,186,087	7.6%
5	朝倉市	33,120,359	3.6%
6	久留米市	30,863,858	3.3%
7	大牟田市	30,217,692	3.3%
8	筑紫野市	28,259,895	3.1%
9	古賀市	22,830,086	2.5%
10	筑後市	17,412,121	1.9%
	その他	208,508,669	22.6%

佐賀県

県庁所在地	佐賀市
人口	82.4万人【全国41位】(2017年)
面積	2440.68km²【全国42位】(2017年)

佐賀県の工業のあらまし

佐賀県東部の鳥栖市には、福岡県から鹿児島県にかけて九州を縦断する九州自動車道が通ります。また、鳥栖市では、長崎県に向かう長崎自動車道と大分県に向かう大分自動車道が分かれています。そのため、交通の便の良い鳥栖市は、生産額（製造品出荷額等）が県内トップで、佐賀県の工業の中心です。

ほかにも、鳥栖市から長崎市へ向かう長崎自動車道が横断する県中部では、佐賀市で工業がさかんです。国の重要港湾に指定された伊万里港のある県西部では、伊万里市で工業がさかんです。

生産額１位の食料品製造業は、佐賀市、唐津市、鳥栖市をはじめ、県内各地でおこなわれています。小城市のようかん、嬉野市の茶、神埼市のそうめんなど、古くからつくられている特産品もあります。

２位の化学工業は、鳥栖市や唐津市などでおこなわれています。県の生産額の半分以上を占める鳥栖市には、サロンパスで知られる久光製薬の工場があります。

３位の輸送用機械器具製造業は、トヨタ自動車の部品をつくる会社がある伊万里市と神埼市が中心です。伊万里市では、造船もおこなわれています。

４位の電気機械器具製造業は、佐賀市、唐津市、武雄市などでおこなわれています。

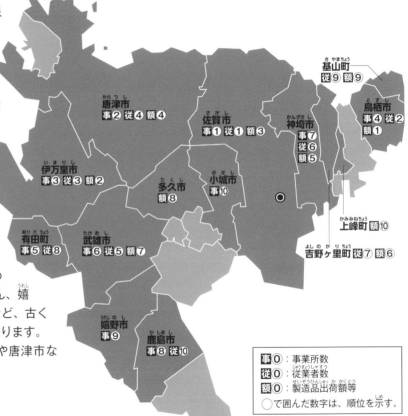

事○：事業所数
従○：従業者数
額○：製造品出荷額等
○で囲んだ数字は、順位を示す。

もっと知ろう　伊万里・有田焼

佐賀県の伝統工芸品として知られる伊万里・有田焼は、古くからつくられている焼き物で、佐賀県を代表する伝統工業です。16世紀末の豊臣秀吉の朝鮮出兵により、朝鮮半島から連れてこられた陶工がはじめたとされ、江戸時代前期の17世紀中ごろに、酒井田柿右衛門が新たな着色法をあみ出し、大きく発展しました。

中心となる有田町では、関係の工場がたくさんあり、飲食器や置物などの製造に、たくさんの人がかかわっています。

佐賀県の製造業の内訳

産業分類	事業所数	占有率	順位	全国順位	従業者数(人)	占有率	順位	全国順位	製造品出荷額等(百万円)	占有率	順位	全国順位
製造業計	1,722	100.0%		42	58,146	100.0%		39	1,823,405	100.0%		38
食料品製造業	360	20.9%	1	40	15,751	27.1%	1	26	339,531	18.6%	1	27
飲料・たばこ・飼料製造業	65	3.8%	7	36	1,269	2.2%	15	33	44,975	2.5%	12	37
繊維工業	90	5.2%	5	45	2,535	4.4%	8	40	18,710	1.0%	17	43
木材・木製品製造業(家具を除く)	63	3.7%	10	43	848	1.5%	20	43	23,833	1.3%	16	38
家具・装備品製造業	53	3.1%	13	45	995	1.7%	18	31	32,849	1.8%	15	22
パルプ・紙・紙加工品製造業	43	2.5%	14	35	1,669	2.9%	12	33	74,703	4.1%	8	32
印刷・同関連業	70	4.1%	6	45	1,072	1.8%	17	41	17,318	0.9%	19	38
化学工業	42	2.4%	15	33	2,197	3.8%	9	33	190,846	10.5%	2	31
石油製品・石炭製品製造業	7	0.4%	21	47	54	0.1%	24	46	3,455	0.2%	21	40
プラスチック製品製造業	64	3.7%	9	37	1,879	3.2%	10	39	40,177	2.2%	13	39
ゴム製品製造業	15	0.9%	18	35	1,798	3.1%	11	24	56,011	3.1%	10	23
なめし革・同製品・毛皮製造業	6	0.3%	23	31	399	0.7%	21	14	8,442	0.5%	20	10
窯業・土石製品製造業	275	16.0%	2	19	3,771	6.5%	5	26	48,195	2.6%	11	39
鉄鋼業	13	0.8%	19	42	1,135	2.0%	16	33	36,639	2.0%	14	36
非鉄金属製造業	7	0.4%	22	39	1,398	2.4%	14	29	109,408	6.0%	5	22
金属製品製造業	176	10.2%	3	41	3,889	6.7%	3	33	106,064	5.8%	6	31
はん用機械器具製造業	36	2.1%	16	39	888	1.5%	19	38	17,319	0.9%	18	39
生産用機械器具製造業	123	7.1%	4	37	3,858	6.6%	4	35	75,759	4.2%	7	37
業務用機械器具製造業	8	0.5%	20	46	142	0.2%	23	46	X	X	X	X
電子部品・デバイス・電子回路製造業*	18	1.0%	17	42	2,719	4.7%	7	41	X	X	X	X
電気機械器具製造業	60	3.5%	11	34	4,545	7.8%	2	26	166,197	9.1%	4	25
情報通信機械器具製造業	4	0.2%	24	39	228	0.4%	22	38	X	X	X	X
輸送用機械器具製造業	65	3.8%	7	34	3,621	6.2%	6	37	182,646	10.0%	3	31
その他の製造業	59	3.4%	12	46	1,486	2.6%	13	31	67,951	3.7%	9	21

事業所数上位10市町村

順位	市町村	事業所数	占有率
	佐賀県計	1,528	100.0%
1	佐賀市	312	20.4%
2	唐津市	186	12.2%
3	伊万里市	161	10.5%
4	鳥栖市	124	8.1%
5	有田町	121	7.9%
6	武雄市	102	6.7%
7	神埼市	86	5.6%
8	鹿島市	69	4.5%
9	嬉野市	66	4.3%
10	小城市	59	3.9%
	その他	242	15.8%

従業者数上位10市町村

順位	市町村	従業者数(人)	占有率
	佐賀県計	57,723	100.0%
1	佐賀市	9,969	17.3%
2	鳥栖市	7,936	13.7%
3	伊万里市	7,557	13.1%
4	唐津市	6,024	10.4%
5	武雄市	3,376	5.8%
6	神埼市	2,819	4.9%
7	吉野ヶ里町	2,503	4.3%
8	有田町	2,385	4.1%
9	基山町	2,213	3.8%
10	鹿島市	2,209	3.8%
	その他	10,732	18.6%

製造品出荷額等上位10市町村

順位	市町村	製造品出荷額等(万円)	占有率
	佐賀県計	181,539,125	100.0%
1	鳥栖市	37,434,094	20.6%
2	伊万里市	31,225,126	17.2%
3	佐賀市	27,087,467	14.9%
4	唐津市	16,246,844	8.9%
5	神埼市	11,638,448	6.4%
6	吉野ヶ里町	9,259,327	5.1%
7	武雄市	7,227,989	4.0%
8	多久市	6,826,623	3.8%
9	基山町	5,526,795	3.0%
10	上峰町	5,429,546	3.0%
	その他	23,636,866	13.0%

*3人以下の事業所の製造品出荷額等だけが公開されているが(→P13)、ほかの製造業とくらべて小さな数値なので、ここでは非公開(×)とした。

長崎県

県庁所在地	長崎市
人口	135.4万人【全国29位】(2017年)
面積	4130.88km²【全国37位】(2017年)

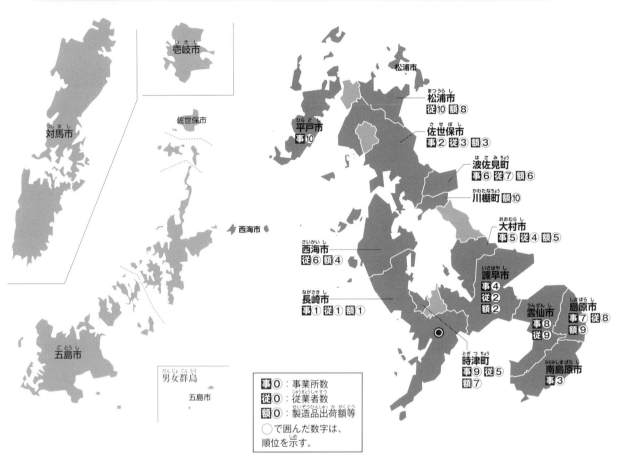

長崎県の工業のあらまし

　江戸時代の終わりから明治時代にかけて、いくつかの造船所がつくられた長崎県では、生産額（製造品出荷額等）1位の輸送用機械器具製造業の多くを、造船業が占めています。造船をおこなっているのは、西海市の大島造船所、長崎市の三菱重工業、佐世保市の佐世保重工業などです。そのため、輸送用機械器具製造業がさかんなのは、これら3市です。

　2位のはん用機械器具製造業は、長崎市を中心におこなわれています。造船とも関係のある製品として、船の動力や発電などに使用される蒸気タービンやボイラーなどを製造しています。

　3位の食料品製造業は、諫早市、佐世保市、長崎市をはじめ、県内各地でおこなわれています。とくに、日本でも有数の漁業生産量をほこる長崎県は、豊かな水産資源を原料に、水産加工品の製造がさかんです。ほかにも、島原市のそうめんや長崎市のカステラなど、古くからつくられている特産品もあります。

　4位の電子部品・デバイス・電子回路製造業と5位の情報通信機械器具製造業は、近年さかんになってきました。諫早市や大村市では、集積回路（IC／→P22）などの電子部品の製造がさかんで、近くの長崎空港を発着する航空機などを利用して、材料や製品を運搬しています（→P112）。また、波佐見町には、デジタルカメラをつくる長崎キヤノンの工場があります。

長崎県の製造業の内訳

産業分類	事業所数	占有率	順位	全国順位	従業者数(人)	占有率	順位	全国順位	製造品出荷額等(百万円)	占有率	順位	全国順位
製造業計	2,235	100.0%		36	58,177	100.0%		38	1,635,655	100.0%		41
食料品製造業	770	34.5%	1	15	15,573	26.8%	1	27	274,952	16.8%	3	33
飲料・たばこ・飼料製造業	82	3.7%	8	31	998	1.7%	12	37	37,620	2.3%	9	39
繊維工業	136	6.1%	5	39	3,483	6.0%	6	29	22,312	1.4%	12	40
木材・木製品製造業(家具を除く)	49	2.2%	12	45	375	0.6%	19	46	5,585	0.3%	18	46
家具・装備品製造業	55	2.5%	11	44	407	0.7%	17	44	4,621	0.3%	19	44
パルプ・紙・紙加工品製造業	16	0.7%	18	46	400	0.7%	18	47	4,555	0.3%	20	47
印刷・同関連業	95	4.3%	6	41	1,145	2.0%	11	38	11,557	0.7%	16	43
化学工業	18	0.8%	17	43	320	0.6%	20	45	8,285	0.5%	17	45
石油製品・石炭製品製造業	10	0.4%	20	40	77	0.1%	21	40	2,272	0.1%	21	44
プラスチック製品製造業	34	1.5%	14	43	852	1.5%	14	44	20,777	1.3%	14	42
ゴム製品製造業	5	0.2%	21	44	66	0.1%	22	44	607	0.04%	22	44
なめし革・同製品・毛皮製造業	2	0.1%	24	41	14	0.02%	24	41	X	X		X
窯業・土石製品製造業	245	11.0%	2	23	3,020	5.2%	7	33	44,422	2.7%	7	41
鉄鋼業	34	1.5%	15	35	959	1.6%	13	35	29,349	1.8%	11	39
非鉄金属製造業	3	0.1%	23	45	33	0.1%	23	45	X	X		X
金属製品製造業	204	9.1%	3	35	3,863	6.6%	5	34	56,930	3.5%	6	40
はん用機械器具製造業	58	2.6%	10	34	6,763	11.6%	3	17	311,226	19.0%	2	12
生産用機械器具製造業	59	2.6%	9	46	1,221	2.1%	10	46	21,349	1.3%	13	46
業務用機械器具製造業	13	0.6%	19	42	439	0.8%	16	42	33,783	2.1%	10	33
電子部品・デバイス・電子回路製造業	20	0.9%	16	40	4,615	7.9%	4	39	262,143	16.0%	4	29
電気機械器具製造業	44	2.0%	13	41	2,132	3.7%	8	39	38,902	2.4%	8	41
情報通信機械器具製造業	5	0.2%	21	36	1,302	2.2%	9	26	70,739	4.3%	5	21
輸送用機械器具製造業	193	8.6%	4	17	9,318	16.0%	2	22	357,660	21.9%	1	26
その他の製造業	85	3.8%	7	39	802	1.4%	15	41	14,578	0.9%	15	38

事業所数上位10市町村

順位	市町村	事業所数	占有率
	長崎県計	1,969	100.0%
1	長崎市	387	19.7%
2	佐世保市	303	15.4%
3	南島原市	225	11.4%
4	諫早市	186	9.4%
5	大村市	120	6.1%
6	波佐見町	100	5.1%
7	島原市	86	4.4%
8	雲仙市	70	3.6%
9	時津町	67	3.4%
10	平戸市	62	3.1%
	その他	363	18.4%

従業者数上位10市町村

順位	市町村	従業者数(人)	占有率
	長崎県計	57,588	100.0%
1	長崎市	14,328	24.9%
2	諫早市	9,871	17.1%
3	佐世保市	7,448	12.9%
4	大村市	4,327	7.5%
5	時津町	2,932	5.1%
6	西海市	2,564	4.5%
7	波佐見町	2,424	4.2%
8	島原市	2,017	3.5%
9	雲仙市	1,939	3.4%
10	松浦市	1,836	3.2%
	その他	7,902	13.7%

製造品出荷額等上位10市町村

順位	市町村	製造品出荷額等(万円)	占有率
	長崎県計	162,820,716	100.0%
1	長崎市	47,427,504	29.1%
2	諫早市	37,832,728	23.2%
3	佐世保市	16,325,079	10.0%
4	西海市	15,550,607	9.6%
5	大村市	10,460,831	6.4%
6	波佐見町	7,676,274	4.7%
7	時津町	5,971,753	3.7%
8	松浦市	4,916,636	3.0%
9	島原市	2,858,175	1.8%
10	川棚町	2,625,786	1.6%
	その他	11,175,343	6.9%

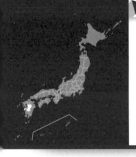

熊本県（くまもとけん）

県庁所在地	熊本市
人口	176.5万人【全国23位】(2017年)
面積	7409.48km²【全国15位】(2017年)

熊本県の工業のあらまし

かつての熊本県の工業は、生産額（製造品出荷額等）5位の化学工業などが中心でしたが、いまの熊本空港（阿蘇くまもと空港）や九州自動車道が1970年代に建設されると、空港や高速道路の周辺に、集積回路（IC／→P22）を製造する工場が進出しました。そのため、現在の生産額1位は、電子部品・デバイス・電子回路製造業です。なかでも、熊本空港のある菊陽町は、ソニーグループの会社として半導体製品をつくるソニーセミコンダクタマニュファクチャリングがあり、製造品出荷額等上位10市町村のなかでは3位です。

生産額2位は、輸送用機械器具製造業です。ホンダの名で知られる本田技研工業の工場がある大津町が中心で、二輪車（オートバイ）などの製造がおこなわれています。

3位の食料品製造業は、熊本市、宇城市、菊池市をはじめ、県内各地でおこなわれています。4位の生産用機械器具製造業は、合志市でさかんです。合志市には、半導体製造装置のメーカーとして知られる東京エレクトロン九州の工場があります。

なお、5位の化学工業は、熊本市、水俣市、宇土市などでおこなわれています。

もっと知ろう　シリコンアイランド

集積回路（IC）は、多くの情報を一瞬で処理できる小さなコンピューターですが、ちりやほこりが大敵で、製造するときに洗うには、きれいな水が必要です。熊本県をはじめとした九州は、きれいな水が豊富です。そうしたこともあり、九州各地には、交通の便の良い空港や高速道路の周辺に、集積回路をつくる工場がたくさんあります。集積回路は、価格が高く、小型で軽量なので、航空機や自動車を使って長い距離を輸送しても、十分に利益を上げることができるからです。そのため、九州は、東北地方のシリコンロード（→P22）に対して、シリコンアイランドとよばれています。

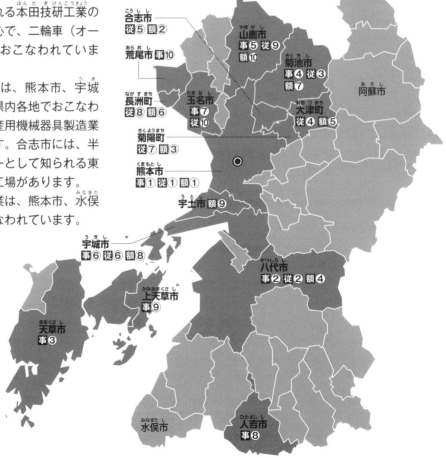

- 事○：事業所数
- 従○：従業者数
- 額○：製造品出荷額等
- ○で囲んだ数字は、順位を示す。

熊本県の製造業の内訳

産業分類	事業所数	占有率	順位	全国順位	従業者数(人)	占有率	順位	全国順位	製造品出荷額等(百万円)	占有率	順位	全国順位
製造業計	2,586	100.0%		31	88,895	100.0%		28	2,722,595	100.0%		29
食料品製造業	598	23.1%	1	21	16,830	18.9%	1	23	347,761	12.8%	3	26
飲料・たばこ・飼料製造業	121	4.7%	8	15	1,551	1.7%	14	24	129,023	4.7%	8	23
繊維工業	177	6.8%	6	32	3,920	4.4%	9	27	32,744	1.2%	17	33
木材・木製品製造業(家具を除く)	181	7.0%	4	19	2,038	2.3%	12	21	42,322	1.6%	15	26
家具・装備品製造業	81	3.1%	12	33	634	0.7%	21	39	6,712	0.2%	21	39
パルプ・紙・紙加工品製造業	34	1.3%	16	41	1,482	1.7%	15	35	88,912	3.3%	10	28
印刷・同関連業	150	5.8%	7	25	2,634	3.0%	11	26	43,716	1.6%	14	26
化学工業	48	1.9%	15	31	4,790	5.4%	6	25	208,155	7.6%	5	28
石油製品・石炭製品製造業	25	1.0%	20	20	199	0.2%	23	28	10,709	0.4%	20	28
プラスチック製品製造業	104	4.0%	11	31	4,314	4.9%	8	27	103,183	3.8%	9	28
ゴム製品製造業	16	0.6%	21	33	1,824	2.1%	13	23	75,185	2.8%	11	18
なめし革・同製品・毛皮製造業	2	0.1%	24	42	49	0.1%	24	38	X	X	X	X
窯業・土石製品製造業	186	7.2%	3	27	3,144	3.5%	10	31	68,309	2.5%	12	32
鉄鋼業	26	1.0%	19	39	955	1.1%	18	36	48,474	1.8%	13	33
非鉄金属製造業	14	0.5%	22	33	1,131	1.3%	16	33	36,709	1.3%	16	35
金属製品製造業	239	9.2%	2	31	6,534	7.4%	5	26	144,116	5.3%	7	27
はん用機械器具製造業	31	1.2%	17	41	289	0.3%	22	43	4,588	0.2%	22	43
生産用機械器具製造業	180	7.0%	5	31	8,936	10.1%	3	24	334,886	12.3%	4	20
業務用機械器具製造業	27	1.0%	18	31	756	0.9%	19	35	15,730	0.6%	18	38
電子部品・デバイス・電子回路製造業	50	1.9%	14	32	10,622	11.9%	2	12	433,331	15.9%	1	5
電気機械器具製造業	63	2.4%	13	33	4,407	5.0%	7	27	147,242	5.4%	6	28
情報通信機械器具製造業*	7	0.3%	23	33	706	0.8%	20	31	X	X	X	X
輸送用機械器具製造業	108	4.2%	10	30	10,047	11.3%	3	21	370,737	13.6%	2	24
その他の製造業	118	4.6%	9	30	1,103	1.2%	17	37	12,496	0.5%	19	39

事業所数上位10市町村

順位	市町村	事業所数	占有率
	熊本県計	2,220	100.0%
1	熊本市	515	23.2%
2	八代市	193	8.7%
3	天草市	149	6.7%
4	菊池市	118	5.3%
5	山鹿市	109	4.9%
6	宇城市	88	4.0%
7	玉名市	77	3.5%
8	人吉市	65	2.9%
9	上天草市	55	2.5%
10	荒尾市	53	2.4%
	その他	798	35.9%

従業者数上位10市町村

順位	市町村	従業者数(人)	占有率
	熊本県計	88,099	100.0%
1	熊本市	17,429	19.8%
2	八代市	7,394	8.4%
3	菊池市	6,947	7.9%
4	大津町	6,417	7.3%
5	合志市	5,289	6.0%
6	宇城市	4,444	5.0%
7	菊陽町	4,171	4.7%
8	長洲町	3,961	4.5%
9	山鹿市	3,518	4.0%
10	玉名市	2,499	2.8%
	その他	26,030	29.5%

製造品出荷額等上位10市町村

順位	市町村	製造品出荷額等(万円)	占有率
	熊本県計	271,268,282	100.0%
1	熊本市	39,106,607	14.4%
2	合志市	31,104,405	11.5%
3	菊陽町	29,243,020	10.8%
4	八代市	24,624,130	9.1%
5	大津町	19,798,326	7.3%
6	長洲町	17,103,845	6.3%
7	菊池市	15,548,520	5.7%
8	宇城市	11,404,462	4.2%
9	宇土市	9,683,154	3.6%
10	山鹿市	8,014,005	3.0%
	その他	65,637,808	24.2%

*3人以下の事業所の製造品出荷額等だけが公開されているが(→P13)、ほかの製造業とくらべて小さな数値なので、ここでは非公開(×)とした。

大分県

県庁所在地	大分市
人口	115.2万人 【全国33位】(2017年)
面積	6340.73km² 【全国22位】(2017年)

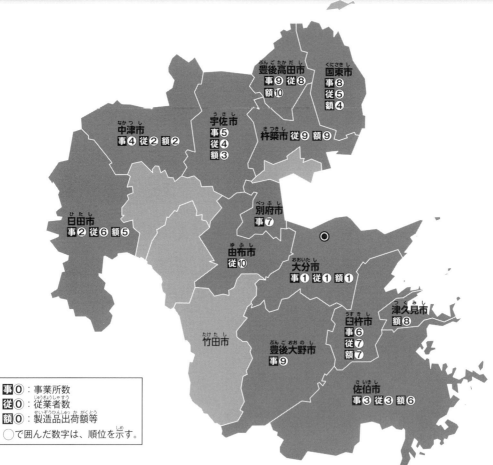

大分県の工業のあらまし

大分県は、九州のなかでは福岡県に次いで生産額（製造品出荷額等）が多く、工業がさかんです。

生産額1位は、輸送用機械器具製造業で、軽自動車などを製造するダイハツ九州の工場がある中津市が中心です。

しかし、2位の化学工業、3位の石油製品・石炭製品製造業、4位の鉄鋼業、5位の非鉄金属製造業とも、それらの生産額で多くを占めるのは、大分市です。大分市は、1960年代に急速な工業化が進み、石油化学コンビナート（→P42）や製鉄所などが別府湾沿いに集まります。そのため、事業所数、従業者数、製造品出荷額等の上位10市町村を見ると、すべて大分市がトップです。

大分市には、大企業の工場がたくさんあり、大きな製油所もあります。化学工業では、旭化成のグループ会社とともに、住友化学や大日本住友製薬、昭和電工などの工場があります。鉄鋼業では、新日鐵住金の製鉄所があり、高炉（→P22）の容積が世界最大級といわれています。非鉄金属製造業では、パンパシフィック・カッパーの工場があり、電気銅（→P98）などを製造しています。

なお、生産額は6位ですが、大分県は、シリコンアイランド（→P112）とよばれる九州のなかでは、電子部品・デバイス・電子回路製造業がさかんな県です。大分市のほかにも、北部の中津市や、大分空港に近い杵築市などでおこなわれています。

大分県の製造業の内訳

産業分類	事業所数	占有率	順位	全国順位	従業者数(人)	占有率	順位	全国順位	製造品出荷額等(百万円)	占有率	順位	全国順位
製造業計	1,980	100.0%		39	63,458	100.0%		35	4,281,191	100.0%		24
食料品製造業	383	19.3%	1	38	7,820	12.3%	2	40	135,067	3.2%	8	43
飲料・たばこ・飼料製造業	91	4.6%	10	23	1,473	2.3%	17	27	128,795	3.0%	9	24
繊維工業	90	4.5%	11	46	2,066	3.3%	13	43	19,906	0.5%	19	41
木材・木製品製造業(家具を除く)	187	9.4%	2	17	1,761	2.8%	15	24	26,120	0.6%	18	36
家具・装備品製造業	99	5.0%	7	29	1,163	1.8%	19	30	13,377	0.3%	21	32
パルプ・紙・紙加工品製造業	24	1.2%	17	43	669	1.1%	22	44	33,366	0.8%	16	40
印刷・同関連業	98	4.9%	8	39	1,191	1.9%	18	37	13,048	0.3%	22	41
化学工業	35	1.8%	15	37	3,026	4.8%	8	32	601,014	14.0%	2	16
石油製品・石炭製品製造業	14	0.7%	22	37	393	0.6%	23	20	557,958	13.0%	3	9
プラスチック製品製造業	89	4.5%	12	35	3,002	4.7%	9	34	73,643	1.7%	13	33
ゴム製品製造業	18	0.9%	19	30	922	1.5%	20	26	18,261	0.4%	20	26
なめし革・同製品・毛皮製造業	4	0.2%	24	35	41	0.1%	24	40	303	0.01%	24	32
窯業・土石製品製造業	163	8.2%	4	34	3,528	5.6%	6	28	120,366	2.8%	11	24
鉄鋼業	15	0.8%	21	41	2,536	4.0%	11	24	555,954	13.0%	4	12
非鉄金属製造業	11	0.6%	23	37	1,487	2.3%	16	27	550,294	12.9%	5	6
金属製品製造業	182	9.2%	3	39	3,547	5.6%	5	38	66,785	1.6%	14	38
はん用機械器具製造業	38	1.9%	14	37	2,226	3.5%	12	33	84,012	2.0%	12	30
生産用機械器具製造業	100	5.1%	6	42	3,046	4.8%	7	39	53,895	1.3%	15	41
業務用機械器具製造業	21	1.1%	18	34	2,832	4.5%	10	24	124,930	2.9%	10	21
電子部品・デバイス・電子回路製造業	32	1.6%	16	36	4,909	7.7%	3	38	251,310	5.9%	6	30
電気機械器具製造業	49	2.5%	13	39	1,964	3.1%	14	40	29,618	0.7%	17	43
情報通信機械器具製造業	18	0.9%	19	20	4,556	7.2%	4	9	204,086	4.8%	7	11
輸送用機械器具製造業	127	6.4%	5	25	8,628	13.6%	1	25	611,824	14.3%	1	17
その他の製造業	92	4.6%	9	37	672	1.1%	21	44	7,174	0.2%	23	44

事業所数上位10市町村

順位	市町村	事業所数	占有率
	大分県計	1,665	100.0%
1	大分市	410	24.6%
2	日田市	222	13.3%
3	佐伯市	182	10.9%
4	中津市	157	9.4%
5	宇佐市	114	6.8%
6	臼杵市	90	5.4%
7	別府市	67	4.0%
8	国東市	66	4.0%
9	豊後高田市	53	3.2%
9	豊後大野市	53	3.2%
	その他	251	15.1%

従業者数上位10市町村

順位	市町村	従業者数(人)	占有率
	大分県計	62,760	100.0%
1	大分市	20,364	32.4%
2	中津市	9,643	15.4%
3	佐伯市	4,447	7.1%
4	宇佐市	4,421	7.0%
5	国東市	4,179	6.7%
6	日田市	4,147	6.6%
7	臼杵市	2,829	4.5%
8	豊後高田市	2,405	3.8%
9	杵築市	2,247	3.6%
10	由布市	1,655	2.6%
	その他	6,423	10.2%

製造品出荷額等上位10市町村

順位	市町村	製造品出荷額等(万円)	占有率
	大分県計	426,971,340	100.0%
1	大分市	281,012,707	65.8%
2	中津市	52,818,979	12.4%
3	宇佐市	17,517,594	4.1%
4	国東市	15,366,326	3.6%
5	日田市	9,899,152	2.3%
6	佐伯市	9,845,506	2.3%
7	臼杵市	8,324,961	1.9%
8	津久見市	6,622,891	1.6%
9	杵築市	5,929,748	1.4%
10	豊後高田市	5,750,791	1.3%
	その他	13,882,685	3.3%

宮崎県

県庁所在地	宮崎市
人口	108.9万人【全国36位】(2017年)
面積	7735.32km²【全国14位】(2017年)

宮崎県の工業のあらまし

　事業所数、従業者数、製造品出荷額等の上位10市町村を見ると、県庁所在地の宮崎市とともに、都城市と延岡市が上位です。

　都城市は、県南西部の内陸にありますが、九州自動車道から分かれた宮崎自動車道が通り、交通の便が良いところです。食料品製造業や飲料・たばこ・飼料製造業がさかんですが、タイヤの製造をおこなう住友ゴム工業の工場があり、ゴム製品製造業もさかんです。

　延岡市は、県北東部にあり、太平洋（日向灘）に面しています。化学繊維の製造などで発展した旭化成グループの会社や工場が多く、化学工業がさかんで、加えて、電子部品・デバイス・電子回路製造業もさかんです。

　そうしたこともあり、生産額（製造品出荷額等）では、食料品製造業が1位、飲料・たばこ・飼料製造業が2位、化学工業が3位、電子部品・デバイス・電子回路製造業が4位、ゴム製品製造業が5位です。

　1位の食料品製造業は、都城市のほかにも、日向市や宮崎市をはじめ、県内各地でおこなわれています。県内の豊富な農産物や畜産物、水産物を原料にした加工食品づくりなどがさかんです。

　2位の飲料・たばこ・飼料製造業は、都城市のほかにも、県内各地でおこなわれている焼酎の製造で知られています。

　3位の化学工業は、化学繊維や薬品の製造が中心ですが、延岡市のほかにも、日向市などでもおこなわれています。

　4位の電子部品・デバイス・電子回路製造業は、延岡市のほかにも、宮崎市などでおこなわれています。

事○：事業所数
従○：従業者数
額○：製造品出荷額等
○で囲んだ数字は、順位を示す。

宮崎県の製造業の内訳

産業分類	事業所数	占有率	順位	全国順位	従業者数(人)	占有率	順位	全国順位	製造品出荷額等(百万円)	占有率	順位	全国順位
製造業計	1,795	100.0%		40	53,538	100.0%		41	1,575,942	100.0%		42
食料品製造業	450	25.1%	1	32	14,185	26.5%	1	31	329,192	20.9%	1	28
飲料・たばこ・飼料製造業	147	8.2%	3	10	2,731	5.1%	6	14	174,521	11.1%	2	17
繊維工業	106	5.9%	6	41	3,403	6.4%	3	30	84,009	5.3%	6	15
木材・木製品製造業(家具を除く)	173	9.6%	2	21	2,936	5.5%	5	9	48,956	3.1%	11	21
家具・装備品製造業	84	4.7%	9	32	676	1.3%	19	36	6,839	0.4%	21	38
パルプ・紙・紙加工品製造業	20	1.1%	17	45	866	1.6%	18	42	41,973	2.7%	12	39
印刷・同関連業	105	5.8%	7	35	1,067	2.0%	17	42	15,049	1.0%	19	40
化学工業	33	1.8%	13	38	1,822	3.4%	13	34	167,994	10.7%	3	32
石油製品・石炭製品製造業	17	0.9%	19	32	114	0.2%	23	35	5,290	0.3%	22	37
プラスチック製品製造業	61	3.4%	11	38	2,136	4.0%	9	36	41,927	2.7%	13	38
ゴム製品製造業	12	0.7%	20	40	2,014	3.8%	11	22	118,142	7.5%	5	13
なめし革・同製品・毛皮製造業	1	0.1%	24	45	3	0.01%	24	45	X	X	X	X
窯業・土石製品製造業	122	6.8%	5	38	1,927	3.6%	12	39	32,966	2.1%	15	44
鉄鋼業	11	0.6%	21	46	339	0.6%	21	46	19,428	1.2%	17	43
非鉄金属製造業	5	0.3%	22	43	173	0.3%	23	43	2,836	0.2%	23	42
金属製品製造業	134	7.5%	4	44	2,018	3.8%	10	44	33,703	2.1%	14	46
はん用機械器具製造業	24	1.3%	16	45	468	0.9%	20	42	8,456	0.5%	20	42
生産用機械器具製造業	80	4.5%	10	43	2,220	4.1%	7	43	50,401	3.2%	10	42
業務用機械器具製造業	20	1.1%	17	35	1,268	2.4%	15	30	18,675	1.2%	18	36
電子部品・デバイス・電子回路製造業	32	1.8%	14	37	5,241	9.8%	2	36	163,982	10.4%	4	38
電気機械器具製造業	27	1.5%	15	45	2,181	4.1%	8	37	77,691	4.9%	7	34
情報通信機械器具製造業	5	0.3%	22	37	1,371	2.6%	14	25	62,294	4.0%	8	24
輸送用機械器具製造業	38	2.1%	12	40	3,207	6.0%	4	38	51,774	3.3%	9	40
その他の製造業	88	4.9%	8	38	1,172	2.2%	16	34	19,677	1.2%	16	34

事業所数上位10市町村

順位	市町村	事業所数	占有率
	宮崎県計	1,532	100.0%
1	宮崎市	345	22.5%
2	都城市	279	18.2%
3	延岡市	192	12.5%
4	日向市	124	8.1%
5	日南市	95	6.2%
6	小林市	70	4.6%
7	門川町	47	3.1%
8	三股町	41	2.7%
9	西都市	40	2.6%
10	国富町	37	2.4%
	その他	262	17.1%

従業者数上位10市町村

順位	市町村	従業者数(人)	占有率
	宮崎県計	52,951	100.0%
1	宮崎市	11,817	22.3%
2	都城市	11,199	21.1%
3	延岡市	6,218	11.7%
4	日向市	5,310	10.0%
5	日南市	3,085	5.8%
6	国富町	2,168	4.1%
7	小林市	1,849	3.5%
8	西都市	1,484	2.8%
9	門川町	1,397	2.6%
10	川南町	1,322	2.5%
	その他	7,102	13.4%

製造品出荷額等上位10市町村

順位	市町村	製造品出荷額等(万円)	占有率
	宮崎県計	156,572,982	100.0%
1	都城市	40,073,760	25.6%
2	延岡市	28,518,227	18.2%
3	宮崎市	22,526,627	14.4%
4	日向市	17,492,746	11.2%
5	国富町	9,220,141	5.9%
6	日南市	7,273,987	4.6%
7	木城町	6,032,727	3.9%
8	川南町	4,566,270	2.9%
9	小林市	4,027,726	2.6%
10	新富町	3,229,788	2.1%
	その他	13,610,983	8.7%

鹿児島県

県庁所在地	鹿児島市
人口	162.6万人【全国24位】(2017年)
面積	9187.01km²【全国10位】(2017年)

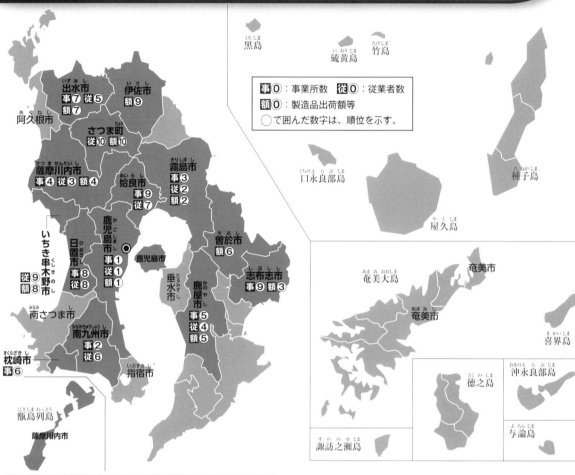

鹿児島県の工業のあらまし

　鹿児島県の工業の中心は、生産額（製造品出荷額等）1位の食料品製造業と2位の飲料・たばこ・飼料製造業です。これらの生産額の合計は、県全体の生産額の半分以上を占めます。

　食料品製造業は、鹿児島市をはじめ、県内各地でおこなわれています。農業産出額でも漁業生産量でも全国上位の鹿児島県では、豊かな農産物や畜産物、水産物を使い、さまざまな加工食品がつくられています。収穫量全国一のかんしょ（さつまいも）を使った菓子のほか、薩南諸島で収穫されたさとうきびを原料とした黒砂糖、生産量日本一のかつおぶしなどで知られます。黒酢やさつまあげも、特産品として有名です。

　飲料・たばこ・飼料製造業は志布志市や鹿児島市が中心です。さつまいもを原料とした焼酎は、県内に100以上の蔵元があり、各地で製造されています。茶の栽培がさかんなので、茶も特産品です。また、志布志市では、飲料だけではなく、飼料の製造もさかんです。

　なお、3位の電子部品・デバイス・電子回路製造業は、霧島市や鹿屋市が中心で、4位の窯業・土石製品製造業は、薩摩川内市でさかんです。5位の電気機械器具製造業は、霧島市などでおこなわれています。なかでも、電子部品・デバイス・電子回路製造業がさかんな霧島市には、九州自動車道が通り、鹿児島空港があるので、集積回路（IC／→P22）を製造する大きな工場があります。

鹿児島県の製造業の内訳

産業分類	事業所数	占有率	順位	全国順位	従業者数(人)	占有率	順位	全国順位	製造品出荷額等(百万円)	占有率	順位	全国順位
製造業計	2,962	100.0%		28	70,694	100.0%		33	2,071,374	100.0%		35
食料品製造業	858	29.0%	1	11	25,117	35.5%	1	16	724,498	35.0%	1	14
飲料・たばこ・飼料製造業	553	18.7%	2	2	6,632	9.4%	4	2	472,637	22.8%	2	7
繊維工業	162	5.5%	5	34	2,500	3.5%	8	41	16,859	0.8%	13	44
木材・木製品製造業(家具を除く)	144	4.9%	6	26	1,304	1.8%	11	33	21,584	1.0%	12	40
家具・装備品製造業	109	3.7%	10	28	677	1.0%	15	35	6,857	0.3%	17	37
パルプ・紙・紙加工品製造業	28	0.9%	16	42	833	1.2%	13	43	42,953	2.1%	8	38
印刷・同関連業	144	4.9%	6	27	1,735	2.5%	9	33	21,631	1.0%	11	36
化学工業	32	1.1%	15	39	434	0.6%	18	44	26,859	1.3%	10	43
石油製品・石炭製品製造業	25	0.8%	18	21	209	0.3%	21	27	6,084	0.3%	18	34
プラスチック製品製造業	45	1.5%	13	40	934	1.3%	12	42	16,579	0.8%	14	43
ゴム製品製造業	5	0.2%	21	45	33	0.05%	23	45	500	0.02%	22	45
なめし革・同製品・毛皮製造業	2	0.1%	24	43	8	0.01%	24	43	X	X	X	X
窯業・土石製品製造業	227	7.7%	3	26	7,026	9.9%	3	12	169,881	8.2%	4	19
鉄鋼業	9	0.3%	20	46	135	0.2%	22	47	3,745	0.2%	20	47
非鉄金属製造業	5	0.2%	21	41	377	0.5%	19	41	29,741	1.4%	9	37
金属製品製造業	185	6.2%	4	38	2,537	3.6%	7	42	47,764	2.3%	7	42
はん用機械器具製造業	26	0.9%	17	44	277	0.4%	20	44	3,574	0.2%	21	44
生産用機械器具製造業	116	3.9%	8	39	3,513	5.0%	5	37	59,173	2.9%	6	39
業務用機械器具製造業	25	0.8%	18	32	480	0.7%	17	39	4,962	0.2%	19	43
電子部品・デバイス・電子回路製造業	57	1.9%	11	29	10,601	15.0%	2	13	243,209	11.7%	3	31
電気機械器具製造業	51	1.7%	12	37	2,739	3.9%	6	33	109,385	5.3%	5	31
情報通信機械器具製造業	4	0.1%	23	40	511	0.7%	16	34	X	X	X	X
輸送用機械器具製造業	37	1.2%	14	43	771	1.1%	14	45	15,771	0.8%	16	46
その他の製造業	113	3.8%	9	31	1,311	1.9%	10	33	16,068	0.8%	15	37

事業所数上位10市町村

順位	市町村	事業所数	占有率
	鹿児島県計	2,423	100.0%
1	鹿児島市	532	22.0%
2	南九州市	175	7.2%
3	霧島市	159	6.6%
4	薩摩川内市	146	6.0%
5	鹿屋市	123	5.1%
6	枕崎市	115	4.7%
7	出水市	113	4.7%
8	日置市	93	3.8%
9	志布志市	78	3.2%
9	姶良市	78	3.2%
	その他	811	33.5%

従業者数上位10市町村

順位	市町村	従業者数(人)	占有率
	鹿児島県計	69,539	100.0%
1	鹿児島市	12,128	17.4%
2	霧島市	11,001	15.8%
3	薩摩川内市	7,291	10.5%
4	鹿屋市	3,922	5.6%
5	出水市	3,714	5.3%
6	南九州市	3,190	4.6%
7	姶良市	2,808	4.0%
8	日置市	2,493	3.6%
9	いちき串木野市	2,257	3.2%
10	さつま町	2,237	3.2%
	その他	18,498	26.6%

製造品出荷額等上位10市町村

順位	市町村	製造品出荷額等(万円)	占有率
	鹿児島県計	205,470,017	100.0%
1	鹿児島市	37,572,965	18.3%
2	霧島市	29,040,485	14.1%
3	志布志市	26,890,058	13.1%
4	薩摩川内市	19,128,713	9.3%
5	鹿屋市	10,066,573	4.9%
6	曽於市	8,546,060	4.2%
7	出水市	8,167,030	4.0%
8	いちき串木野市	6,727,452	3.3%
9	伊佐市	6,399,652	3.1%
10	さつま町	5,437,279	2.6%
	その他	47,493,750	23.1%

沖縄県

県庁所在地	那覇市
人口	144.3万人【全国25位】(2017年)
面積	2280.98km²【全国44位】(2017年)

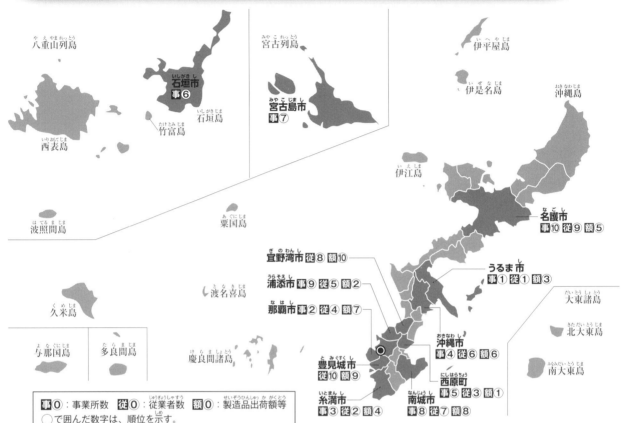

事⓪：事業所数　従⓪：従業者数　額⓪：製造品出荷額等
○で囲んだ数字は、順位を示す。

沖縄県の工業のあらまし

　沖縄県は、製造業全体の生産額（製造品出荷額等）の全国順位が47都道府県中47位で、工業はさかんではありません。それは、日本の西端に連なる琉球諸島にある沖縄県は、本土の大都市との距離があるため、製造したものを運ぶのに費用がかかってしまうことがおもな理由です。

　生産額1位は、浦添市、糸満市、南城市をはじめ、沖縄島の各地や宮古島などでおこなわれている食料品製造業です。とくに、全国のさとうきびの収穫量の6割ほどを沖縄県が占めるため、それを原料とした粗糖の製造がさかんです。ほかにも、地元でとれるパイナップルを使った缶詰づくりをはじめとした食品加工業などもおこなわれています。

　また、飲料の製造もおこなわれていて、飲料・たばこ・飼料製造業の生産額が3位です。とくに、米を原料とした焼酎の泡盛は、沖縄県の特産品として有名です。

もっと知ろう　沖縄県の伝統工業

　沖縄県の工業の中心は、食料品や飲料の製造とともに、古くからおこなわれている伝統工業です。その多くが、琉球王国の時代からつづく伝統工芸品で、織物、染織品、陶磁器、漆器などがつくられています。なかでも、織物は、久米島紬、宮古上布、琉球絣、首里織、与那国織、八重山ミンサーなど、12種類が国の伝統的工芸品（→P32）に指定されていて、沖縄島だけではなく、宮古島、石垣島、久米島、与那国島などでもつくられています。

沖縄県の製造業の内訳

産業分類	事業所数	占有率	順位	全国順位	従業者数(人)	占有率	順位	全国順位	製造品出荷額等(百万円)	占有率	順位	全国順位
製造業計	1,448	100.0%		45	23,955	100.0%		47	550,000	100.0%		47
食料品製造業	449	31.0%	1	33	10,306	43.0%	1	36	166,790	30.3%	1	39
飲料・たばこ・飼料製造業	128	8.8%	4	14	2,084	8.7%	4	18	75,846	13.8%	3	30
繊維工業	94	6.5%	6	43	831	3.5%	6	47	3,461	0.6%	13	47
木材・木製品製造業(家具を除く)	13	0.9%	12	47	84	0.4%	18	47	925	0.2%	18	47
家具・装備品製造業	65	4.5%	7	39	493	2.1%	11	42	3,481	0.6%	12	46
パルプ・紙・紙加工品製造業	7	0.5%	18	47	437	1.8%	12	46	6,660	1.2%	10	46
印刷・同関連業	100	6.9%	5	38	1,377	5.7%	5	36	16,467	3.0%	7	39
化学工業	40	2.8%	9	34	576	2.4%	7	42	11,117	2.0%	8	44
石油製品・石炭製品製造業	16	1.1%	11	34	241	1.0%	14	24	110,909	20.2%	2	14
プラスチック製品製造業	21	1.5%	10	47	498	2.1%	10	47	10,304	1.9%	9	46
ゴム製品製造業	2	0.1%	20	46	4	0.02%	22	46	X	X	X	X
なめし革・同製品・毛皮製造業	2	0.1%	20	44	8	0.03%	21	44	−	−	−	−
窯業・土石製品製造業	181	12.5%	3	29	2,578	10.8%	3	35	56,031	10.2%	4	35
鉄鋼業	10	0.7%	16	45	571	2.4%	8	42	22,746	4.1%	6	42
非鉄金属製造業	−	−	−	−	−	−	−	−	−	−	−	−
金属製品製造業	204	14.1%	2	36	2,615	10.9%	2	41	48,515	8.8%	5	41
はん用機械器具製造業	4	0.3%	19	47	33	0.1%	20	47	X	X	X	X
生産用機械器具製造業	12	0.8%	14	47	137	0.6%	15	47	2,225	0.4%	15	47
業務用機械器具製造業	12	0.8%	14	43	127	0.5%	17	47	1,234	0.2%	17	47
電子部品・デバイス・電子回路製造業	1	0.1%	22	47	59	0.2%	19	47	X	X	X	X
電気機械器具製造業	10	0.7%	16	47	249	1.0%	13	47	5,087	0.9%	11	47
情報通信機械器具製造業	1	0.1%	22	47	4	0.02%	22	46	X	X	X	X
輸送用機械器具製造業	13	0.9%	12	47	129	0.5%	16	47	2,153	0.4%	16	47
その他の製造業	63	4.4%	8	44	514	2.1%	9	45	3,320	0.6%	14	47

事業所数上位10市町村

順位	市町村	事業所数	占有率
	沖縄県計	1,239	100.0%
1	うるま市	128	10.3%
2	那覇市	119	9.6%
3	糸満市	111	9.0%
4	沖縄市	84	6.8%
5	西原町	78	6.3%
6	石垣市	71	5.7%
7	宮古島市	65	5.2%
8	南城市	59	4.8%
9	浦添市	58	4.7%
10	名護市	54	4.4%
	その他	412	33.3%

従業者数上位10市町村

順位	市町村	従業者数(人)	占有率
	沖縄県計	23,558	100.0%
1	うるま市	2,851	12.1%
2	糸満市	2,745	11.7%
3	西原町	2,601	11.0%
4	那覇市	2,132	9.1%
5	浦添市	2,016	8.6%
6	沖縄市	1,352	5.7%
7	南城市	1,182	5.0%
8	宜野湾市	1,155	4.9%
9	名護市	1,060	4.5%
10	豊見城市	996	4.2%
	その他	5,468	23.2%

製造品出荷額等上位10市町村

順位	市町村	製造品出荷額等(万円)	占有率
	沖縄県計	54,406,939	100.0%
1	西原町	14,551,812	26.7%
2	浦添市	5,971,296	11.0%
3	うるま市	4,387,208	8.1%
4	糸満市	4,293,215	7.9%
5	名護市	4,147,845	7.6%
6	沖縄市	3,714,691	6.8%
7	那覇市	3,492,980	6.4%
8	南城市	2,560,578	4.7%
9	豊見城市	2,015,938	3.7%
10	宜野湾市	1,720,717	3.2%
	その他	7,550,659	13.9%

工業コラム⑥ 西日本の地域団体商標

104ページの東日本の地域団体商標につづき、ここでは、西日本（近畿地方、中国・四国地方、九州・沖縄地方）の地域団体商標を紹介します。

県	地域団体商標
滋賀県	●雄琴温泉 ●近江牛 ●琵琶湖産鮎 ●信楽焼 ●近江の麻 ●近江ちぢみ ●高島ちぢみ ●モリヤマメロン ●彦根仏壇 ●甲賀のお茶 ●草津メロン
京都府	●間人ガニ ●舞鶴かまぼこ ●京人形 ●鴨川納涼床 ●京あられ ●京おかき ●京石工芸品 ●京仏壇 ●京都名産すぐき ●京都名産千枚漬 ●京つけもの ●京漬物 ●北山丸太 ●京雛 ●京印章 ●京仏具 ●京甲冑 ●京房ひも ●京くみひも ●京表具 ●京小紋 ●京友禅 ●京仕立 ●西陣爪掻本綴織 ●西陣御召 ●西陣金襴 ●京鹿の子絞 ●京扇子 ●京うちわ ●京念珠 ●京味噌 ●宇治茶 ●京都肉 ●京飴 ●京せんべい ●京石塔 ●京都米 ●京の伝統野菜 ●京とうふ ●誂京染 ●京たんご梨 ●京菓子 ●湯の花温泉 ●京焼・清水焼 ●京たたみ ●北山杉 ●京の色紙短冊和本帖 ●京漆器 ●京竹工芸 ●京象嵌 ●京陶人形 ●万願寺甘とう ●京和装小物 ●京七宝 ●京染 ●丹後とり貝 ●保津川下り ●舞鶴かに ●京手描友禅 ●京ゆば ●京装束 ●京神具 ●黒谷和紙
大阪府	●大阪欄間 ●和泉木綿 ●泉州タオル ●大阪泉州桐箪笥 ●大阪仏壇 ●泉州水なす ●堺刃物 ●堺打刃物 ●泉だこ ●堺線香 ●八尾若ごぼう
兵庫県	●豊岡鞄 ●播州毛鉤 ●淡路瓦 ●豊岡杞柳細工 ●灘の酒 ●城崎温泉 ●加西ゴールデンベリーA ●明石鯛 ●龍野淡口醤油 ●三田肉 ●三田牛 ●須磨海苔 ●神戸ビーフ ●神戸肉 ●神戸牛 ●播州そろばん ●但馬牛 ●但馬ビーフ ●但馬牛 ●淡路ビーフ ●有馬温泉 ●播州織 ●三木金物 ●東条産山田錦 ●播州針 ●淡路島たまねぎ ●出石皿そば ●淡路島3年とらふぐ ●丹波篠山黒豆 ●姫路おでん ●丹波篠山牛 ●黒田庄和牛 ●神戸シューズ ●たじまピーマン ●出石そば ●丹波焼
奈良県	●高山茶筌 ●吉野材 ●吉野本葛 ●吉野葛 ●大和肉鶏 ●吉野杉 ●吉野桧 ●吉野割箸 ●吉野杉箸 ●平群の小菊 ●結崎ネブカ
和歌山県	●有田みかん ●紀州みなべの南高梅 ●紀州備長炭 ●和歌山ラーメン ●しもつみかん ●紀州うすい ●すさみケンケン鰹 ●紀州箪筍 ●紀州梅干 ●南紀白浜温泉 ●龍神材 ●紀州勝浦産生まぐろ ●紀州ひろめ
鳥取県	●三朝温泉 ●東伯和牛 ●東伯牛 ●因州和紙 ●大山ブロッコリー ●日南トマト
島根県	●石州瓦 ●十六島紫菜 ●多伎いちじく ●石見和牛肉 ●隠岐牛 ●玉造温泉
岡山県	●岡山白桃 ●千屋牛 ●湯郷温泉 ●湯原温泉 ●備前焼 ●藤田レタス
広島県	●福山琴 ●広島みかん ●広島の酒 ●広島はっさく ●府中家具 ●広島かき ●高根みかん ●広島レモン ●広島針 ●びんご畳表 ●三次ピオーネ ●福山のくわい ●大長レモン ●大長みかん ●比婆牛
山口県	●下関うに ●北浦うに ●長門ゆずきち ●厚保くり ●下関ふく ●長門湯本温泉 ●赤間硯
徳島県	●渭東ねぎ ●なると金時 ●徳島唐木仏壇 ●鳴門らっきょ ●阿波しじら織 ●阿波山田錦
香川県	●庵治石 ●ひけた鰤 ●伊吹いりこ ●讃岐牛 ●小豆島オリーブオイル
愛媛県	●西宇和みかん ●真穴みかん ●菊間瓦 ●西条の七草 ●今治タオル ●道後温泉 ●宇和島じゃこ天 ●戸島ぶり ●大島石 ●中山栗 ●宇和島鯛めし
高知県	●土佐打刃物 ●四万十川の青のり ●四万十川の青さのり ●徳谷トマト ●土佐あかうし
福岡県	●博多人形 ●小石原焼 ●博多織 ●上野焼 ●八女提灯 ●合馬たけのこ ●八女茶 ●福岡の八女茶 ●八女福島仏壇 ●博多なす ●久留米かすり ●久留米絣 ●原鶴温泉 ●博多焼酎 ●博多蕾菜 ●はかた地どり ●福岡のり ●大川家具 ●鐘崎天然とらふく
佐賀県	●神埼そうめん ●佐賀のり ●伊万里梨 ●佐賀産和牛 ●小城羊羹 ●うれしの茶 ●唐津焼
長崎県	●長崎カステラ ●五島うどん ●五島手延うどん ●九十九島かき ●小長井牡蠣 ●五島牛 ●長崎和牛 ●壱岐牛
熊本県	●球磨焼酎 ●阿蘇たかな漬 ●熊本名産からし蓮根 ●天草黒牛 ●黒川温泉 ●小国杉 ●くまもと畳表 ●菊池温泉 ●杖立温泉 ●くまもと茶 ●天草ぶり ●荒尾梨 ●熊本いきなり団子
大分県	●関あじ ●関さば ●大分麦焼酎 ●大分むぎ焼酎 ●豊後別府湾ちりめん ●豊後牛 ●日田梨 ●小鹿田焼 ●豊後きのこカレー ●玖珠米 ●岬ガザミ ●中津からあげ
宮崎県	●宮崎牛 ●宮崎ハーブ牛 ●宮崎の本格焼酎 ●北浦灘アジ ●みやざき地頭鶏 ●都城和牛 ●高千穂牛
鹿児島県	●かごしま知覧茶 ●本場奄美大島紬 ●薩摩焼 ●知覧茶 ●本場大島紬 ●川辺仏壇 ●かけろまきび酢 ●知覧紅 ●鹿児島黒牛 ●奄美黒糖焼酎 ●桜島小みかん ●枕崎鰹節 ●赤鶏さつま
沖縄県	●石垣の塩 ●琉球びんがた ●首里織 ●本場久米島紬 ●沖縄黒糖 ●八重山かまぼこ ●石垣牛 ●壺屋焼 ●宮古上布 ●琉球かすり ●琉球絣 ●沖縄赤瓦 ●読谷山花織 ●知花花織 ●沖縄シークヮーサー ●琉球泡盛 ●沖縄そば

※2018（平成30）年1月31日までに登録されているもの。

おもな品目別に見る全国一の都道府県

国の統計で24に分類される製造業には、さまざまな品目があります。ここでは、24の製造業ごとにおもな品目をとらえ、生産額（製造品出荷額等）が全国一の都道府県を記しています。

※品目によっては、製造品出荷額等を公開していない都道府県があるため、ここに記した都道府県が、全国一でない場合もあります。

製造業	品目	都道府県	製造品出荷額等（百万円） 全国計	製造品出荷額等（百万円） 都道府県	占有率
食料品製造業	部分肉、冷凍肉（ブロイラーを除く）	鹿児島県	1,573,355	211,780	13.5%
	処理牛乳	北海道	545,900	67,110	12.3%
	乳飲料、乳酸菌飲料	兵庫県	306,951	37,690	12.3%
	バター	北海道	83,769	70,168	83.8%
	チーズ	北海道	274,544	67,856	24.7%
	クリーム	北海道	161,222	80,809	50.1%
	アイスクリーム	埼玉県	357,397	59,175	16.6%
	ブロイラー加工品（解体品を含む）	宮崎県	601,396	105,333	17.5%
	さば缶詰	青森県	14,953	7,829	52.4%
	寒天	長野県	15,525	12,214	78.7%
	塩干・塩蔵品	北海道	292,229	128,127	43.8%
	冷凍水産物	北海道	446,783	156,441	35.0%
	冷凍水産食品	静岡県	573,302	134,124	23.4%
	素干・煮干	北海道	108,693	21,647	19.9%
	野菜缶詰（瓶詰・つぼ詰を含む）	長野県	36,918	5,978	16.2%
	果実缶詰（瓶詰・つぼ詰を含む）	山形県	35,490	8,369	23.6%
	冷凍野菜・果実	北海道	48,765	17,469	35.8%
	野菜漬物（果実漬物を含む）	和歌山	330,928	45,487	13.7%
	みそ（粉みそを含む）	長野県	130,867	65,047	49.7%
	しょうゆ、食用アミノ酸（粉しょうゆ、固形しょうゆを含む）	千葉県	175,856	59,394	33.8%
	ウスター・中濃・濃厚ソース	広島県	42,165	13,354	31.7%
	食酢	茨城県	53,804	5,677	10.6%
	香辛料（練製のものを含む）	埼玉県	124,605	32,476	26.1%
	粗糖（糖みつ、黒糖を含む）	沖縄県	28,474	15,508	54.5%
	精製糖（購入した粗糖・精製糖から製造加工したもの）	千葉県	152,419	37,336	24.5%
	精米（砕精米を含む）	埼玉県	612,030	87,496	14.3%
	小麦粉	千葉県	430,528	70,705	16.4%
	こんにゃく粉	群馬県	15,267	12,598	82.5%
	食パン	大阪府	361,910	49,363	13.6%
	菓子パン（イーストドーナッツを含む）	愛知県	936,023	110,898	11.8%
	洋生菓子	愛知県	808,941	101,281	12.5%
	ビスケット類、干菓子	埼玉県	424,305	51,408	12.1%
	米菓	新潟県	342,561	194,632	56.8%
	あめ菓子	愛知県	182,664	27,611	15.1%
	チョコレート類	大阪府	445,666	78,078	17.5%
	大豆油	兵庫県	41,078	18,214	44.3%
	混合植物油脂	神奈川県	185,000	71,228	38.5%

出典：経済産業省「平成28年経済センサス-活動調査」産業別集計（製造業）「品目編」統計表データ／製造品に関する統計表／品目別、都道府県別の出荷及び産出事業所数（従業者4人以上の事業所）

製造業	品目	都道府県	製造品出荷額等(百万円) 全国計	製造品出荷額等(百万円) 都道府県	占有率
食料品製造業	マーガリン	兵庫県	96,065	28,558	29.7%
	即席めん類	群馬県	384,815	54,295	14.1%
	和風めん	埼玉県	283,407	32,284	11.4%
	洋風めん	神奈川県	58,368	7,202	12.3%
	中華めん	埼玉県	187,429	27,492	14.7%
	豆腐、しみ豆腐、油揚げ類	群馬県	295,148	30,180	10.2%
	あん類	群馬県	67,798	7,075	10.4%
	すし、弁当、おにぎり	千葉県	1,257,648	153,816	12.2%
	レトルト食品	静岡県	220,003	23,988	10.9%
	ふ、焼きふ	石川県	15,672	3,236	20.6%
	切餅、包装餅(和生菓子を除く)	新潟県	46,550	31,774	68.3%
	栄養補助食品(錠剤、カプセル等の形状のもの)	静岡県	273,301	48,602	17.8%
飲料・たばこ・飼料製造業	炭酸飲料	茨城県	224,824	31,697	14.1%
	ジュース	静岡県	420,419	85,774	20.4%
	コーヒー飲料(ミルク入りを含む)	埼玉県	377,249	52,203	13.8%
	茶系飲料	静岡県	640,140	174,956	27.3%
	ミネラルウォーター	山梨県	108,903	31,219	28.7%
	果実酒	栃木県	80,040	18,211	22.8%
	ビール	茨城県	1,142,210	165,214	14.5%
	清酒(濁酒を含む)	兵庫県	434,995	104,344	24.0%
	焼酎	鹿児島県	517,555	107,077	20.7%
	ウイスキー	千葉県	158,645	21,244	13.4%
	みりん(本直しを含む)	兵庫県	45,728	13,246	29.0%
	チューハイ・カクテル	千葉県	217,454	24,265	11.2%
	荒茶	静岡県	74,750	32,026	42.8%
	緑茶(仕上茶)	静岡県	252,487	139,515	55.3%
	紅茶(仕上茶)	静岡県	25,242	16,259	64.4%
	コーヒー	兵庫県	228,536	51,058	22.3%
	人造氷	千葉県	51,525	22,438	43.5%
	配合飼料	鹿児島県	1,219,451	285,830	23.4%
	ペット用飼料	兵庫県	92,286	14,224	15.4%
繊維工業	織物製成人男子・少年用背広服上衣(ブレザー、ジャンパー等を含む)	大阪府	29,424	4,306	14.6%
	織物製成人男子・少年用背広服ズボン(替えズボンを含む)	岡山県	7,228	1,563	21.6%
	織物製成人男子・少年用オーバーコート類	大阪府	1,321	132	10.0%
	織物製成人男子・少年用制服上衣・オーバーコート類	大阪府	6,550	953	14.5%
	織物製成人男子・少年用制服ズボン	岡山県	2,878	603	21.0%
	織物製成人女子・少女用ワンピース・スーツ上衣(ブレザー、ジャンパー等を含む)	東京都	29,849	4,052	13.6%
	織物製成人女子・少女用スカート・ズボン	岡山県	27,687	7,822	28.3%
	織物製成人女子・少女用ブラウス	広島県	7,794	1,271	16.3%
	織物製成人女子・少女用オーバー・レインコート	岡山県	2,306	967	41.9%
	織物製成人女子・少女用制服	岡山県	1,484	191	12.9%
	織物製乳幼児服	大阪府	5,882	778	13.2%
	織物製ワイシャツ	岡山県	11,412	1,928	16.9%

製造業	品目	都道府県	製造品出荷額等(百万円)		占有率
			全国計	都道府県	
繊維工業	織物製事務用・作業用・衛生用衣服	岡山県	89,557	24,422	27.3%
	織物製スポーツ用衣服	大阪府	12,148	2,160	17.8%
	織物製成人男子・少年用学校服上衣・オーバーコート類	岡山県	33,657	22,714	67.5%
	織物製成人男子・少年用学校服ズボン	岡山県	6,497	5,300	81.6%
	織物製成人女子・少女用学校服上衣・オーバーコート類	岡山県	7,055	2,638	37.4%
	織物製成人女子・少女用学校服スカート・ズボン	岡山県	5,598	2,541	45.4%
	ニット製上衣・コート類(ブレザー、ジャンパー等を含む)	福井県	8,025	3,868	48.2%
	ニット製ズボン・スカート	福井県	5,480	3,386	61.8%
	ニット製乳幼児用外衣	愛知県	6,518	1,718	26.4%
	ニット製アウターシャツ類	東京都	44,702	10,458	23.4%
	ニット製成人男子・少年用セーター・カーディガン・ベスト類	新潟県	8,312	3,610	43.4%
	ニット製成人女子・少女用セーター・カーディガン・ベスト類	新潟県	36,529	15,424	42.2%
	ニット製スポーツ上衣	岡山県	24,335	6,794	27.9%
	ニット製スポーツ用ズボン・スカート	岡山県	9,970	2,213	22.2%
	綿織物製下着	大阪府	1,143	256	22.4%
	ニット製肌着	兵庫県	30,969	8,750	28.3%
	織物製寝巻類(和式のものを除く)	長崎県	5,797	704	12.1%
	ニット製寝巻類	大阪府	2,231	536	24.0%
	既製和服・帯(縫製加工されたもの)	京都府	22,517	11,089	49.2%
	足袋類(類似品、半製品を含む)	埼玉県	1,673	559	33.4%
	ネクタイ(ニット製を含む)	東京都	2,690	533	19.8%
	スカーフ・マフラー(ニット製を含む)	大阪府	5,330	1,744	32.7%
	ハンカチーフ	神奈川県	4,734	880	18.6%
	ソックス	奈良県	37,068	21,175	57.1%
	パンティーストッキング	青森県	29,532	5,821	19.7%
	タイツ	奈良県	4,648	1,868	40.2%
	衣服用ニット手袋	香川県	5,268	5,038	95.6%
	作業用ニット手袋	広島県	8,968	1,550	17.3%
	織物製帽子	大阪府	8,300	2,269	27.3%
	繊維製履物	山形県	2,416	555	23.0%
	衛生衣服附属品	大阪府	1,354	554	40.9%
	ふとん(羊毛ふとんを含む)	栃木県	27,309	3,376	12.4%
	羽毛ふとん	栃木県	20,924	3,618	17.3%
	毛布	大阪府	7,785	7,248	93.1%
	じゅうたん、だん通	大阪府	3,013	2,582	85.7%
	繊維製袋	岡山県	11,337	4,032	35.6%
	刺しゅう製品	大阪府	7,101	1,198	16.9%
	タオル(ハンカチーフを除く)	愛媛県	44,746	24,947	55.8%
	医療用ガーゼ、包帯	大阪府	7,826	1,577	20.2%
木材*	板類	北海道	112,487	12,038	10.7%
	経木、同製品	北海道	1,870	832	44.5%
	集成材	岡山県	211,870	30,090	14.2%
	住宅建築用木製組立材料	茨城県	542,359	82,741	15.3%

＊木材＝木材・木製品製造業

製造業	品目	都道府県	製造品出荷額等(百万円) 全国計	製造品出荷額等(百万円) 都道府県	占有率
木材・木製品製造業	床板	群馬県	131,057	24,782	18.9%
木材・木製品製造業	竹・とう・きりゅう等容器	大分県	878	232	26.4%
木材・木製品製造業	木箱	愛知県	60,426	8,523	14.1%
木材・木製品製造業	たる	秋田県	1,365	177	13.0%
木材・木製品製造業	おけ類	長野県	966	108	11.2%
木材・木製品製造業	木製台所用品	三重県	3,477	545	15.7%
木材・木製品製造業	はし(木・竹製)	大阪府	3,805	1,387	36.5%
木材・木製品製造業	木製履物(台を含む)	大分県	344	147	42.7%
家具・装備品製造業	木製机・テーブル・いす	岐阜県	154,240	22,868	14.8%
家具・装備品製造業	木製流し台・調理台・ガス台(キャビネットが木製のもの)	大阪府	152,578	37,235	24.4%
家具・装備品製造業	たんす	福岡県	22,822	6,386	28.0%
家具・装備品製造業	木製棚・戸棚	福岡県	118,215	17,365	14.7%
家具・装備品製造業	木製ベッド	愛知県	17,985	4,204	23.4%
家具・装備品製造業	金属製机・テーブル・いす	愛知県	145,760	29,237	20.1%
家具・装備品製造業	金属製流し台・調理台・ガス台(キャビネットが金属製のもの)	福島県	56,385	14,841	26.3%
家具・装備品製造業	金属製棚・戸棚	大阪府	90,457	16,722	18.5%
家具・装備品製造業	宗教用具	京都府	34,970	5,706	16.3%
家具・装備品製造業	建具(金属製を除く)	岐阜県	227,030	14,764	6.5%
家具・装備品製造業	事務所用・店舗用装備品	石川県	194,355	62,133	32.0%
家具・装備品製造業	びょうぶ、衣こう、すだれ、ついたて等(ついたてには、掛軸、掛地図を含む)	岐阜県	4,422	775	17.5%
パルプ・紙・紙加工品製造業	新聞巻取紙	北海道	343,448	156,873	45.7%
パルプ・紙・紙加工品製造業	衛生用紙	静岡県	190,684	59,167	31.0%
パルプ・紙・紙加工品製造業	障子紙、書道用紙	愛媛県	7,132	3,287	46.1%
パルプ・紙・紙加工品製造業	手すき和紙	愛媛県	2,134	400	18.7%
パルプ・紙・紙加工品製造業	段ボール(シート)	埼玉県	203,386	26,063	12.8%
パルプ・紙・紙加工品製造業	壁紙、ふすま紙	茨城県	44,525	9,876	22.2%
パルプ・紙・紙加工品製造業	事務用紙袋	東京都	82,441	19,326	23.4%
パルプ・紙・紙加工品製造業	ノート類	大阪府	17,858	4,432	24.8%
パルプ・紙・紙加工品製造業	祝儀用品	愛媛県	12,441	6,441	51.8%
パルプ・紙・紙加工品製造業	角底紙袋	埼玉県	71,606	22,044	30.8%
パルプ・紙・紙加工品製造業	大人用紙おむつ	静岡県	126,987	26,579	20.9%
印刷*	オフセット印刷物(紙に対するもの)	東京都	3,073,516	634,806	20.7%
印刷*	とっ版印刷物(紙に対するもの)	大阪府	182,624	21,001	11.5%
印刷*	おう版印刷物(紙に対するもの)	神奈川県	302,452	67,776	22.4%
印刷*	紙以外のものに対する印刷物	埼玉県	733,610	79,934	10.9%
化学工業	化成肥料	静岡県	123,454	15,512	12.6%
化学工業	配合肥料	北海道	115,100	33,886	29.4%
化学工業	食卓塩(精製塩を含む)	愛媛県	10,906	3,032	27.8%
化学工業	合成ゴム(合成ラテックスを含む)	千葉県	535,331	98,874	18.5%
化学工業	浴用石けん(薬用、液状を含む)	大阪府	75,710	34,039	45.0%
化学工業	洗濯石けん(固型、粉末)	大阪府	6,050	1,026	17.0%
化学工業	洗濯用合成洗剤	神奈川県	156,225	56,548	36.2%
化学工業	台所用合成洗剤	神奈川県	63,189	15,998	25.3%

＊印刷＝印刷・同関連業

製造業	品目	都道府県	製造品出荷額等(百万円)		占有率
			全国計	都道府県	
化学工業	油性塗料	千葉県	22,630	8,048	35.6%
	シンナー	兵庫県	94,876	22,106	23.3%
	一般インキ	埼玉県	238,283	70,331	29.5%
	新聞インキ	埼玉県	15,969	4,903	30.7%
	ワックス	兵庫県	26,643	13,716	51.5%
	ろうそく	東京都	2,546	398	15.6%
	医薬品製剤(医薬部外品製剤を含む)	埼玉県	6,910,731	872,023	12.6%
	ワクチン、血清、保存血液	東京都	303,049	58,701	19.4%
	動物用医薬品	群馬県	45,312	9,934	21.9%
	香水、オーデコロン	埼玉県	4,126	710	17.2%
	ファンデーション	東京都	103,677	29,252	28.2%
	おしろい	静岡県	16,367	5,209	31.8%
	口紅、ほお紅、アイシャドー	神奈川県	85,373	26,970	31.6%
	クリーム	大阪府	103,499	13,793	13.3%
	化粧水	埼玉県	181,970	31,826	17.5%
	乳液	東京都	88,951	17,263	19.4%
	シャンプー、ヘアリンス	神奈川県	194,168	71,745	36.9%
	養毛料	東京都	18,105	6,864	37.9%
	整髪料	東京都	76,145	13,037	17.1%
	歯磨	大阪府	100,259	30,775	30.7%
	殺虫剤	茨城県	98,092	10,838	11.0%
	試薬(診断用試薬を除く)	埼玉県	152,123	43,550	28.6%
石油・石炭製品*	ガソリン	神奈川県	5,636,811	1,104,075	19.6%
	ジェット燃料油	千葉県	676,846	247,761	36.6%
	灯油	千葉県	791,534	128,375	16.2%
	軽油	千葉県	2,175,235	504,757	23.2%
	アスファルト	大阪府	70,253	7,387	10.5%
	潤滑油(購入した鉱・動・植物油によるもの)	神奈川県	268,462	53,464	19.9%
	コークス	福岡県	178,389	47,662	26.7%
プラスチック*	プラスチック雨どい・同附属品	滋賀県	31,816	21,332	67.0%
	包装用軟質プラスチックフィルム(厚さ0.2mm未満で軟質のもの)	茨城県	837,478	118,554	14.2%
	プラスチックシート(厚さ0.2mm以上で軟質のもの)	静岡県	225,103	30,118	13.4%
	自動車用プラスチック製品	愛知県	1,863,272	663,407	35.6%
	日用雑貨・台所用品・食卓用品・浴室用品	茨城県	382,214	48,909	12.8%
	飲料用プラスチックボトル	茨城県	215,729	31,420	14.6%
ゴム製品製造業	乗用車用タイヤ	愛知県	690,080	186,874	27.1%
	特殊車両用・航空機用タイヤ	福岡県	242,187	52,951	21.9%
	ゴム底布靴	福岡県	10,256	4,177	40.7%
	ゴム製履物用品	兵庫県	4,813	2,063	42.9%
	プラスチック製靴	兵庫県	35,658	4,933	13.8%
	プラスチック製サンダル	大阪府	2,734	1,433	52.4%
	コンベヤゴムベルト	神奈川県	43,241	29,101	67.3%
	ゴムホース	三重県	170,601	42,864	25.1%

＊石油・石炭製品＝石油製品・石炭製品製造業、プラスチック＝プラスチック製品製造業

製造業	品目	都道府県	製造品出荷額等(百万円)		占有率
			全国計	都道府県	
なめし革・同製品・毛皮製造業	紳士用革靴(23cm以上)	東京都	30,650	7,766	25.3%
	婦人用・子供用革靴	東京都	52,753	17,654	33.5%
	運動用革靴	東京都	4,497	596	13.3%
	作業用革靴	福島県	14,389	6,689	46.5%
	衣服用革手袋(合成皮革製を含む)	香川県	2,922	2,504	85.7%
	作業用革手袋(合成皮革製を含む)	兵庫県	1,473	1,197	81.3%
	スポーツ用革手袋(合成皮革製を含む)	香川県	4,098	3,850	93.9%
	なめし革製書類入かばん・学生かばん・ランドセル	兵庫県	25,062	8,878	35.4%
	なめし革製ハンドバッグ	東京都	16,808	5,911	35.2%
	服装用革ベルト	東京都	3,818	1,887	49.4%
窯業・土石製品製造業	鏡	大阪府	8,827	1,495	16.9%
	ガラス製飲料用容器	兵庫県	80,532	16,538	20.5%
	ガラス製食料用・調味料用容器	東京都	32,767	3,526	10.8%
	薬瓶	東京都	10,715	3,158	29.5%
	ガラス製台所用品・食卓用品	愛知県	27,857	8,259	29.6%
	いぶしかわら	愛知県	9,791	3,945	40.3%
	普通れんが	愛知県	3,380	1,889	55.9%
	衛生陶器(附属品を含む)	愛知県	71,901	30,867	42.9%
	陶磁器製和飲食器	岐阜県	32,321	14,460	44.7%
	陶磁器製洋飲食器	岐阜県	15,938	10,858	68.1%
	陶磁器製台所・調理用品	三重県	2,590	1,795	69.3%
	陶磁器製置物	愛知県	6,320	1,970	31.2%
	モザイクタイル	岐阜県	15,101	12,973	85.9%
	石工品	岐阜県	66,480	12,889	19.4%
	七宝製品	愛知県	362	92	25.4%
鉄鋼業	特殊用途鋼	愛知県	1,154,895	231,380	20.0%
	亜鉛めっき鋼板(亜鉛めっき帯鋼を含む)	千葉県	1,148,013	312,343	27.2%
	鉄鋼切断品(溶断を含む)	愛知県	1,908,781	354,491	18.6%
非鉄金属製造業	アルミニウムはく	静岡県	59,178	16,469	27.8%
	電力ケーブル	茨城県	286,475	85,749	29.9%
	通信ケーブル	茨城県	119,068	37,455	31.5%
	光ファイバーコード(心線を含む)	神奈川県	15,620	10,161	65.1%
	光ファイバーケーブル(複合ケーブルを含む)	神奈川県	94,314	48,027	50.9%
金属製品製造業	18リットル缶	兵庫県	63,281	14,610	23.1%
	食缶(缶詰用缶)	静岡県	136,568	26,597	19.5%
	食卓用ナイフ・フォーク・スプーン(めっき製を含む)	新潟県	6,281	6,086	96.9%
	理髪用刃物	岐阜県	19,263	15,987	83.0%
	ほう丁	岐阜県	19,864	11,007	55.4%
	ナイフ類	岐阜県	5,088	3,031	59.6%
	はさみ	岐阜県	13,106	4,019	30.7%
	工匠具	兵庫県	5,529	3,294	59.6%
	つるはし、ハンマー、ショベル、スコップ、バール(園芸用を含む)	兵庫県	6,083	2,486	40.9%
	作業工具	大阪府	70,588	19,187	27.2%

製造業	品目	都道府県	製造品出荷額等（百万円）		占有率
			全国計	都道府県	
金属製品製造業	やすり	広島県	1,313	1,033	78.7%
	手引のこぎり	兵庫県	8,120	5,312	65.4%
	金切のこ刃	兵庫県	4,459	623	14.0%
	農業用器具	兵庫県	9,483	2,116	22.3%
	錠、かぎ	三重県	76,982	38,037	49.4%
	ガスこんろ	愛知県	123,587	68,703	55.6%
	ガス風呂釜（バーナーつきの一体のものを含む）	兵庫県	66,777	60,182	90.1%
	ガス湯沸器	愛知県	162,983	72,521	44.5%
	石油ストーブ	新潟県	59,766	45,582	76.3%
	太陽熱利用機器	静岡県	3,107	1,151	37.0%
	住宅用アルミニウム製サッシ	富山県	261,127	95,364	36.5%
	ビル用アルミニウム製サッシ	富山県	165,799	44,879	27.1%
	アルミニウム製ドア	茨城県	72,415	25,762	35.6%
	金属製サッシ・ドア	埼玉県	180,682	22,324	12.4%
	シャッター	栃木県	90,370	22,661	25.1%
	ドラム缶	千葉県	65,775	18,960	28.8%
	コンテナ	千葉県	25,403	5,711	22.5%
	アルミニウム製台所・食卓用品	富山県	22,018	2,207	10.0%
	アルミニウム製飲料用缶	茨城県	268,816	45,697	17.0%
	金属彫刻品	大阪府	6,555	1,097	16.7%
	鉄特殊くぎ	大阪府	25,033	4,078	16.3%
	鉄製金網（溶接金網、じゃかごを含む）	香川県	152,239	33,987	22.3%
	ワイヤロープ（鋼より線を含む）	大阪府	75,436	25,407	33.7%
	ボルト、ナット	大阪府	618,812	120,535	19.5%
	リベット	愛知県	35,557	14,880	41.8%
	座金（ワッシャ）	大阪府	27,497	7,423	27.0%
	木ねじ、小ねじ、押しねじ	大阪府	67,609	16,780	24.8%
	金属板ネームプレート	神奈川県	32,788	3,970	12.1%
	金属はく（打ちはく）	石川県	3,538	3,281	92.7%
はん用機械器具製造業	蒸気タービン	神奈川県	206,811	63,756	30.8%
	家庭用電気ポンプ	愛知県	10,845	5,165	47.6%
	油圧ポンプ	兵庫県	78,913	18,688	23.7%
	油圧モーター	岐阜県	74,627	15,328	20.5%
	油圧シリンダー	岐阜県	101,939	32,678	32.1%
	油圧バルブ	神奈川県	129,067	27,739	21.5%
	変速機	愛知県	307,649	60,967	19.8%
	歯車（プラスチック製を含む）	愛知県	115,289	22,489	19.5%
	エレベーター	愛知県	160,265	69,016	43.1%
	天井走行クレーン	広島県	43,988	13,271	30.2%
	コンベヤ	滋賀県	280,749	62,664	22.3%
	エアコンディショナー（ウインド形、セパレート形を除く）	静岡県	582,145	227,287	39.0%
	冷凍装置	島根県	91,158	22,711	24.9%
	消火器具、消火装置（消防自動車のぎ装品を含む）	大阪府	69,582	17,516	25.2%

製造業	品目	都道府県	製造品出荷額等（百万円）		占有率
			全国計	都道府県	
生産用機械器具製造業	農業用トラクタ	大阪府	282,378	71,845	25.4%
	噴霧機、散粉機	長野県	11,403	1,216	10.7%
	ショベル系掘さく機	茨城県	1,367,281	336,865	24.6%
	建設用クレーン	兵庫県	229,167	64,825	28.3%
	整地機械	埼玉県	48,444	15,715	32.4%
	アスファルト舗装機械	千葉県	29,983	5,836	19.5%
	破砕機	大阪府	41,996	9,119	21.7%
	工業用ミシン	愛知県	62,739	23,714	37.8%
	製パン・製菓機械、同装置	栃木県	64,623	11,647	18.0%
	醸造用機械	兵庫県	5,466	2,138	39.1%
	牛乳加工・乳製品製造機械、同装置	大阪府	11,284	2,941	26.1%
	肉製品・水産製品製造機械	茨城県	26,337	3,496	13.3%
	製材機械	静岡県	9,630	4,737	49.2%
	木材加工機械	静岡県	25,191	7,374	29.3%
	パルプ製造機械、同装置	静岡県	5,210	2,231	42.8%
	印刷機械	茨城県	145,757	41,720	28.6%
	製本機械	埼玉県	36,522	6,226	17.0%
	紙工機械	広島県	47,951	19,890	41.5%
	ろ過機器	神奈川県	91,643	21,754	23.7%
	乾燥機器	静岡県	25,562	7,440	29.1%
	数値制御旋盤	愛知県	420,608	161,565	38.4%
	マシニングセンタ	愛知県	528,287	84,192	15.9%
	せん断機（シャーリングマシン）	大阪府	8,112	2,382	29.4%
	鍛造機械	愛知県	33,510	8,527	25.4%
	ダイヤモンド工具	三重県	90,691	12,679	14.0%
	電動工具	愛知県	242,587	177,096	73.0%
	ウェーハプロセス（電子回路形成）用処理装置	熊本県	1,045,031	207,493	19.9%
	真空ポンプ	長野県	103,613	31,104	30.0%
	数値制御ロボット	静岡県	273,226	35,440	13.0%
業務用機械器具製造業	金銭登録機（レジスター）	三重県	15,908	3,128	19.7%
	業務用洗濯装置	神奈川県	32,119	4,452	13.9%
	自動車整備・サービス機器	愛知県	74,524	18,607	25.0%
	パチンコ、スロットマシン	愛知県	1,076,183	517,831	48.1%
	ゲームセンター用娯楽機器	福島県	13,740	3,158	23.0%
	自動販売機	三重県	106,720	43,517	40.8%
	自動改札機、自動入場機	栃木県	44,875	20,604	45.9%
	はかり	滋賀県	141,974	62,043	43.7%
	圧力計	長野県	39,105	12,209	31.2%
	流量計	神奈川県	48,674	28,223	58.0%
	精密測定器	茨城県	133,865	26,637	19.9%
	光分析装置	京都府	22,029	10,221	46.4%
	公害計測器	京都府	31,030	9,793	31.6%
	温度計（ガラス製に限る）	東京都	521	149	28.6%

製造業	品目	都道府県	製造品出荷額等(百万円)		占有率
			全国計	都道府県	
業務用機械器具製造業	医療用機械器具、同装置	福島県	665,026	76,567	11.5%
	病院用器具、同装置	埼玉県	72,217	17,781	24.6%
	歯科用機械器具、同装置	栃木県	91,339	41,436	45.4%
	医療用品	千葉県	121,246	22,840	18.8%
	歯科材料	愛知県	136,175	13,750	10.1%
	望遠鏡	埼玉県	13,993	1,834	13.1%
	双眼鏡	埼玉県	3,917	2,717	69.4%
	顕微鏡、拡大鏡	長野県	27,045	19,893	73.6%
	カメラ用レンズ	秋田県	25,302	5,598	22.1%
	カメラ用交換レンズ	栃木県	201,138	94,449	47.0%
	光学レンズ	岩手県	110,027	19,840	18.0%
	プリズム	秋田県	5,815	2,706	46.5%
電子部品・デバイス・電子回路製造業	発光ダイオード	徳島県	393,911	251,822	63.9%
	シリコントランジスター	石川県	153,667	51,117	33.3%
	液晶パネル	三重県	1,472,029	814,001	55.3%
	抵抗器	福井県	158,377	28,875	18.2%
	固定コンデンサー	島根県	661,882	153,929	23.3%
	変成器	山形県	151,573	19,874	13.1%
	小形モーター(23W未満のもの)	長野県	31,270	7,319	23.4%
	プリント配線板用コネクター	岩手県	199,615	23,973	12.0%
	コネクター(プリント配線板用コネクターを除く)	東京都	565,172	142,775	25.3%
	スイッチ	宮城県	174,795	32,446	18.6%
	磁気テープ(生のもの)	神奈川県	75,163	40,637	54.1%
	デジタルカメラモジュール	宮城県	66,310	43,307	65.3%
	シリコンウエハ(表面研磨したもの)	佐賀県	446,960	119,958	26.8%
電気機械器具製造業	タービン発電機(交流)	兵庫県	38,359	13,868	36.2%
	エンジン発電機(交流)	群馬県	97,451	10,226	10.5%
	配電盤	静岡県	519,354	70,223	13.5%
	分電盤	愛知県	138,673	52,910	38.2%
	点滅器	愛知県	156,539	127,618	81.5%
	接続器	三重県	111,595	58,487	52.4%
	コンデンサー(蓄電器)	兵庫県	45,830	21,502	46.9%
	電気がま	大阪府	105,195	41,064	39.0%
	電子レンジ	大阪府	57,698	24,992	43.3%
	換気扇	愛知県	109,402	31,061	28.4%
	エアコンディショナー	滋賀県	546,100	125,488	23.0%
	電気掃除機	茨城県	63,265	27,417	43.3%
	理容用電気器具	滋賀県	62,897	40,794	64.9%
	自動車用電球	愛媛県	121,285	14,438	11.9%
	蛍光ランプ	東京都	41,456	8,567	20.7%
	白熱電灯器具	静岡県	337,522	281,261	83.3%
	直管蛍光灯器具	新潟県	70,408	20,717	29.4%
	鉛蓄電池	静岡県	354,140	131,125	37.0%

製造業	品目	都道府県	製造品出荷額等（百万円）		占有率
			全国計	都道府県	
電気機械器具製造業	リチウムイオン蓄電池	兵庫県	508,007	196,875	38.8%
	電子顕微鏡	東京都	120,791	44,713	37.0%
	電気計器	広島県	124,637	27,423	22.0%
	電気測定器	長野県	117,154	29,525	25.2%
	半導体・ＩＣ測定器	群馬県	194,088	70,222	36.2%
	医療用計測器	茨城県	350,824	117,800	33.6%
	太陽電池モジュール	奈良県	406,542	128,805	31.7%
情報通信機械器具製造業	携帯電話機、ＰＨＳ電話機	広島県	451,179	218,768	48.5%
	ラジオ放送装置、テレビジョン放送装置	東京都	142,802	78,030	54.6%
	液晶テレビジョン受信機	栃木県	101,974	67,212	65.9%
	交通信号保安装置	神奈川県	177,578	59,474	33.5%
	火災報知設備	埼玉県	37,408	14,993	40.1%
	ビデオカメラ（放送用を除く）	東京都	76,405	19,063	24.9%
	スピーカシステム、マイクロホン、イヤホン、音響用ピックアップ類等（完成品）	埼玉県	39,805	18,320	46.0%
	はん用コンピューター	神奈川県	153,986	69,984	45.4%
	パーソナルコンピューター	山形県	623,942	186,650	29.9%
	印刷装置	長野県	180,833	42,509	23.5%
	金融用端末装置	新潟県	132,262	64,871	49.0%
輸送用機械器具製造業	軽・小型乗用車（気筒容量2000ml以下、シャシーを含む）	静岡県	4,162,445	793,141	19.1%
	普通乗用車（気筒容量2000mlを超えるもの、シャシーを含む）	愛知県	10,051,856	3,785,229	37.7%
	トラック（けん引車を含む）	神奈川県	3,340,456	793,696	23.8%
	乗用車ボディー	群馬県	116,415	77,493	66.6%
	トラックボディー	神奈川県	200,218	84,203	42.1%
	自動車用ガソリン機関（ガソリンエンジン）	愛知県	1,211,066	612,676	50.6%
	自動車用ディーゼル機関（ディーゼルエンジン）	愛知県	302,760	70,410	23.3%
	カーエアコン	愛知県	684,846	432,547	63.2%
	カーヒーター	愛知県	9,978	3,874	38.8%
	座席（完成品に限る）	愛知県	1,107,948	401,456	36.2%
	鋼製貨物船の新造（20総ｔ以上の動力船）	広島県	1,492,797	332,653	22.3%
	鋼製油そう船の新造（20総ｔ以上の動力船）	大分県	262,341	58,124	22.2%
	舶用ディーゼル機関	兵庫県	280,882	105,085	37.4%
	フォークリフトトラック	愛知県	272,882	147,122	53.9%
	軽快車、ミニサイクル、マウンテンバイク	大阪府	40,908	34,758	85.0%
	車いす（手動式）	愛知県	13,287	3,952	29.7%
その他の製造業	貴金属製装身具（宝石、象牙、亀甲を含む）	山梨県	115,924	29,832	25.7%
	天然・養殖真珠装身具（購入真珠によるもの）	三重県	12,361	6,299	51.0%
	装飾品、置物類（すず・アンチモン製品を含む）	大阪府	9,108	2,287	25.1%
	宝石箱、小物箱（すず・アンチモン製品を含む）	埼玉県	1,443	419	29.0%
	造花、装飾用羽毛	京都府	6,549	1,096	16.7%
	プラスチック製ボタン	和歌山県	4,832	1,532	31.7%
	縫針、ミシン針	長野県	8,400	6,621	78.8%
	スナップ、ホック	千葉県	8,687	2,981	34.3%
	ウォッチ（ムーブメントを含む）	長野県	145,812	58,124	39.9%

製造業	品目	都道府県	製造品出荷額等(百万円)		占有率
			全国計	都道府県	
その他の製造業	ピアノ	静岡県	17,787	17,787	100.0%
	電子楽器	静岡県	13,003	11,980	92.1%
	ギター(電気ギターを含む)	長野県	6,022	2,990	49.7%
	金属製がん具	静岡県	16,906	4,221	25.0%
	プラスチックモデルキット	静岡県	18,285	17,343	94.8%
	児童乗物(部分品、附属品を含む)	東京都	1,228	690	56.2%
	日本人形、西洋人形、ぬいぐるみ人形	愛知県	1,442	277	19.2%
	節句人形、ひな人形	埼玉県	10,927	5,268	48.2%
	野球・ソフトボール用具	兵庫県	8,890	2,739	30.8%
	テニス・卓球・バドミントン用具	埼玉県	21,951	13,936	63.5%
	ゴルフ・ホッケー用具	兵庫県	64,168	8,740	13.6%
	スキー・水上スキー・スケート用具	長野県	7,153	1,832	25.6%
	トラック・フィールド用具、体操用具	群馬県	4,737	605	12.8%
	釣道具、同附属品	大阪府	113,905	37,322	32.8%
	シャープペンシル	埼玉県	17,120	5,081	29.7%
	ボールペン	群馬県	75,536	14,944	19.8%
	マーキングペン	群馬県	42,080	6,089	14.5%
	鉛筆	東京都	5,959	1,194	20.0%
	水彩絵具	大阪府	5,607	3,726	66.5%
	毛筆、その他の絵画用品	広島県	13,330	4,445	33.3%
	印章、印肉、スタンプ、スタンプ台	大阪府	15,370	3,452	22.5%
	事務用のり、工業用のり	大阪府	4,270	789	18.5%
	漆器製家具	石川県	6,680	1,846	27.6%
	漆器製台所・食卓用品	福井県	12,649	5,721	45.2%
	麦わら・パナマ類帽子、帽体(紙いと帽子、経木帽子を含む)	岡山県	1,492	352	23.6%
	畳、畳床	兵庫県	34,346	4,289	12.5%
	畳表	岡山県	7,574	4,424	58.4%
	花むしろ、ござ	福岡県	1,129	551	48.8%
	うちわ、扇子(骨を含む)	香川県	6,527	3,485	53.4%
	ちょうちん(骨を含む)	福岡県	7,206	3,157	43.8%
	歯ブラシ	大阪府	44,980	5,838	13.0%
	清掃用品	静岡県	12,113	4,758	39.3%
	煙火(がん具用を含む)	群馬県	19,322	3,643	18.9%
	看板、標識機、展示装置(電気的、機械的なもの)	山形県	116,093	21,258	18.3%
	マネキン人形、人台	東京都	4,767	624	13.1%
	工業用模型(木型を含む)	神奈川県	125,248	26,277	21.0%
	音響用情報記録物	静岡県	20,525	9,913	48.3%
	映像用情報記録物	茨城県	24,156	8,796	36.4%
	眼鏡	福井県	4,121	1,818	44.1%
	眼鏡枠	福井県	36,549	35,263	96.5%
	眼鏡レンズ(コンタクトレンズを含む)	愛知県	51,720	13,683	26.5%
	線香類	兵庫県	28,338	11,401	40.2%
	人体安全保護具、救命器具	愛知県	502,843	141,190	28.1%

さくいん

あ

圧延機械 あつえんきかい …………92
アルミニウム ………………56
泡盛 あわもり ………………120
伊万里・有田焼 いまり・ありたやき
　　　　　　　　　…………108
鋳物 いもの ………………40
医薬品 いやくひん
　　　　　60, 72, 80, 94, 96
印刷機械 いんさつきかい ………92
印刷装置（プリンター）
　　いんさつそうち（ぷりんたー）………50
うどん ………………98
梅干し うめぼし ………………82
エアコン ………………62
ATM（現金自動預金支払機）
　　えーてぃーえむ（げんきんじどうよきんしはらいき）…48
液晶 えきしょう ………………86
液晶製造装置 えきしょうせいぞうそうち
　　　　　　　　　…………48
LED えるいーでぃー ………96
塩化ビニール えんかびにーる ………60
織物 おりもの …………32, 74, 120

か

カーステレオ ………………30
化学繊維 かがくせんい ………116
学生服 がくせいふく ………………90
核燃料製造業 かくねんりょうせいぞうぎょう
　　　　　　　　　…………20
核燃料リサイクル基地
　　かくねんりょうりさいくるきち………20
加工食品 かこうしょくひん……116, 118
菓子 かし ………………46, 118
鹿島臨海工業地域
　　かしまりんかいこうぎょうちいき……34
カステラ ………………110
ガソリン ………………46
かつおぶし ………………118
家庭電気器具 かていでんききぐ ………62
蚊取り線香 かとりせんこう ………82
家内工業 かないこうぎょう ………26, 32
金型 かながた ………………66
かばん ………………44, 78

かまぼこ ………………94
瓦 かわら ………………88
寒天 かんてん ………………50
機械工具 きかいこうぐ ………52
企業城下町 きぎょうじょうかまち………34
北関東工業地域
　　きたかんとうこうぎょうちいき……2, 34
北九州工業地域
　　きたきゅうしゅうこうぎょうちいき…2, 106
絹織物 きぬおりもの ………58, 60
郷土食 きょうどしょく ………26
魚肉ソーセージ ぎょにくそーせーじ…94
金属加工 きんぞくかこう ………52
金属洋食器 きんぞくようしょっき……52
空調機 くうちょうき ………72
靴 くつ ………………44
靴下 くつした ………………80
黒砂糖 くろざとう ………118
黒酢 くろず ………………118
蛍光灯 けいこうとう ………96
軽自動車 けいじどうしゃ
　　　　　…………62, 72, 114
京浜工業地帯 けいひんこうぎょうちたい
　　　　　…………2, 44, 46
京葉工業地域 けいようこうぎょうちいき
　　　　　…………2, 42
建設機械 けんせつきかい ………46, 58
工業団地 こうぎょうだんち
　　…22, 24, 36, 40, 42, 46, 74
工業用水 こうぎょうようすい ………56, 72
航空機 こうくうき ………30, 66
工芸王国 こうげいおうこく ………58
工作機械 こうさくきかい ………50, 66
合成繊維 ごうせいせんい ………58, 60
合成洗剤 ごうせいせんざい ………60
高度経済成長 こうどけいざいせいちょう
　　　　　…………60, 64
高炉 こうろ ………………22, 114
国際拠点港湾 こくさいきょてんこうわん
　　　　　…………18

さ

サーバー ………………48

堺泉北臨海工業地域
　　さかいせんぽくりんかいこうぎょうちいき…76
作業工具 さぎょうこうぐ ………52
さつまあげ ………………118
産業用ロボット さんぎょうようろぼっと
　　　　　…………36, 48
ジーンズ ………………90
軸受 じくうけ ………………96
漆器 しっき ………58, 74, 80, 120
自動車 じどうしゃ
　　　…22, 24, 38, 46, 64, 70
自動車部品 じどうしゃぶひん
　　　　　…………30, 38, 98
地場産業 じばさんぎょう
　　　　　…54, 80, 82, 84, 104
集積回路（IC）しゅうせきかいろ（あいしー）
　　　　　…22, 30, 110, 112, 118
手工業 しゅこうぎょう ………32
蒸気タービン じょうきたーびん ……110
焼酎 しょうちゅう……116, 118, 120
しょうゆ ………………42, 78, 82
食品加工業 しょくひんかこうぎょう
　　　　　…………86, 120
織機 しょっき ………………64
シリコンアイランド……112, 114
シリコンロード……………22, 112
新全国総合開発計画
　　しんぜんこくそうごうかいはつけいかく…20
水産加工業 すいさんかこうぎょう………20
水産加工品 すいさんかこうひん
　　　…18, 22, 24, 52, 94, 110
スーパーコンピューター ………48
ステンレス鋼 すてんれすこう ………94
スポーツ用品 すぽーつようひん ……80
製糸業 せいしぎょう ………50
清酒 せいしゅ………52, 74, 78, 80
生石灰 せいせっかい ………66
製鉄業 せいてつぎょう ………22
精密機械 せいみつきかい ………50
精密部品 せいみつぶひん ………60
世界遺産 せかいいさん ………38
石油化学コンビナート せきゆかがくこんびなーと
　　…42, 68, 76, 90, 92, 94, 114
石油危機 せきゆきき ………20

石油備蓄基地 せきゆびちくきち
　…………………………… 18, 20
石けん せっけん ……………… 46
瀬戸内工業地域 せとうちこうぎょうちいき
　………… 2, 90, 92, 94, 98, 100
セメント ………………… 94, 106
繊維王国 せんいおうこく ……… 60
線香 せんこう …………………… 78
洗剤 せんざい …………………… 46
染織品 せんしょくひん
　………………… 32, 58, 74, 120
仙台北部中核工業団地群
　せんだいほくぶちゅうかくこうぎょうだんちぐん … 24
造船 ぞうせん ………… 92, 98, 110
造船業 ぞうせんぎょう …… 100, 110
そうめん ………… 98, 108, 110
ソース …………………………… 92
粗糖 そとう …………………… 120
そろばん ………………… 78, 88

た

タイヤ ……………… 30, 106, 116
タイル …………………………… 66
たたら製鉄 たたらせいてつ …… 88
足袋 たび ………………………… 90
玉鋼 たまはがね ………………… 88
地域団体商標 ちいきだんたいしょうひょう
　…………………………… 104, 122
地域ブランド ちいきぶらんど …… 104
チーズ …………………………… 46
蓄電池 ちくでんち ……………… 78
中京工業地帯 ちゅうきょうこうぎょうちたい
　………………… 2, 64, 66, 68
調味料 ちょうみりょう ………… 98
デジタルカメラ ……………… 110
電気照明器具 でんきしょうめいきぐ
　………………… 50, 52, 62
電気銅 でんきどう ………… 98, 114
電球 でんきゅう ………… 52, 96
伝統工業 でんとうこうぎょう
　……… 26, 32, 54, 74, 78, 80,
　82, 88, 102, 104, 108, 120

伝統工芸品 でんとうこうげいひん
　………………… 26, 32, 54, 74, 82,
　102, 104, 108, 120
伝統食品 でんとうしょくひん …… 26
伝統的工芸品 でんとうてきこうげいひん
　…………………………… 32, 120
東海工業地域 とうかいこうぎょうちいき
　…………………………… 2, 62
銅器 どうき …………………… 56
陶磁器 とうじき …… 32, 66, 74, 120
灯油 とうゆ …………………… 46
特産品 とくさんひん
　……… 54, 104, 108, 110, 118
富岡製糸場 とみおかせいしじょう …… 38
富山の薬売り とやまのくすりうり …… 56
トラック ………………… 44, 46

な

ナイフ …………………………… 66
肉製品 にくせいひん …………… 58
ニット …………………………… 80
乳製品 にゅうせいひん …… 18, 22
二輪車（オートバイ）
　にりんしゃ（おーとばい）……… 62, 112
二輪車（スクーター）
　にりんしゃ（すくーたー）……… 38
農業機械 のうぎょうきかい …… 50

は

配置家庭薬 はいちかていやく …… 56
はさみ ………………………… 66
パソコン ……… 28, 30, 46, 50, 88
発光ダイオード はっこうだいおーど …… 96
バッテリー ……………………… 30
羽二重 はぶたえ ………… 58, 60
刃物 はもの …………………… 66
播磨臨海工業地域
　はりまりんかいこうぎょうちいき ………… 78
バルブ ………………………… 72
パン …………………………… 46
阪神工業地帯 はんしんこうぎょうちたい
　…………………………… 2, 76, 78, 80
半導体 はんどうたい …………… 60

半導体製造装置 はんどうたいせいぞうそうち
　…………………………… 48, 112
番の州臨海工業団地
　ばんのすりんかいこうぎょうだんち ………… 98
ビール …………………………… 18
彦根バルブ ひこねばるぶ ……… 72
ファインセラミックス ………… 66
米菓 べいか …………………… 52
別子銅山 べっしどうざん …… 100
ボイラー ………………… 46, 110
包丁 ほうちょう ………………… 66
北陸工業地域 ほくりくこうぎょうちいき … 2
ボタン …………………………… 82
掘込港 ほりこみこう ……… 18, 34
ポンプ …………………………… 46

ま

町工場 まちこうば ……………… 44
水島臨海工業地域
　みずしまりんかいこうぎょうちいき ………… 90
みそ …………………… 50, 82
むつ小川原地区 むつおがわらちく …… 20
明治維新 めいじいしん ……… 38
眼鏡枠 めがねわく …………… 60
モーター ……………………… 50
木工品 もっこうひん ……… 26, 32
ものづくりのまち ……………… 44

や

薬品 やくひん ………… 56, 116
有機EL照明 ゆうきいーえるしょうめい …… 28
ユニフォーム ………………… 90
ようかん ……………………… 108

ら

利器工匠具 りきこうしょうぐ …… 52, 78
硫酸 りゅうさん ……………… 60
冷蔵庫 れいぞうこ …………… 62
冷凍食品 れいとうしょくひん …… 98

わ

和菓子 わがし ………………… 58

135

【編】こどもくらぶ

こどもくらぶは、あそび・教育・福祉の分野で、子どもに関する書籍を企画・編集しているエヌ・アンド・エス企画の編集室の愛称。「耳から英語」「新・点字であそぼう」「小さくても大きな日本の会社力」「みんなの手話ソング」「調べる！47都道府県 生産と消費で見る日本」「表とグラフの達人講座」（いずれも同友館)、「楽しくまなぶ学習あそび」「子どもがよろこぶ楽しいゲーム」（いずれも学事出版）など、多数の作品がある。
http://www.imajinsha.co.jp

■企画・編集・制作／株式会社エヌ・アンド・エス企画

■デザイン・DTP／高橋博美

この本の情報は、2018年4月までに調べたものです。

調べる！ 47都道府県　工業生産で見る日本

初　版	第1刷発行　2018年8月31日
編	こどもくらぶ
発行所	株式会社同友館
	〒113-0033　東京都文京区本郷3-38-1
	電話 03-3813-3966　FAX 03-3818-2774
	http://www.doyukan.co.jp/
発行者	脇坂康弘
印刷・製本	三美印刷株式会社

乱丁・落丁はおとりかえいたします。

本書の内容を無断で複写・複製（コピー），引用することは、特定の場合を除き、著作者・出版者の権利侵害となります。また，代行業者等の第三者に依頼してスキャンやデジタル化することは，いかなる場合も認められておりません。

136P/257×182mm　ISBN978-4-496-05369-6　C8033
© 2018 Kodomo Kurabu　　　　　　　　　　　　　　　　　　Printed in Japan